Esoterik

Herausgegeben von Gerhard Riemann

W0062797

Anja Malanowski, Jahrgang 1960, studierte politische Wissen-
schaften, Geschichte und Literatur in Hamburg und London. Sie
arbeitet als freie Journalistin und Autorin mit den Schwerpunk-
ten internationale Politik, Entwicklungsarbeit, Ökologie und
Ausländerpolitik. Anja Malanowski lebt als alleinerziehende
Mutter in München.

Anne-Bärbel Köhle, geboren 1962 in Göppingen, besuchte die
Journalistenschule und studierte Journalistik, Geschichte und
Politik in München. Drei Jahre Aufenthalt als freie Journalistin
in London. Arbeitsschwerpunkte sind sozialpolitische Themen,
Frauen und Kinder. Heute lebt Anne-Bärbel Köhle mit ihrem
Mann und zwei Söhnen als freie Journalistin in München und
arbeitet für eine Tageszeitung und ein ökologisches Magazin.

Dieses Buch wurde auf chlor- und säurefreiem Papier gedruckt.

Originalausgabe März 1996
Copyright © 1996 Droemersche Verlagsanstalt
Th. Knaur Nachf., München

Copyright © 1995 by Anja Malanowski und Anne-Bärbel Köhle
Umschlagillustration: Peter F. Strauss
Satz: Franzis-Druck GmbH, München
Druck und Bindung: Ebner Ulm
Printed in Germany
ISBN 3-426-86096-1

5 4 3 2 1

Anja Malanowski
Anne-Bärbel Köhle

Hexenkraft

Macht und Magie der
weisen Frauen heute

Für uns. Und unsere Söhne Mino, Janni und Felix.

Dieses Buch war für uns eine Entdeckungsreise in ungeahnte Gefilde. Unter anderem verhalf es uns zu einer neuen Weltsicht, zeigte uns einen Gegenentwurf zu der industriellen, kalt-logischen (unöko-logischen) und patriarchalischen Gesellschaft, in der wir derzeit leben. Dafür möchten wir den Frauen danken, die wir auf dieser Entdeckungsreise kennengelernt haben. Ein Luxus-Abendessen gut hat immer noch Wulf Petzold, einer der wenigen wahren Feministen, von dem wir das Thema mysteriöserweise geerbt haben und der uns unermüdlich mit Literatur und Gedankenanregungen versorgte. (Wir wiederum haben noch eine Tasse Tee bei unserem Agenten gut. Ein Beutel für zwei Tassen reicht!) Anja dankt Alexander, Eva-Regine und Luisa, die neben ihr herflogen. Anne-Bärbel dankt Fergus und ihrer Mutter, die Kinder gehütet und zugehört hat – und die mit der Wegwarte zur sanften weisen Alten wird.

Alles allen klar?

Inhalt

Einleitung

Jede ist eine Hexe!

Da wohnt die Brandhex. Sieh dich vor! Windschief steht das Häuschen. Abgeschottet von der Dorfgemeinschaft durch eine Mauer aus Steinen, aus achtlos weggekickten, leeren Katzenfutterdosen, aus aufgestapeltem Holz. Stöße Papier neben Bergen von Unrat. Gebeugt schlurft die Alte ums Haus, umschmeichelt von ihren Katzen. Die Menschen wollen nichts von ihr wissen und sie nichts von ihnen. Die Brandhex. Hat sie mit den unsichtbaren Mächten paktiert, als der Wald, ganz in der Nähe ihrer Bleibe, in Flammen aufging? Nein, nein, das nicht, beschwichtigen die Dörfler im Chiemgau. Das nicht. Aber eine Hexe ist sie doch. Weil sie eben aussieht wie eine Hexe, weil sie sich so gar nicht einfügen will – deswegen muß sie einfach eine Hexe sein.

Wenn wir als Kinder am Haus in Windeseile vorbeiradelten, haben wir immer die Finger gekreuzt, um ihren »bösen Blick« von uns abzuwenden. Und auch die Erwachsenen bekreuzigen sich, wenn sie an dem windschiefen Häuschen vorbeigehen. Sie bekommen eine Gänsehaut, wenn doch einer wagt, sich der Hexe zu nähern. Vermeiden es, über ihre Schwelle zu treten.

Hagel und Sturm vernichten die Ernten, Kinder kommen verkrüppelt zur Welt, die Kuh im Stall gibt keine Milch mehr – logisch, es könnte am Ozonloch liegen, an Chromosomenschäden oder an der neuen Melkmaschine. Es könnte aber auch Magie im Spiel sein. Und da ist es immer gut, wenn man eine Sündenziege an der Hand hat. Auch heute noch. Auch in Zeiten, in denen eigentlich keiner mehr so recht an Magie glauben mag.

Herbst 1994: Im ehemaligen Jugoslawien sterben zwei Frauen in einem Dorf auf grausame Weise: Sie standen im Verdacht, Krankheiten herbeizaubern zu können und über die Menschen Armut und Elend zu bringen (als gäbe es davon im kriegsgeschüttelten Land nicht wahrhaft genug). Das ganze Dorf muß in blanke Hysterie verfallen sein. Schließlich griffen die Nachbarn durch. Sie erschlugen die Frauen und zündeten das Haus über ihnen an.

September 1983 in Augsburg: Eine Ehefrau und ihr Freund stehen wegen versuchten Mordes vor Gericht. Während der Verhandlung geht es unter anderem um eine Frau, die sich selbst in Prospekten und Illustrierten als »Hexe« angepriesen hatte. Sie behauptete darin, bereits zwanzig Ehemänner auf Bestellung erfolgreich totgehext zu haben. Natürlich mußten die ehemüden Frauen vorher ein erkleckliches Sümmchen hinblättern. Im vorliegenden Fall hatten ihre angeblich magischen Kräfte allerdings nichts ausgerichtet, weshalb die Ehefrau sich schließlich gezwungen sah, den verhaßten Gatten selbst beiseite zu räumen. Danach soll das Geschäft der Hexe durch die neugewonnene Popularität geboomt haben ...

Oder ein Beispiel, das die *Frankfurter Rundschau* ebenfalls Mitte der achtziger Jahre schilderte, es spielte sich in einer Gemeinde mit rund zweihundert Seelen überwiegend evangelischen Glaubens ab: In den Verdacht der Hexerei geriet eine Frau, deren Familie schon seit drei Generationen im Ruf stand, »übernatürliche Kräfte« zu haben. Ihr Vater wurde beispielsweise von den örtlichen

10

Bauern gerufen, wenn deren Vieh erkrankt war, und er hatte große Heilerfolge. Dennoch fürchteten ihn die Dörfler wie der Teufel das Weihwasser. Als er schließlich starb, hatte er einen schweren Tod. Traditionellerweise gilt dies als ein sicheres Zeichen dafür, daß sich jemand in seinem Leben den dunklen Mächten verschrieben hatte. Der Zorn richtete sich nun gegen die Tochter. Sicherlich hatte sie ihr dunkles Handwerk vom Vater übernommen. Dabei war sie bis dahin gar nicht aufgefallen: Sie hatte Mann und Kinder, die sie ordentlich versorgte, und ging sogar regelmäßig in die Kirche. Allerdings pflegte sie auch einen gewissen individuellen Lebensstil und hatte ein merkwürdig großes Selbstvertrauen. Anfangs kursierten die Verdächtigungen hinter vorgehaltener Hand. Wenn ein Schwein krank wurde, tuschelten die Dörfler. Sogar wenn ein alter Gaul verendete, munkelten sie, die Frau sei eine Hexe. Ein neu zugezogener Landwirtschaftsarbeiter fachte das glimmende Feuer erst richtig an. Er könne Hexen erkennen, sagte er. Und durch den wachsenden Zorn gegen die Frau, der bei den männlichen Dörflern nach Alkoholgenuß noch zusätzlich verstärkt wurde, eskalierte die Situation immer mehr. Als schließlich zwei Nachbarn unerwartet früh starben, waren sich die Menschen im Dorf einig: Die Hexe muß weg. Die Frau wurde geschnitten, man verwehrte ihr den Zutritt in die Häuser, und was aus ihrem Haus kam, durfte nicht mehr berührt werden. Erst als Kirchengemeinderat und Pfarrer eine Notversammlung einberiefen, beruhigte sich die Situation ein wenig. Ihr Stigma ist die Frau dennoch niemals losgeworden.

Das Leben in der 274-Seelen-Gemeinde Mailach in Oberfranken verlief in ruhigen Bahnen, und der Brunnenbauer Johann Vogel hatte sein geregeltes Auskommen. Doch

11

dann wurde er zum Zuchthäusler, denn er steckte das Haus einer Frau in Brand, die schon seit zehn Jahren am Waldrand von Mailach lebte. Sie erlag wenig später ihren schweren Verbrennungen – eine »Hexen«-Verbrennung im Jahr 1960! Zu seiner Verteidigung erklärte der 26jährige Täter: »Immer wenn ich beim Brunnenbohren Pech gehabt habe, dann schlich bestimmt die Alte umher. Einmal«, so Vogel weiter, »bin ich nachts schweißgebadet aufgewacht, und vor meinem Schlafzimmer stand die alte Frau.« Mit seiner panischen Angst vor der Frau, die allein am Waldrand lebte, stand der Brandstifter nicht allein. Angefeuert wurde er von seinen Kumpanen am Stammtisch. Auch die freiwillige Feuerwehr grauste es: Tagelang blieb der Schutt des abgefackelten Hauses liegen, weil die Männer sich davor fürchteten, beim Aufräumen Hexendreck zu berühren und davon verzaubert zu werden. Den Fall berichtet Gisela Graichen in ihrem Buch *Die neuen Hexen*.

Was macht eine Frau in unserer Gesellschaft zur Hexe? Oder anders gefragt, wie gerade die letzte Geschichte verdeutlicht: Was haben diese Frauen »falsch« gemacht? Wie haben sie sich verhalten, daß sie als Hexe gebrandmarkt wurden?
Frauen, die sich abkehren von Gesellschaftsnormen, die allein leben und dabei noch nicht einmal unglücklich sind, wirken in unserer patriarchalischen Gesellschaft merkwürdig deplaziert. Manche Frauen hören lieber auf das Wispern der Bäume, das Murmeln der Bäche oder das Geheul in sich als auf das Geplärr aus Radio und Fernseher. Das aber birgt Gefahr. Denn es bedeutet ja, daß überkommene Werte wert-los werden. Deshalb werden beileibe nicht nur Frauen, die sich selbst Hexe nennen,

verleumdet und ausgegrenzt. »Hexe« ist auch ein politischer Begriff.

»Zittert, zittert, die Hexen kommen«, gellte denn auch der Schlachtruf der Frauen in den siebziger Jahren durch die Straßen. Angeführt von wild entschlossenen Feministinnen, eroberten sie sich in schrillen Demonstrationszügen die Nacht zurück. Sie läuteten das Ende des ohnmächtigen Zurückweichens vor männlicher Aggression ein. Sie bliesen zum Angriff auf jene Strukturen, die Täter schützen und Opfer verleumden. Und vor allem: Sie widersprachen der Auffassung, daß Frausein automatisch auch Opfersein heißt. Gemeinsam besannen sich die Frauen der ersten Generation der Frauenbewegung auf das Schicksal der mittelalterlichen »Hexen«, die wegen ihrer Stärke systematisch verfolgt wurden. Vor knapp fünfundzwanzig Jahren entstand aus der Furcht vor Verfolgung neue Stärke. »Gemeinsam sind wir stark«, verkündeten diese Frauen und lebten eine neue Solidarität mit ihren »Schwestern«. Die Zugehörigkeit zum weiblichen Geschlecht wurde positiv besetzt, die damit verbundenen gesellschaftlichen Barrieren wurden nicht mehr kritiklos akzeptiert. Seitdem kämpfen Frauen nicht nur die Schlacht um die Straßen und Nächte. Sie erkämpfen sich auch ihre eigene, verunglimpfte und versteckte Geschichte.

Hexengeschichte – in der Vorstellung feministisch orientierter Frauen ist sie Frauengeschichte. Der Zauber der Matriarchate, die Unvernunft und Lebensfeindlichkeit der Patriarchate gehören dazu, die Rückbesinnung auf alte Rituale, auf weibliche Astrologie und auf die Verehrung der Mondin. Im – typisch männliche Terminologie – ökologischen Feminismus finden sich viele Hexen wieder. Denn Hexen achten und ehren alle Lebewesen, sie behüten die Kräfte des Lebendigen, schrieb die amerikanische Wicca-Hexe Starhawk. Und das bedeutet eben auch »Schutz der Vielfalt im Leben der Natur, bedeutet Kampf gegen Umweltzerstörung und Artenausrottung«. Hexe sein heißt denn auch, die schreiende Ungerechtigkeit einer männlich geprägten Welt zu empfinden – und verändern zu wollen.

»Nie zuvor in der Geschichte waren Menschen so begütert wie wir, die Angehörigen des weißen Mannes«, schreibt Angelika Aliti. »Niemals jedoch waren Menschen auch so dumm, so unwissend wie wir, haben Menschen so wenig mit ihrem Wohlstand, mit sich und dem Leben anfangen können. Wir haben den Boden unter den Füßen schon lang verloren.«

Der Weg aus dieser Misere scheint mit der kollektiven Erinnerung der Frauen an alte Zeiten zu beginnen, in denen sie auch in der Gesellschaft Macht besaßen: kultische Macht, politische Macht, heilende Macht – und Macht über sich selbst. Daß es Matriarchate nie gegeben hätte, gehört zu den Geschichtslügen, mit denen Frauen entmachtet wurden und immer noch werden. Das Wissen um die vergangene Macht der Frauen nährt den Wunsch, das selbstbestimmte Leben zurückzuerobern. Das Leitbild ist allerdings nicht der »Herr im Haus« bzw. das »Mannweib«, sondern die autonome Frau.

Die alten Sagen bieten eine Fülle von Beispielen starker Frauen: Frauen, die über Tod und Leben geboten, die Priesterinnen waren, Kriegerinnen, Königinnen – und Furien, wilde Frauen. Viele Hexen beziehen sich heute ganz bewußt auf die alten Mythen. Sie verweisen auf einst mächtige Göttinnen. Die Mondgöttin selbst »ist ihre eigene Herrin, ist Jungfrau und Eine-in-sich«, schreibt Esther Harding. »Sie ist Göttin der geschlechtlichen Liebe, aber nicht der Ehe. Es gibt keinen männlichen Gott, der ihr Benehmen regelt oder bestimmend für ihre Eigenschaften ist.«

Die Mondgöttin gehört in ein matriarchalisches, nicht in ein patriarchalisches System. Istar, die babylonische Göttin, zählt dazu, die ägyptische Osiris, Artemis und Diana, in Phrygien war es Kybele, Erd- und Mondgöttin zugleich, die Kelten verehrten Anu. Priesterinnen waren in matriarchalischen Zeiten stets auch Heilerinnen. Und das geheime Wissen um Kräuter, Tinkturen und Massagen zeichnete und zeichnet auch heute die Hexe und weise Frau aus, meint Erika Wisselinck. Sie mag die Hexen allerdings nicht auf ihre Funktion, Hüterin der weiblichen Sexualität zu sein, Verhüterinnen und Abtreiberinnen, reduzieren. Hexen haben auch ein spezielles Verhältnis zur Natur. Luisa Francia kommuniziert mit Bäumen und Steinen. Und wenn sie erkältet ist, sprechen die Kräuter sie an, dienen sich ihr an, sie gesund zu machen (siehe das Kapitel »Gerda: Die Kunst des Heilens mit Kräutern«). Wie lange ist es her, daß mehr Frauen solche Kenntnis hatten?

Selbst das vermeintlich finstere Mittelalter war aus Sicht der Frauen nicht so düster wie die anbrechende Neuzeit. In ihrem Buch *Die verborgene Geschichte der Frauenarbeit* hat die feministische Geschichtsforscherin Anke Wolf-Graaf aufgedeckt, welche Nischen Frauen in der Gesellschaft besetzten. Es gab Frauen in fast allen Zünften, sogar eigene Frauenzünfte, oder den von der christlichen Kirche unabhängigen Frauenorden der Beginen. Die Vertreterinnen dieser laienreligiösen Frauenbewegung lebten einträchtig in geistigen und wirtschaftlichen Gemeinschaften, stark und autonom. Frauen beherrschten aber auch das Gesundheitswesen, sie hüteten die

Geheimnisse der Geburtshilfe, konnten abtreiben, Schwangerschaften verhüten – und wurden wegen genau dieser Kenntnisse von der christlichen Kirche verbrannt. Das wiederentdeckte Wissen um die vergangene Hexenmacht der Frauen nährt den Wunsch, sich ein selbstbestimmtes, freies Leben zurückzuerobern. Inbegriff der eigenständigen Frauen waren Dämoninnen, Vielgesichtige, mächtige Abgesandte der Urmutter, der großen Göttin. Vermittlerinnen zwischen Diesseits und Jenseits, zwischen Erde und Kosmos. Noch heute gibt es Relikte dieser archaischen Kräfte. Jahrhundertelang setzten die christlichen Kirchenmänner alles daran, sie loszuwerden. Und das Werk schien zu gelingen: Dämoninnen wurden zu Teufeln herabgewürdigt. Sie wurden ihrer lichten, gesunden, heilenden Kompetenzen beraubt. Wer sich nicht von Geburt an im Glauben an die Erbsünde unterwarf, sondern an die eigene Kraft und Lust glaubte, war den Vertretern dieses Gottes zuwider, war verdammt.

Noch heute steht die Kirche mit »aufmüpfigen« Frauen auf Kriegsfuß. Kritischen Kirchenrechtlerinnen wird die Lehrerlaubnis entzogen, vor allem wenn sie am Dogma der Unbefleckten Empfängnis mäkeln. Was erst soll geschehen mit Frauen, die auf die Urmutter am Anfang allen Seins hinweisen? Die Maria im wahrsten Sinne als Mutter Gottes betrachten – und nicht als unnatürlich jungfräuliche Mutter seines Sohnes? Konsequenterweise werden Frauen in der Kirche immer noch marginalisiert und weggeekelt – so erging es zum Beispiel der feministischen Theologin und Autorin des Kultbuches *Das Schwarzmond-Tabu* Jutta Voss. Für viele Frauen ist dies ein Grund, der Kirche den Rücken zu kehren. Denn diese Institution, so kritisieren die Feministinnen, hat nicht nur die weisen Frauen und Hexen fast ausgerottet. Sie ist auch heute noch, was sie damals war, als sie selbstgerecht selbst-bestimmte Frauen verfolgte: lust- und lebensfeindlich, fade, voller abgestandener, künstlicher Rituale. Von Transzendenz, von echter göttlicher Erfüllung, ist hier wenig zu spüren.

Luisa Francia, die »Hexe mit der frechen Zunge«, hat es zusammengefaßt, was ihr an der Kirche »stinkt«: »Da hängt so einer seit 2000 Jahren rum, der soll mich durch sein Leiden erlösen.« Aber was ist das für eine Erlösung, die auf dem unsagbaren Leiden eines anderen beruht? Was für eine Religion, die es nötig hat, ein ganzes Geschlecht zu verfolgen, um nicht an Macht und Einfluß zu verlieren?

Vom Märtyrertum haben die Frauen die Nase voll. Die, die sich zu den modernen Hexen bekennen, wollen aufbegehren, Furie sein, eins mit sich und der sie umgebenden Welt. Wut sollen jene zu spüren bekommen, die sie verursachen. Demütiges Verharren in entwürdigenden Situationen ist ihre Sache nicht. Sie lernen nicht, sich anzupassen. Sie lernen und lehren, sich aufzulehnen.

Die neuen Hexen – sie läuten wohl zuallererst das Ende des Patriarchats ein. Die Rolle der Frau als der Benutzten, Betrogenen, der Erfüllungsgehilfin, deren innere Realität nicht mit der Wirklichkeit übereinstimmt – diesen Widerspruch kennt die neue Hexe nicht. Sie entwirft Gegenrealitäten zum männlichen Muster der Weltdeutung. Sie lebt und handelt danach, konsequent. Hexe – das ist ungezügelte, weibliche Kraft (auch wenn einige Hexencoven* Männer initiieren).

Das ist Befreitheit der Gefühle. Eine Hexe ist von Männern und deren Werten unabhängig. Sie hat Zugang zu

---

* Ein Coven ist eine Vereinigung von zwölf bzw. dreizehn Hexen oder Hexern, die gemeinsam Rituale zelebrieren.

ihrer Intuition und setzt sie ein. Sie kennt und genießt ihren Körper, ist darin zu Hause, arbeitet damit. Sie liebt ihre Lebendigkeit, liebt die Falten, das Fett, die Unebenheit ihrer Körperlichkeit. Und sie hat ihre ganz eigene Magie. Mit Schwarzer Magie hat das allerdings nichts zu tun.

Die Männer zittern vor der weiblichen Macht, und im Grunde jagt die patriarchalische Gesellschaft noch heute Hexen: »Die Furie wurde zur verrückten Hysterikerin, die weise Frau wurde zur bösen Märchenhexe. Die Amazone zum kastrierenden Flintenweib«, schreibt Angelika Aliti. Und auch Luisa Francia weiß um männliches Bemühen, den Hexen beizukommen: »Du wirst halt als verrückt erklärt«, sagt sie. Hexen werden heute nicht mehr verbrannt. Heute wird versucht, sie mit Psychopharmaka und Psychotherapie kaltzustellen.

Und dennoch: Enttäuscht von der Kirche, machen sich immer mehr Menschen auf die Suche nach der eigenen Spiritualität. In einer Zeit, da es zu Weihnachten Erdbeeren gibt, wenden Frauen sich den alten Jahresfesten zu, feiern Sonnwend, die Herbst-Tagundnachtgleiche und huldigen dem vollen Mond. Wo fließendes Wasser immer und überall zu haben ist und dazu noch in jeder gewünschten Temperatur, erkennen Frauen die Heiligkeit der Elemente Feuer, Wasser, Luft und Erde. Allein oder in Gruppen zelebrieren sie meditative oder wilde Rituale. Lustvoll sind diese Feste, erdverbunden, natürlich, respektvoll – ganz anders als in der Kirche. Hexen wie Luisa Francia entwerfen eigene Zyklen der Jahreszeitenfeste, die sie sich in Trancen und Meditationen selbst ertanzt haben, sie beziehen sich dabei auf ihre uralte, ursprüngliche Frauenkraft. Ihr Kalender folgt dem Zyklus des Mondes, jeder Monat ist einer alten, kultischen Frauengestalt gewidmet, der koboldhaften Percht, der weißen Frau, der Amazone oder der Elfe. Dreizehn Zyklen umfaßt ihr Kalender, ganz im Einklang mit dem Mond. Warum eigentlich gilt in unserer Gesellschaft die Dreizehn als Zahl, die Unglück bringt?

Problematisch wird es allerdings, wenn neonazistische Glatzköpfe und spirituelle Frauen dieselben Steilhänge hinaufschwitzen, um dort ihre Sonnwendfeier zu begehen. Denn unglücklicherweise ziehen die Kraftplätze Schwarzmagier wie weise Frauen an, üben eine allumfassende Faszination aus. Und einige Hexencoven beziehen sich auf dieselben historischen Wurzeln wie Nazis: die (magische) Macht der Germanen. Ein Zynismus des Schicksals. Aber kluge Hexen haben ihre eigenen Plätze, haben ihre individuelle Magie.

Nicht ganz so distanziert von archaischen germanischen Symbolen und Traditionen wird auch der Wicca-Kult betrieben, das Hexenwesen der Gegenwart, und wenn die amerikanische Wicca-Hohepriesterin Starhawk in Europa einfliegt und ihre AnhängerInnen nach Erleuchtung fiebern, ist ihnen das eine ganze Stange Geld wert. Doch auch die Psychotherapeutin Starhawk muß ja schließlich von irgendwas leben, und ein transatlantischer Flug, es sei denn, er wäre imaginiert, kostet eben Geld ...

Genauso wie es »Gurus« gibt, die Initiation oder Heilung im praktischen Wochenendpack anbieten, und selbsternannte Heiler, die einen Kranken einmal anschauen und sich dann regelmäßig für ein horrendes Honorar in der Schweiz anrufen lassen, um vom gemütlichen Ohrensessel aus teure und nichtsnutzige Ratschläge ins Handy zu leiern, gibt es auch beispielsweise die Hellseherin, die gegen blanke Münze einen Termin für den Weltuntergang nennt – nachdem der einfach so verstreicht, das Geld aber nicht wieder herausrückt. »Halb so schlimm«, tröstet sie die enttäuschten Kunden, die zum Teil ihre Habe in Anbetracht des bevorstehenden Jüngsten Gerichts schon verscherbelt haben, »mit dem Geld könnt ihr eh nichts mehr anfangen, bald kommt eine Währungsreform.«

»Hütet euch vor Gurus – auch vor mir«, warnt deshalb Luisa Francia. Und die Hexenexpertin Erika Wisselinck philosophiert vor einem andächtigen Publikum in der Münchner Frauenakademie: »Jede Frau ist jeder anderen Frau Gura.« Sollte das wahr sein? Sind am Ende alle Frauen Hexen?

»Du bist eine Hexe, wenn du dreimal laut sagst: ›Ich bin eine Hexe‹ – und das auch denkst«, sagt die Hexe Robin Morgan. Sagen ist ja einfach. Aber denken, davon wirklich überzeugt sein, da bleiben wohl doch nicht mehr so viele übrig? Doch Judith Jannberg, eine österreichische Naturhexe, behauptet, sie würde überall Hexen wittern. Und es sei folgendes, was sie ausdünsten: Sie alle verbinde eine »fundamentale, ursprüngliche, unverkrüppelte, unverstellte Kraft, eine Eigen-Sinnlichkeit, eine Eigen-Willigkeit«.

Auch Paracelsus, der große Arzt, Naturforscher und Philosoph des 16. Jahrhunderts, hilft weiter, wenn definiert werden soll, was eine Hexe ausmacht. Judith Jannberg hat seinen Katalog wiedergegeben: »1. Mann fliehen. 2. Die kultischen Feiertage (den Jahreszeitenzyklus) sorgfältig einhalten. 3. Arbeitet an ihrem Selbst. 4. Trägt die Kinder. 5. Zeremonien gebrauchen, Rituale feiern. 6. Verbergen, allein sein, keinen Mann fangen. 7. Den Künsten und damit der Magie nachfragen. 8. Sich an Zauberinnen anschließen und lernen, wozu sie der Geist treibt. 9. Keinen Mann ansehen (dieser Punkt scheint Paracelsus besonders bedrückt zu haben; Anm. d. Verf.). 10. Selten kochen. 11. Sich von den Riten der Kirche abwenden, um sich deren imaginierter, magischer Wirkung zu entziehen. 12. Wohlliegen und allein sich versperren.« Letzteres übersetzt Judith Jannberg mit »Selbstbefriedigung«.

Die Hexe ist Zaunreiterin, im wahrsten Sinne des Wortes. Sie sitzt nicht nur auf dem Zaun zwischen Diesseits und Jenseits, zwischen magischer und sogenannter realer Welt. Sie ist auch die vielleicht letzte Möglichkeit, die wir haben, die Grenze wieder zu überspringen, die uns von unserer wirklichen Macht trennt: die Domestiziertheit, die Angepaßtheit, die Gefühllosigkeit einer männlichen Welt.

»Schließlich«, schreibt Erika Wisselinck, »haben wir die als Hexen verbrannten weisen Frauen zu einem Zeitpunkt wiederentdeckt – sicher nicht zufällig –, an dem die von den Männern betriebene Naturwissenschaft an ihrem Ende angelangt ist, an dem das, was die Alchemisten begannen, zur Schwarzen Magie von Kernkraftwerken, Atomwaffen, der Zerstörung des Lebendigen wurde – wahrlich der GANZ GROSSE SCHADENZAUBER. Laßt uns uns auf die Besen unserer Phantasie schwingen und uns vorstellen, wie denn die um die Regeln der Natur wissenden Frauen die Dinge ganz anders gemacht hätten.«

Zittert, zittert, die Hexen sind zurück! Etwas Besseres hätte uns Frauen im 20. Jahrhundert nicht passieren können.

»Eine Zauberin sollst du nicht am Leben lassen« – Ausgewählte Thesen zur Hexenverbrennung

Das Kind war gesund, seine Haut schimmerte rosig. Die Mutter war wohlauf. Ihr Puls ging regelmäßig, das Herz schlug kräftig, die Brüste begannen sich schon mit Milch zu füllen. Doch als die Hebammen routinemäßig den Muttermund der Frau untersuchten, die eben niedergekommen war, waren sie ratlos: »Ganz wie bei einer Jungfrau« war der Muttermund. So etwas hatten sie noch nie gesehen.

Das Wunder der jungfräulichen Geburt der Maria und das Erstaunen der Hebammen hielt 1300 Jahre später eine mittelalterliche Quelle fest (Konrad von Fußesbrunnen: *Die Kindheit Jesu*). Die Hebammen waren die wahrlich wissenden Zeuginnen für das kirchliche Dogma der Unbefleckten Empfängnis. Doch wie sehr auch immer die weisen Frauen dieses Dogma stützten – es nützte ihnen letztlich nichts. Knapp dreihundert Jahre nach Erscheinen dieser Quelle, rund 1600 Jahre nach Christi Geburt, tobte in Europa der Haß gegen weise Frauen und Naturbeherrscherinnen, gegen Hebammen und Huren, gegen Junge und Alte. Unerbittlich wurden sie von der Kirche diffamiert, verfolgt, schließlich als Hexen auf dem Scheiterhaufen verbrannt. Sie hatten der Mutter Gottes geholfen, doch das war der Kirche keinen Dank wert. Im Gegenteil: Kleriker spielten die einzige himmlisch reine Frau gegen die vielen Erdverbundenen aus. Als in der

Hochblüte des Mittelalters die sterile Jungfrau Maria zum regelrechten Kultobjekt erhoben wurde, entstand zwischen der reinen Frau und dem »schmutzigen« Naturweib eine tödliche Konkurrenz.

Die Zahlen darüber, wie viele Hexen in Europa verbrannt wurden, gehen in der Forschung weit auseinander. In manchen Büchern gerade der feministischen Literatur wird von Millionen Opfern gesprochen. Bei anderen Autoren heißt es, in Deutschland seien 12 000 bis 15 000 Hexen ermordet worden, in ganz Europa etwa 100 000.

Die Hexenverbrennungen verliefen dabei in Wellen. Erstmals massenhaft in den achtziger Jahren des 15. Jahrhunderts, nachdem der *Hexenhammer (Malleus maleficarum)* der Dominikanermönche Heinrich Institoris und Jakob Sprenger die Basis für eine systematische Ausmerzung der wilden Frauen und Hexen geliefert hatte. Die Hexenverfolgung schwoll an während der sogenannten kleinen Eiszeit ab 1560, als Hagelschläge ganze Ernten zunichte machten, Hungersnöte und Pest folgten.

Eines aber steht unumstößlich fest: Fast immer – in 90 Prozent der Fälle – wurden Frauen verbrannt. Nur 10 Prozent waren männliche Opfer. Warum gerade Frauen und warum zu dieser Zeit? Die helle Sonne der Aufklärung überstrahlte bereits das finstere Mittelalter. Und dennoch griffen Inquisitoren und Kirchenfürsten zu unmenschlichen Mitteln, um Hexen auszurotten.

Die Geschichtsschreibung kennt viele Gründe für die Hexenverfolgung: das Erstarken einer – patriarchalischen – Kirche, soziale Umwälzungen und Hungersnöte, den aufklärerischen Haß gegen Naturkräfte. Und immer wieder den blinden Zorn gegen die Frauen an sich, die Naturverbundenheit und Naturkraft verkörperten. Dunkle Anarchie gegen religiösen Starrsinn. »Das Pendant zum Marienkult ist der Hexenwahn und die Dämonisierung von Lust und Genuß«, schreibt die Historikerin Claudia Honegger.

Doch nicht immer hatten Hebammen und Kräuterweiber, Hexen und Zauberer dem Klerus solche Todesangst eingejagt. Bis ins Mittelalter hinein waren »Zaunreiterinnen«, was das Wort »Hexe« ursprünglich bedeutet, Bestandteil mystischer Vorstellung eines jeden Menschen und ganz natürlich. Die weisen Frauen hatten eine vermittelnde Position zwischen Wildnis und Zivilisation, zwischen Natur und Kultur; sie wurden gebraucht und verehrt und nahmen eine Stellung ein, die zwischen Gott und dem Teufel lag.

Bis ins 11. Jahrhundert bevölkerten nach landläufiger Auffassung nicht nur der römisch-katholische Gott und seine Gefolgschaft den Himmel, sondern auch etliche heidnische Gottheiten. Relikte und Rituale aus vorchristlicher Zeit sind in Fragmenten noch heute vorhanden. Kennzeichnend für jene Zeit war es, daß bei Unbill nicht das Gebet allein half, auch nicht die Vernichtung des bösen Zauberers, sondern ein Gegenzauber. Wenn Böses angehext werden konnte, so konnte es auch wieder weggezaubert, zumindest aber abgemildert werden. Böse Zauberer und Hexen wurden auch damals schon hingerichtet, allerdings unsystematisch, ohne rechtliche Grundlage und ohne den Segen der Kirche.

Im Jahr 1090 zerrte die Landbevölkerung drei Frauen an den Isarstrand bei Freising. Das Urteil stand schon fest, ohne daß die Verdächtigen zu Wort kommen konnten: Todesstrafe durch Verbrennen. Die drei Frauen wurden beschuldigt, Unwetter über die Äcker der Bauern gebracht zu haben. Nachdem sie auf den Scheiterhaufen, die das aufgebrachte Volk für sie errichtet hatte, verbrannt, die Rächer nach Hause zurückgekehrt waren, kamen die Priester zum Ort des Geschehens und begruben die Frauen nach christlichem Ritual in geheiligter Erde. Was in Freising geschehen war, galt den Klerikern als Mord, der auch nicht durch die abscheulichsten Zaubereien zu rechtfertigen war.

Das sollte sich bald ändern. Denn im frühen 13. Jahrhundert setzte die päpstliche Inquisition ein. Die Kirche begann in dieser Zeit, massiv um ihre Vormachtstellung zur fürchten, die zu halten ihrer Auffassung nach nur dann gelang, wenn die irregeleiteten Schäfchen möglichst rigide bestraft würden.

Die Kirche verlor an Einfluß. Gewerbetreibende Städte wurden immer mächtiger, der säkulare Staat begann sich herauszubilden. Und Abspaltungen von Sekten waren den Klerikern ein Dorn im Auge. In Kreuzzügen in ferne Länder und in Feldzügen gegen die vermeintlich Ungläubigen im eigenen Land entlud sich die Unsicherheit des in seinem allumfassenden Machtanspruch bedrohten Klerus. Besonders die schnell wachsende Bewegung der Katharer provozierte grausame Abwehrmechanismen durch die etablierte Kirche.

Die alttestamentarische Aufforderung »Eine Zauberin sollst du nicht am Leben lassen« nahmen die Kleriker denn auch seit dem ausgehenden Mittelalter auf. Damals erst prallten die Weltbilder, die die Kirche einerseits und die Zaunreiterinnen andererseits verkörperten, unvereinbar aufeinander.

Marienkult und Naturweib – eine tödliche Konkurrenz

Geheime Formeln, die Hexen bei ihren Ritualen murmelten, obskure Runenzeichen, mit denen sie Kranke bemalten, heilbringende Salben – das alles erschien in der Morgendämmerung des naturwissenschaftlichen Zeitalters als Teufelswerk. Als Gut und Böse auseinanderzuklaffen begannen, durfte niemand in engem Kontakt zu dunklen und hellen Mächten gleichzeitig stehen. Wer nicht nur an den einen Gott glaubte, buhlte mit dem Teufel. Es war wohl weniger der Wunsch der Kleriker, verirrte Seelen in den spröden Schoß der Mutter Kirche zurückzuzwingen, als sinnliche Menschen, erdverbundene, wissende Frauen zumeist, auszumerzen.

Kirchenmänner schufen eine tödliche Konkurrenz zwischen der Jungfrau Maria und der naturverbundenen, sexuellen Frau, der Hexe. Ihren Haß belegten sie säuberlich in kirchlichen Dokumenten. Die Jungfrau Maria, höchste Schutzheilige der Katholiken: als Mutter Gottes war ihre Fürsprache unfehlbar. Alles wurde an ihr verehrt, die Haare, die Haut, sogar die Milch, mit der sie Jesus nährte. Der Anblick einer Marienreliquie (zum Beispiel ein Haar oder ein Tropfen Milch) ersparte – gegen entsprechendes Entgelt – Jahre im Fegefeuer (Heinemann, *Hexen und Hexenangst,* S. 64).

Dem gegenüber stand das Frauenbild der Religionsauslegung der frühen Neuzeit: die Frau als inferiores Wesen, das den Verführungskünsten des Teufels nichts entgegenzusetzen hatte. Auf ewig schwört das schwache Weib dem Dämon Treue, verleugnet den christlichen Glauben, verhöhnt die allerheiligste Jungfrau Maria. Und tut Schlechtes. Die böse Frau schlachtet Kinder, verhext das Vieh, zaubert guten Christen unheilbare Krankheiten an, gestandene Männer überzieht sie mit Impotenz. Sie vernichtet die Ernten durch schlechtes Wetter (Behringer, *Hexen und Hexenprozesse,* S. 97 ff.). Nichts gab es, wozu die Hexe im Bündnis mit dem Teufel nicht fähig sei, schrieben die beiden Dominikanermönche Sprenger und Institoris in ihrem *Hexenhammer,* eine Art Grusel-Bestseller der dämmernden Neuzeit. Darin wurde nicht nur das schändliche Tun der Hexen minuziös beschrieben, sondern auch eine rechtliche und religiöse Grundlage für die Hexenverfolgung geschaffen, für die Ausmerzung des ewig bösen Weibs.

»Weint ein Weib, so sinnt es gewiß auf listige Tücke«, warnen die Inquisitoren (Behringer, S. 97). Neben dem Schadenzauber und der allgemeinen Glaubensschwäche der Frau stellte der *Hexenhammer* den Geschlechtsverkehr mit dem Teufel in den Mittelpunkt. Der Teufel – als traditionell männliches Wesen – rekrutierte logischerweise seine Anhängerschaft unter den Frauen.

Was sich an einem Hexensabbat abspielte, war ungeheuerlich, für einen Christenmenschen fast nicht vorstellbar – Berichte über durch Folter erzwungene Beichten vermeintlicher Hexen geben Aufschluß über die angeblichen sexuellen Ausschweifungen: »An den Vorabenden gewisser Hauptfeste im Jahr ... versammeln sie sich zum Hexensabbat, um den Teufel feierlich anzubeten, und alle beichten bei ihm und klagen sich ihrer Sünden an ... Und auch die Frauen opfern: Brotlaibe, Eier und andere Dinge, welche die Diener des Teufels in Empfang nehmen, und alsdann beugen sie ihr Knie vor ihm und küssen ihm die linke Hand und die Brust in Höhe des Herzens ..., heben dem Teufel den Unterteil seiner Gewänder hoch und entblößen jene Körperteile, die sehr schmutzig und übelriechend sind. Und für den Augenblick, da man den Teufel unterhalb des Schwanzes küßt, hat er vorgesehen, daß er den Betreffenden einen fürchterlich stinkenden Wind ins Gesicht bläst ... Sobald der Teufel seine Messe beendet hat, wohnt er allen bei, Männern und Frauen, fleischlich und nach Weise der Sodomiten, und ... die Königin des Hexensabbats ging hin und bezeichnete jene Hexen, die sich dorthin zu begeben hatten, woselbst der Teufel ein wenig abseits stand, zum gleichen Zwecke ...« (Behringer).

Und dagegen die Jungfrau Maria, die Unbefleckte, die Reine! In der glühenden Verehrung der Jungfrau Maria bot die Kirche einen Gegenentwurf zur naturverbundenen Urmutter Eva und zu ihrem Sündenfall. Der Marienkult ist Ausdruck von sexueller Entsagung, von Triebverzicht, der seinen Höhepunkt im Kunststück der jungfräulichen Empfängnis findet (Honegger, *Die Hexen der Neuzeit,* S. 56). »Maria ist Gegen-Kraft, Gegen-Macht gegen die Verführung durch das Naturhaft-Geschlechtliche, die Feier marianischer Reinheit nimmt mithin Sehnsüchte und Wünsche auf, die sich auf Überwindung und Auslöschung des Triebhaft-Sexuellen richtet«, schreiben die Historiker Becker, Bovenschen et alii.

Das Triebhaft-Sexuelle, der Sündenfall schlechthin: niemand verkörperte ihn wie Eva. Ältere Schöpfungsmythen, wonach Adam und Eva einander ebenbürtig waren, wurden verdrängt. Verbreitet wurde statt dessen, daß Eva aus der Rippe Adams modelliert worden sei, damit sie dem Manne als Gehilfin diene (Becker, Bovenschen, Brackert et alii). Kolportiert wurde auch eine Passage aus den Schriften des Apostels Paulus, der verkündet hatte, das Oberhaupt des Mannes sei Christus, das Oberhaupt der Frau sei der Mann.

Eva war nach kirchlicher Lehre der Ausbund an Schwäche im Glauben. Nur das Leben in sexueller Enthaltsamkeit konnte die angeborene Minderwertigkeit der Frau überwinden. Gleichzeitig hatte sich auch die Annahme von Thomas von Aquin durchgesetzt, wonach das Prinzip Frau für Passivität steht. Auch sexuell sei die große Verführerin nicht mehr als ein Gefäß für den Mann.

Doch überwog die Schwäche des Frauenfleisches die Fähigkeit zur Enthaltsamkeit, sollte die Verbindung wenigstens kirchlich mit dem Sakrament der Ehe versehen werden. »Auf dem Boden solcher Tatsachen«, schreiben die Hexenforscher Becker, Bovenschen, Brackert et alii, »konnte sich jener extreme asketische Frauenhaß entfalten, der bis in die frühe Neuzeit hinein fortgewirkt hat.«

Bezeichnend ist, daß die dominikanischen Inquisitoren Heinrich Institoris und Jakob Sprenger ausgesprochene Anhänger des erwachenden Marienkultes waren. Ihrer Vorstellung zufolge galt nur die Jungfrau Maria als gefestigt, die – sexuelle – Frau dagegen als labil im Glauben, schnell dabei, Gott und der Religion abzuschwören. »Also schlecht ist das Weib von Natur, da es schneller am Glauben zweifelt, auch schneller den Glauben ableugnet, was die Grundlage für Hexerei ist«, schrieben sie im *Hexenhammer*. Dieses naturverleugnende Menschenbild bezog sich deshalb fast ausschließlich auf Frauen, weil sie durch ihre Fähigkeit, Leben zu geben, das Sinnbild natürlichen Lebens sind. Männer konnten und können nicht nur nicht gebären, sie konnten diese angeborene Kraft auch nicht kontrollieren – im Gegensatz zu den Frauen selbst.

Der Kirche genügte es nicht, den Hebammen und Kräuterweibern dieses geheime Wissen um die Naturbeherrschung zu entreißen und sie von den Heilberufen auszuschließen. Da die natürliche Kraft, Leben zu geben, immer noch erhalten war, blieb den subjektiv bedrohten Männern nichts, als die Frauen totzuschlagen, zu verbrennen.

Die Waffen des Klerus waren die Inquisition, die Folter und der berüchtigte *Hexenhammer,* der erst die Verfolgung der Frauen systematisierte. Die Anschuldigungen gegenüber den Hexen wurden stereotyp immer wieder von den Inquisitoren in den Prozessen erfragt und von den angeklagten Frauen unter dem Eindruck der Folter bejaht. Der Genfer Richter Colladon beispielsweise arbeitete mit einem standardisierten Fragebogen. Antworteten die Angeklagten auf die beiden Fangfragen »Existiert der Teufel?« und »Existieren Hexen?« in höchster Not mit Nein, so bestand erst recht der dringende Verdacht auf Hexerei und Teufelsbund. Denn mit dieser Antwort, so schreibt die Historikerin Honegger, wichen die Befragten entscheidend von der offiziellen Lehre ab.

Wichtig dabei ist ebenfalls, daß bei der Folter nicht nur der Folterknecht, sondern auch der Inquisitor und ein Vertreter der Kirche anwesend sein mußten. Was sich dort abspielte, müssen die Inquisitoren auf eine schauerliche, sadistisch-erotische Art genossen haben. In der feministischen Literatur, zum Beispiel von Erika Wisselinck, wurde immer wieder betont, daß der Akt des Verbrennens selbst stark erotisch geprägt war – natürlich nur für die Zuschauer. Vielleicht ergötzte sich manch ein zölibatär lebender Kirchendiener an dem abartigen Schauspiel, vielleicht kämpfte er mit der Bestrafung der sündigen wilden Frau ein ums andere Mal das Zügellose in sich selber nieder.

Die Tortur begann üblicherweise, indem man der – nackten, zumindest halbnackten – Frau die Daumenschrauben anlegte. Schwieg die vermeintliche Hexe daraufhin immer noch, wurden Schien- und Wadenbein in den Beinschrauben oder spanischen Stiefeln zersplittert. Die Frau war während der Folter geknebelt und konnte nicht schreien. Der nächste Schritt der Folterung war der Zug. Der Hexe wurden dabei die Hände an den Rücken gebunden und an einem Seil befestigt. Daraufhin zogen die Folterknechte das Seil in die Luft, ließen die Frau daran baumeln. War die vermeintliche Hexe noch immer nicht geständig, wurden Gewichte an die Füße gehängt, um die Qual zu erhöhen. Half auch diese Tortur nichts, träufelte der Inquisitor brennenden Schwefel oder brennendes Pech auf den nackten Körper. Im Fürstentum Münster pflegte der Scharfrichter den Angeklagten in diesem letzten Stadium der Folter die Arme und die Schulterknochen auszubrechen.

Müßig zu sagen, daß die Frauen unter dem Eindruck der Schmerzen irgendwann alles gestanden, was ihre Folterknechte zu hören wünschten. Um den Schmerzen endlich ein Ende zu bereiten, denunzierten die als Hexen Beschuldigten weitere Opfer.

Es gab kaum Mittel, dem Verdacht der Hexerei zu entgehen. In der erbarmungslosen Jagd auf Hexen kam es zu makabren Ausschweifungen: 1629 wurde in Marburg ein Prozeß gegen ein siebenjähriges Mädchen geführt. Die Kleine hatte beim Spielen angegeben, sie könne zaubern. Im schwedischen Mora wurden 72 Frauen und fünfzehn Jugendliche zum Tode verurteilt. Ihr Prozeß basierte auf der Zeugenaussage vierjähriger Kinder.

Stand eine Frau erst mal im Ruf der Hexerei, gab es kein Entrinnen. Absurde Prozesse und Gottesurteile ergaben, ob die Frau unschuldig war oder nicht – häufig starb sie in beiden Fällen. Bei der Wasserprobe beispielsweise wurde die Angeklagte mit zusammengebundenen Händen und Füßen dreimal ins Wasser geworfen.

Das ganze Dorf wachte darüber, ob sie unterging oder schwamm. Ging sie unter, war sie unschuldig. Schwamm sie, kam sie auf den Scheiterhaufen. Vergoß sie während der Folter Tränen, stand sie im Ruf, Mitleid erregen zu wollen. Weinte sie nicht, legten die Folterknechte ihr dies als zauberische Fähigkeit aus. Als unschuldig galt sie, wenn es ihr gelang, einen Ring aus einem Topf kochenden Wassers zu holen, ohne sich zu verletzen, mit einem wachsgetränkten Tuch durchs Feuer zu gehen, ohne daß Wachs vom Gewand tropfte.

Wer annimmt, die neue protestantische Bewegung hätte zu einer rationaleren Vorstellung von Hexen geführt, irrt. Sosehr sich die beiden Konfessionen befehdeten, in einem waren sie sich einig: Hexen mußten gnadenlos verfolgt und verbrannt werden.

Martin Luther hatte ebenfalls eine fürchterliche, lüsterne Vorstellung von Hexen. Er phantasierte sie sich zurecht als »Teufelshuren, die da ... auf Böcken und Besen reiten ... Kinder in der Wiege martern, die ehelichen Gliedmaßen bezaubern ... und die Leute zur Liebe und Buhlschaft zwingen und des Teufels Dinge viel« (Behringer, *Hexen und Hexenprozesse*, S. 104).

Also landeten die Frauen auf dem Scheiterhaufen, vor aller Augen. Ein probates Mittel, Untertanen und Gläubige abzuschrecken und zu disziplinieren – und auf perverse Weise zu belustigen. Das ganze Dorf sah zu, wie der Henker die Delinquentinnen auf einen Holzhaufen zerrte. Dort band er sie auf einem Holzstuhl fest. Der Scharfrichter entzündete Pechfackeln und steckte das dürre Reisig in Brand.

Unter das Prasseln des Feuers mischten sich die erregten

Rufe aus der Menge und das leiser werdende Schreien und Husten der Brennenden. Dazwischen erhoben sich monoton die Stimmen der Betenden: »Herr Jesu, dir lebe ich. Herr Jesu, dir sterbe ich« (Heinemann, *Hexen und Hexenangst*, S. 10).

Die letzte legale Hexenverbrennung, von der berichtet wird, wurde 1782 im schweizerischen Glaros vollstreckt. Das *Bayerische Hexenmandat,* ein Werk, das die Prozesse regelte, behielt bis 1813 offiziell Gültigkeit.

»Hexen sind an allem schuld« – Sozioökonomische Ursachen der Verfolgung

Das Böse, das Bedrohliche, hatte einen Namen: das Weib. Verachtet und verteufelt von der Kirche, entmündigt und enteignet von Vätern und Gatten – in dieser verzweifelten Lage befanden sich die Frauen im Zeitalter der Umwälzung von der magisch-feudalen Gesellschaft zur pseudoaufgeklärten der Neuzeit mit ihren massenhaften und systematischen Hexenverbrennungen.

Klug eingefädelt von den herrschenden Männern in Jurisprudenz und Klerus, bejubelt von Ehemännern, glimmten die Feuer, um ein für allemal aufzuräumen mit den wilden Frauen. Der Coup war erfolgreich, und zwar so sehr, daß heute weitgehend unbekannt ist, welche Macht Frauen bis ins 16. Jahrhundert hinein noch genossen.

»Nicht das Mittelalter ist für die Frauen finster«, kommentierte die Journalistin und Mediävistin Anke Wolf-Graaf im Rahmen der Münchner Frauenakademie im Herbst 1994. Die Autorin, Vorreiterin einer feministischen Mittelalterforschung, zieht ein bitteres Fazit:

»Richtig finster wird es für die Frauen erst in der Neuzeit.«

Gesellschaftliche Umwälzungen, die Verlagerung der Macht vom Landadel in die Städte, die Verarmung der Landbevölkerung, ihr Massenexodus in die Städte – all das nagte auch an Überzeugungen im Glauben. Korrupte Kirchenführer, verelendete Massen: die Schere begann sich zu öffnen ... Heere von Kreuzrittern kämpften auf bestialische Art die Verheißungen einer neuen Volksbewegung, der Katharer, nieder. Die glaubten nämlich frevelhafterweise, schreibt Claudia Honegger, »an das Nebeneinander eines guten und eines bösen Gottes«. Die Seelen der Menschen seien gefallene Engel, die vom guten Prinzip abstammten, während der böse Gott die irdische Welt und die vergänglichen Körper mit ihrer Geschlechtlichkeit geschaffen habe.

Der neue, konkurrierende Glaubensansatz alarmierte den Heiligen Vater. Katharer, dieses Wort wurde zum Synonym für Ketzer schlechthin. Seit dem frühen 11. Jahrhundert zog der Vorwurf der Ketzerei – betroffen waren noch Frauen und Männer gleichermaßen – gewöhnlich die Hinrichtung durch Verbrennen nach sich. Nur reuige Ketzer konnten auf Gnade hoffen, die allerdings nicht sehr großzügig ausfiel. Denn dies hieß lediglich, daß die vermeintlichen Ketzer nicht bei lebendigem Leibe qualvoll auf dem Scheiterhaufen vor den Augen des blutlüsternen Volks und Klerus verbrannt wurden. Sterben mußten sie dennoch: Sie wurden zuerst enthauptet, und dann erst wurde der Leichnam den Flammen übergeben (Hammes, *Hexenwahn und Hexenprozesse*).

1227 richtete die Kirche regelmäßige Ketzergerichte ein, die in den ursprünglichen Kerngebieten der Katharer, in Südfrankreich und Oberitalien, alle Hände voll zu tun hatten. Von Anfang an untersuchten die Ketzergerichte auch »magische Delikte«. Im Lauf des 13. Jahrhunderts entstand im Klerus schließlich die Überzeugung, daß Hexerei lediglich die abscheulichste Art der Ketzerei sei. Die Abschreckung hatte allerdings ihre Wirkung verfehlt. Denn selbst nachdem die Katharerbewegung weitgehend niedergeschlagen war, spalteten sich immer wieder neue Sekten von der herrschenden Lehre ab. Die »Pauperes Christi« gewannen an Einfluß. Vogelfrei lebten sie ihr Armutsideal. Solchen von der Kirche verhaßten Wanderbewegungen schlossen sich immer mehr Frauen an. Entrechtet und gedemütigt, ohne Geld, Ehre oder politischen Einfluß, hatten die meisten ohnehin nichts zu verlieren als ihre Ketten.

Vordergründig sah es in den Zeiten davor anders aus: Im 1. Jahrhundert nach Christus berichtete der Römer Tacitus nach einer seiner Reisen zu den Germanen über gar erstaunliche Bräuche. So glaubten die Germanen, daß den Frauen etwas Seherisches und Heiliges innewohne, weshalb die Männer auch den Rat der weisen Frauen hörten und ihn befolgten. Jahrhunderte hielten die Germanen an diesem Glauben fest. Doch auch sie fürchteten schon die Gefährlichkeit des Weibes – untersagten ihm beispielsweise, Waffen zu tragen. Denn dessen Waffe Magie war schon bedrohlich genug.

In der Rechtsprechung galten Frauen schon damals als Eigentum. Waren sie ledig, gehörten sie dem Vater, waren sie Witwen, unterstanden sie ihren Söhnen. Daran änderte sich nichts bis in die Neuzeit. Sämtliche öffentliche Angelegenheiten, die die Frau betrafen, ob sie nun Geschäfte tätigen oder sich vor Gericht ihr Recht erstreiten wollte, wurden von Männern wahrgenommen. Die Historiker Becker, Bovenschen, Brackert et alii kommentieren, was als juristische Spitzfindigkeit abgetan werden könnte: »Dabei entsprach es der gesellschaftlichen Rolle der Frau und deren Rolle in der patriarchalischen Familie: Sie war der Alleinherrschaft des Mannes unterworfen und wurde gleichgestellt mit Kindern, Sklaven, Vieh und toten Gegenständen.«

Gatten durften ihre Ehefrauen verlassen, sogar töten. Sie konnten ihnen befehlen, was zu tun sei, verbieten, was mißfiel. Doch egal, was er ihr antat, gleichgültig, ob sie ein anderes Leben vorgezogen hätte, sie durfte sich nicht von ihm trennen. Eine Frau, die ihrem Mann davonlief und Zuflucht suchte in einem Stift oder bei einer Wanderbewegung, sich als Marketenderin verdingte oder als Prostituierte in der Stadt, konnte in der frühen Neuzeit noch mit dem Tod bestraft werden. Wer seiner untreuen Frau auf die Schliche kam, durfte sie im Sumpf ertränken.

Nur in einem einzigen Fall galt es als legitim, wenn die Frau den Mann fliehen wollte: wenn er dauerhaft impotent war. Doch Frauen, die von ihren Männern behaupteten, sie könnten sie weder befriedigen noch schwängern, standen in steter Gefahr. War die Impotenz nämlich erst während der Ehe entstanden, galt die Frau als schuldig an seiner Unbill. War er schon zuvor mit diesem Makel behaftet, war er ihm sicherlich angehext worden. Von einer Frau. Im Zweifelsfall von seiner Frau.

Diese Rechtsgrundsätze waren bereits im ältesten deutschen Recht, dem germanischen, verankert. Doch lange Zeit bewahrten Frauen sich eigene Herrschaftsbereiche außerhalb des Hauses. Lange konnten sie wenigstens ihre ökonomische Macht behaupten.

Vor dem 16. Jahrhundert gab es eigene Frauenzünfte, durften Frauen auch ökonomisch gleichberechtigt in den gemischten Zünften und freien Handwerken arbeiten. Im

Gegensatz zu den Männern hatten sie aber keine politische Vertretung in den Stadträten. Und das wurde ihnen später zum Verhängnis.

Der Aufstieg der Städte, die Landflucht, die Kreuzzüge, zunehmende Brutalisierung und gesellschaftliche Verwerfungen weichten die Verkrustungen der feudalen Gesellschaft auf. Die ländliche Zweckgemeinschaft zwischen Mann und Frau erfüllte nicht mehr ihre Aufgabe – die gegenseitige Versorgung.

Als die Produktionsweise der Feudalzeit allmählich dem Kapitalismus und vorindustriellen Fertigungsprozessen wich, gesellte sich zum patriarchalischen Herrschaftsbild auch noch ein erbitterter Konkurrenzkampf gegen die Frauen. Im gnadenlosen Verdrängungsprozeß hatten Frauen den Männern wenig entgegenzusetzen.

Anke Wolf-Graaf skizziert in ihrem grundlegenden Werk *Die verborgene Geschichte der Frauenarbeit,* wie die weibliche Konkurrenz aus dem Feld geschlagen wurde: Zuerst wurde das Witwenrecht drastisch eingeschränkt. Im Mittelalter noch war es Frauen, deren Ehemänner das Zeitliche gesegnet hatten, wenigstens erlaubt, den Betrieb des Verstorbenen weiterzuführen. Im Laufe der darauffolgenden Jahrzehnte wurde das Recht immer mehr beschnitten. Schon bald galt es nur noch für eine kurze Übergangsfrist, binnen deren die Frau Geschäfte abwickeln konnte. Dann mußte sie sich um einen Nachfolger ihres Mannes kümmern. Die Heirat mit einem Gesellen wurde schließlich zur einzigen Möglichkeit der einst wirtschaftlich autonomen Frau, der vollkommenen Enteignung zu entgehen. Dann allerdings wurde den Witwen ebenso untersagt, Gesellinnen und Gesellen zu beschäftigen oder Lehrlinge auszubilden.

Frauen wurden auch aus ihren ureigenen Domänen herausgedrängt. Nicht nur aus den traditionellen Heilberufen, wovon im anschließenden Kapitel die Rede sein wird, sondern aus traditionellen Handwerken wie der Schneiderei. Hier hagelte es nur so Verbote: Meisterinnen durften keine kostbaren Tuche mehr verarbeiten. Die lukrativen Aufträge der reichen Patrizier fielen fortan also den Männern zu. Aber selbst das genügte nicht, um die Angst vor der weiblichen Konkurrenz zu tilgen: Bald durften Frauen überhaupt keine neuen Kleidungsstücke mehr herstellen, sondern nur noch die abgewetzten, halb zerlumpten Textilien der Armen wenden und flicken.

Aus einer Frage der ökonomischen Konkurrenz drechselten Kirchenfürsten und Stadtherren bald eine Frage der Gesittung. Frauen, und das gilt ja heute noch zumeist, gehören in die unmittelbare Nähe der drei großen K: »Kinder, Küche, Kirche«. Anke Wolf-Graaf zitiert Adrian Beier, der 1688 verkündete: »Das Mädchen sei zum Heurathen bestimmt und können man nicht wissen, wen sie einmal heurathen werden; eine gelernte Schusterin sei dem Schmiede nichts nütze, ... man kann nicht allein in der Lehre lernen, sondern müsse auch noch wandern; von einem ungewanderten Gesellen und einer gewanderten Jungfrau halte man aber gleich viel ... mit dem Meisterrecht seien auch öffentliche Dienstleistungen verbunden, als Wachen und Gaffen, wozu Weiber nicht taugen.«

Und sie taugten doch. Das Lied einer couragierten Nürnberger Bürgerin, die darauf bestand, ihre Untertanenpflicht persönlich wahrzunehmen, belegt es (das Lied entnahmen wir dem Buch von Anke Wolf-Graaf):

Hier steh' ich! Präsentier' das Gewehr
Und zieh' auf meine Wach.
Bis zu dem Laufer Tor hinauf

Und jeder sieht mir nach …
Statt meinem Wach-Geld zeig' ich mich
Selbst in Person allhier.
Hier bin ich zur bestimmten Zeit
In meinem schönsten Festtagskleid,
Worin ich exerzier'.

Solcher Bürgerinnenmut war schnell vergessen – und umsonst: Die Macht der Frauen, ihre wenigstens ansatzweise vorhandene Ebenbürtigkeit mit den Männern, ihre lebenssprühende Weisheit wurde in der Finsternis der heraufziehenden Neuzeit zunichte. Aus der souverän wirtschaftenden und lebenden Frau des frühen Mittelalters wurde eine rechtlich entmündigte, wirtschaftlich marginalisierte Hausfrau, die – nach Verteufelung der Familienplanung – zwischen ständigen Schwangerschaften nicht mehr zu Kräften kam.

Ein autonomes Frauenleben im Mittelalter wird von der herrschenden Lehre als Märchen abgetan. Ebenso gelten Berichte über die Matriarchate der Antike als Hirngespinste von verdrehten Feministinnen. Doch »wer sich mit der Geschichte der Frauen im Mittelalter beschäftigt hat«, so Historikerin Anke Wolf-Graaf, »bekommt eine ungefähre Ahnung davon, woran wir uns orientieren müssen, wenn wir jetzt Emanzipation fordern.« Die Hexen und ihre alte Macht, ihre Frechheit und ihre Unabhängigkeit von Männern helfen uns heute, wie spätere Kapitel zeigen werden, oftmals auf diesem Weg.

In der frühen Neuzeit allerdings drohte den Aufmüpfigen und Frechen der Tod. Die Situation für Frauen – bald waren nicht nur heilkundige, alte, weise betroffen – verschärfte sich um 1560. Da war, so glaubten die Zeitgenossen, das Ende der Welt gekommen: Hagelschläge verheerten das Land. Eine Klimakatastrophe, »die Kleine Eiszeit«, nahm den Bauern die Ernte, den Menschen das Essen. Das wenige, das es auf den Märkten gab, erreichte Rekordpreise. Eisiger Winter folgte, dann wieder Naturkatastrophen. Jahr um Jahr ging das so. Elend kam über das Volk. Es war entkräftet von all den Entbehrungen und dem harten Leben, und so fand der Schwarze Tod leichte Beute, die Pest raffte die Bevölkerung ganzer Landstriche dahin. Nichts hatten die Menschen den Verwüstungen der schlechten Jahre entgegenzusetzen – außer ihrem Glauben an Gott, die Kirche, den Teufel und die Hexen. Sie galt es zu vernichten. Denn in ihrer Verzweiflung suchten die Menschen Schuldige an der Misere. Und wer käme eher in Frage als die Hexen mit ihrer Fähigkeit, Schadenszauber zu wirken?

Auch die evangelische Kirche war dem Hexenwahn anheimgefallen. 1590 verkündeten die lutherischen Theologen über die Hexerei, »daß solches laster ja soweit eingerissen, daß besorgt werden will, wann man einmahl mit der verfolgung anfangt, so werde mans bald nit wider aufhören können. Denn je gemeiner disz laster worden ist, und nochmehr werden und überhandt nehmen will, je mehr will vonnöten sein, auf die Mittel der gentzlichen auszreuttung zu gedenken und das landt von solchen greulichen ungeziffer zu rainigen« (Behringer).

Im selben Jahr schrieb die *Erweytertte Unholden Zeyttung* über die Ereignisse im schwäbisch-bayerischen Raum: »Dieweil dann zu unseren zeitten alle zaubereyen und Teuffelsgespänst dermaßen uber hand nemen, das schier alle Stadt, Märckht und Dörffer in ganzen Teuschland ... desselbigen unzifers und Teuffelsdienern voll seindt, welche nicht allein die liebe frucht auff dem Feldt ... mit ungewöhnlichen Donnern, Blitz, Schawr, Hagel,

Sturmwinden, Wassernöthen, Meusen, Gewürm und was andere sachen mehr sein soviel an ihnen, und ihnen Gott verhenget, durch des Teuffels hilff und beystand, in den grundt verderben sich unterstehen" (Behringer).

Die *Unholden Zeyttung* wußte weiter zu berichten: »Sondern auch dem Menschen sein nahrung durch verderbung des Viechs, als Küh, Kelber, Pferdt, Schaff und dergleichen zunehmen und abspanne, nach allem ihrem vermögen trachten, ja nicht das viech und Frucht der Erden allein, sondern auch ... der jungen und ungetaufften Kindlein nicht verschonen ... die alten leuth zu erkrummen, zu erlamen, inn schmertzliche Kranckheiten und endtlichen in den Todt zubringen allen Fleiß anwenden, dadurch mancherley jammer und noth under den Menschen erwachsen thut.«

Daß Hexen hinter den verheerenden Unwettern standen, gab ein unbekannter Zauberer zu. Was er zu sagen hatte, fand später im *Hexenhammer* von Institoris und Sprenger Niederschlag. Der Historiker Manfred Hammes zitierte die bizarre Begebenheit: »Zuerst flehen wir mit gewissen Worten auf den Feldern den Fürsten aller Dämonen an, daß er jemand von den Seinen sende, der den von uns Bezeichneten treffe. Wenn dann ein bestimmter Dämon kommt, opfern wir ihm an einem Zweigwege ein schwarzes Küken, indem wir es hoch in die Luft werfen. Aber freilich nicht immer wirft der Dämon Hagelkörner und Blitze auf die von uns bestimmten Plätze, sondern je nach Zulassung des lebendigen Gottes.«

Auch die Pest, die schrecklichen Epidemien, die den Hungersnöten folgten, gingen auf das Konto der Magierinnen und Magier. Die Zeitgenossen waren sich einig, wie es zu den verheerenden Krankheiten kam. Sigmund von Riezler schreibt in seiner *Geschichte der Hexenprozesse in*

Bayern, »wie das neue Mitglied der Sekte gelehrt wird, seinen Stab zu schmieren mit einer aus dem Fett der gebratenen Kinder bereiteten Salbe. Durch Bestreichen mit dieser Salbe können sie Menschen töten, durch Pulver aus Eingeweiden die Luft vergiften und ein großes Sterben hervorrufen.« Riezler zitiert die Ankläger der Hexen: »Und das ist die Ursach, daß in etlichen Dörfern Pestilenz regiert, und zu allernächst dabei ist man frisch und gesund.«

Etliche Historiker sahen genau in diesen sogenannten kleinen Eiszeiten und ihren verheerenden Folgen die Voraussetzung für eskalierende Hexenverfolgung. Behringer etwa schreibt: »Als sozialgeschichtliche Grundkorrelation läßt sich eine Korrespondenz von Agrarkrisenjahren und Verfolgungsjahren feststellen ... Die Anbindung der Hexenverfolgung an die Agrarkrisenjahre erklärt die Synchronisation der Hexenverfolgung in weit voneinander entfernten Regionen.«

Claudia Honegger *(Die Hexen der Neuzeit)* interpretiert den Hexenwahn zwar ebenfalls als »Katastrophenreaktion ungebildeter Bauern auf Krieg oder Pest« und sieht auch den Versuch der Bürger, ihre Identitätskrise zu ersticken in der Hinwendung an ein weibliches Feindbild. Aber sie gibt zu bedenken: »Ursprünglich von der Kirche als herrschaftslegitimierende Abwehrkonzeption gegen die Ketzerbewegung gebraucht«, stütze sich der Hexenwahn der frühen Neuzeit auf »ein streng formalistisch durchgearbeitetes Deutungsmuster, das Natur und Gesellschaft umspannte«. Gleichzeitig sei die hysterische Angst vor Hexen Ausdruck einer »vergesellschafteten Psychopathologie«, also Ausdruck vollendeter Irrationalität. Die Brücke zwischen beiden Extremen schlägt auf grausame Art der *Hexenhammer.*

Hatte nämlich eine Hexe nach der Anleitung der Domini-kanermönche unter grausamster Folter einmal ihren Schadenzauber gestanden, war sie des Todes. Häufig, so Hammes, wurde das Urteil unmittelbar nach seiner Ver-kündung vollstreckt. Die schreckliche Bestrafung »befrei-te« allerdings niemanden. Nicht von den Unwettern, nicht von den Krankheiten, nicht von der Angst vor dem Unter-gang. Die Beruhigung der Masse angesichts der sich in den Flammen krümmenden, schreienden, keuchenden Frau hielt nur für kurze Zeit. Dann mußten neue Opfer gebracht werden. Dargebracht auf dem Altar der hysteri-schen Ängste.

Welche Veränderungen waren dafür verantwortlich, daß Frauen schließlich nicht mehr im Namen der Kirche und der Obrigkeit verbrannt werden mußten? Der englische Historiker Trevor Roper glaubt, das Ende der Hexenver-folgung liege begründet im Sieg der Vernunft, im Tri-umphzug der Wissenschaft und Philosophie über ein ungeklärtes, magisches Weltbild. Er spricht von einer »philosophischen Umwälzung, welche die gesamte Auffas-sung von Natur und den in ihr waltenden Kräften verän-derte«.

Der Sieg der Vernunft ging allerdings auch zu Lasten der Natur. Zu Lasten von erdverbundener Heilkunde, von Weiblichkeit schlechthin. Denn schließlich war nach dem Ende der Hexenverfolgungen auch die weibliche Heilkun-de tot. Und die männliche hatte obsiegt.

»In Schmerzen sollst du gebären« –
Der Kampf gegen die Hebammen

Sie waren wie rasend. Kreischend, johlend, tanzend stürmten die Weiber in die Gassen. Frauen, denen sie begegneten, rissen sie die Hauben vom Kopf. Männern stahlen sie die Hüte und füllten sie voll Kot. Sie schnappten die Männer, tanzten mit ihnen auf der Straße. Ungestüm drangen die wilden Frauen in die Häuser ein, nahmen Eier, Brot und Fleisch. Das Dorf verwandelte sich in eine einzige Festwiese für ein riesiges, orgiastisches Fest (Becker, Bovenschen, Brackert et alii, S. 89).

Es galt dem Neugeborenen. Und seiner Mutter, ihrer bewunderten, erdigen Fruchtbarkeit. Die Gebärfähigkeit der Frau symbolisierte ihnen die Fruchtbarkeit des Bodens. Frau und Natur – das war im frühen Mittelalter ein und dasselbe. Und dennoch: Frauen waren der Natur nicht macht- und willenlos ausgesetzt: Sie konnten Leben geben, Empfängnis aber auch verhüten, unerwünschte Kinder abtreiben. Mit 103 verschiedenen Mitteln, so schreibt die Historikerin Anke Wolf-Graaf, sollen die Hebammen bei der Familienplanung eingegriffen haben. Erblickte ein neuer Mensch das Licht der Welt, war das Grund genug für ein ausschweifendes Fest.

Den Herren trieb es den kalten Schweiß auf die Stirn. Sie verboten den Frauen die entfesselten Feiern, verbannten die wilden Frauen ins Haus. Später galt der Kontakt mit Wöchnerinnen als unrein und stand nur wenigen, besonders engen Vertrauten zu. Anke Wolf-Graaf listet die Maßnahmen auf, mit denen die Frauen still gemacht wurden. Da heißt es unter anderem (S. 162): »1. Grundsätzlich ist es der Wöchnerin nur noch am ersten und letzten Tag des sechswöchigen Kindbetts erlaubt, ein gemeinsames Mahl mit anderen Frauen abzuhalten. Doch dürfen es nicht mehr als drei Frauen sein. Es darf nur noch Kuchen und gewöhnliches Konfekt, rohes Obst, Brot und Wein gereicht werden. 2. Ausschweifende Feiern nach der Kindstaufe sind grundsätzlich verboten. Zur Taufe sollen nicht mehr als fünf Frauen mitgehen.«

Verstört registrierten die mächtigen Herren das Komplott der Frauen mit der Natur. Diese unheimliche Verbundenheit der Frau mit ihrer/der Natur deutete ihrer Auffassung nach auf einen intimen Bund mit dem Teufel. Wovon die hohen Herren nichts verstanden, definierten sie kurzerhand zu Teufelswerk. Und sie wußten auch, vor wem sie sich besonders zu fürchten hatten: »Niemand schadet dem katholischen Glauben mehr als die Hebammen«, befanden die keuschen Verfasser des *Hexenhammers,* Heinrich Institoris und Jakob Sprenger. Hebammen, so die Logik der prüden Dominikaner, waren Hexen, sogar besonders üble. Die Inquisitoren schrieben ihnen Schlüsselpositionen in der Hierarchie des Bösen zu. Hebammen, meinten sie, seien Hexenprinzessinnen (Heinemann, S. 31). »Weil Hebammen die Natur gut kannten, auf dem Scheiterhaufen sie verbrannten«, lautet ein zeitgenössischer Reim (zitiert nach Wolf-Graaf, S. 140).

Gegen fast jedes körperliche und psychische Übel wußten die weisen Frauen ein Mittel. Da die Heil- oder Verhütungsmethoden aber nicht – nach heutiger Auffassung von moderner Medizin – systematisch wirkten, mitunter auch schadeten, schlug den kräuterkundigen Frauen nicht nur Anerkennung entgegen. Totgeburten, Unfruchtbarkeit, schwere Krankheiten, Impotenz – für all das wurde die Hexe verantwortlich gemacht.

Furcht und Respekt prägten das Verhältnis des Volks zu den Hebammen. Die Kirche fürchtete am meisten die

Konkurrenz. Die Kleriker beharrten auf ihrem Alleinvertretungsanspruch des Menschen vor Gott. Und wer sich dann außer Gott anmaßte, derart in den Kreislauf von Leben und Sterben einzugreifen, war gefährlich, sollte gerechterweise auf dem Scheiterhaufen sein Leben lassen: Auf einem Höhepunkt der Hexenverfolgung, zwischen 1627 und 1630, wurden in Köln fast sämtliche Hebammen ausgerottet. Jede dritte der damals verbrannten Frauen, schreibt Evelyn Heinemann, war eine Hebamme.

Über Jahrhunderte hatten Frauen ihre Kenntnisse um Kräuter und Körper von einer Generation zur anderen weitergegeben. Schriftstücke, in denen das Wissen der Hebammen – für jedermann zugänglich – gesammelt wurde, gibt es aber leider nicht. Unbekannt ist, ob Mütter ihre Töchter instruierten oder ob eine angehende weise Frau besondere Merkmale aufweisen mußte, die sie vor allen anderen auszeichneten. Unter den wissenden Frauen wählten die Dorfbewohnerinnen im Frühmittelalter jene, die ihnen in Krankheit, bei der Verhütung und bei Geburten zur Seite stehen sollten. Unter Kontrolle des Klerus, so wird berichtet, fand einmal im Jahr, am Hirzmontag, ein Sendgericht statt. Alle Frauen strömten zusammen, um ihre Hebamme für die kommenden zwölf Monate zu wählen (Haerkötter, S. 18). Eine Entscheidung, die über Leben und Tod entschied.

Mit Mixturen aus hochgiftigen Beeren und Kräutern hantierten die weisen Frauen. Sie kannten Balsame, die die Empfängnis verhinderten. Sie wußten um die uterusanregende Wirkung der Petersilie, die abtreibende Wirkung der Haselwurz. Die Ingredienzien wurden mündlich überliefert. Das Kinderlied »Petersilien, Suppenkraut wächst in unserem Garten« beispielsweise nennt Kräuter und Wurzeln mit abtreibender Wirkung.

Anke Wolf-Graaf zitiert aus einem Kräuterbuch aus dem Jahr 1604 – das Monopol der Hebammen über Verhütung und Abtreibung ist längst gebrochen – auch ein gefährliches Sade- oder Sevenbaumrezept, von Männern kommentiert (S. 150): »Destilliertes Sevenbaumwasser ... befürdert der Frawenzeit mit Gewalt/und den Harn so heftig/daß bisweilen Blut mitgehet: Die todte Frucht treibt forth/daher die gottlosen Weiber/so in Unzucht schwanger werden/ihre Kinder im Mutter Leib mörderischer weiß mit Sevenbaum umbringen/und hernach als todt abtreiben. Ferner gebrauchen die Hexen den Sevenbaum zur Zauberey.«

Das Gift des Mutterkorns, das der Pflanze den Namen »Kindermord-Pilz« eintrug, setzten sie immer wieder ein (Haerkötter). Sie traktierten die Kranken allerdings auch mit chemisch vollkommen wirkungslosen Kräutern und vergriffen sich schon mal in der Dosierung.

Sie untersuchten die werdende Mutter, berieten sie in Ernährungsfragen, kannten die Veränderungen des Körpers der Schwangeren, betreuten sie auch während der Geburt. Sie kannten die komfortabelsten Gebärstellungen, strichen den Körper mit wehenfördernden Tinkturen ein, verabreichten krampflösende Tees, linderten Schmerzen und forderten die Gebärende, wenn sie zu arg litt, auf, sich masturbierend Erleichterung zu verschaffen. War die werdende Mutter dazu nicht mehr imstande, massierten die Hebammen ihr die Scham. Lustvolle Entbindungen – das konnten die verklemmten Kleriker nicht erdulden. Ihr Credo war aus der Tabuisierung aller Fleischeslust entstanden: »In Schmerzen sollst du gebären.« Sogar den Tod der Mutter nahmen die Kirchenmänner, dieser Logik folgend, als unausweichlich hin.

Kam es bei der Geburt zu lebensbedrohenden Komplikationen, wußten Hebammen sogar schon im frühen Mittelalter um die Möglichkeit, das Kind operativ aus dem Mutterbauch herauszuholen. Anders als beim Kaiserschnitt, der heute gesetzt wird, öffneten sie die Bauchdecke mit einem senkrechten Schnitt. Damit gelang es ihnen mitunter, Leben zu retten. Nicht unbedingt das des Kindes. Doch nur dafür interessierte sich die Kirche.

Die geradezu wahnwitzige Sorge des Klerus um den kommenden Erdenbürger trieb die Mütter in den Tod. Weil das Kind im kirchlichen Sinne so lange als unschuldig galt, bis sein Geschlecht bekannt war, erlaubten die Herren alles, was der Rettung des Ungeborenen diente. Sie verfügten aber auch, daß nur dann geschnitten werden durfte, wenn die Mutter schon tot war (Becker, Bovenschen, Brackert et alii, S. 91). Daß die Hebammen dem strengen Gebot immer Folge leisteten, ist zweifelhaft. Gefährlich wurden der Mutter aber noch andere christliche Erfindungen: So wurde schon im frühen Mittelalter, als Abtreibungen noch legal waren, eine Taufspritze erfunden, die »mit Weihwasser gefüllt, unsteril und oft rostig bis in die Gebärmutter eingeführt wurde, um das Kind zu bespritzen« (ebenda).

Während des 14. Jahrhunderts haben sich Mütter und Hebammen offenkundig einen feuchten Kehricht um die Taufrituale der Kirche geschert. Der Kleriker Berthold von Regensburg ermahnte daher die Gläubigen: »Es soll weder Wein noch Milch, noch Bier sein, etliche taufen in Sandhaufen; es soll aber in aller Welt nichts sein denn Wasser« (Wolf-Graaf, S. 154).

Die Nottaufe sollte verhindern, daß Hebammen den Leib des Kindes dem Teufel weihten oder zu Hexensalbe verarbeiteten. Nur mit dieser Salbe, so meinten die Kirchenmänner, gelang es den Hexen, zu fliegen und ihre sexuellen Exzesse mit dem Teufel zu feiern. Die Ängste der Kleriker hatten ihren handfesten Grund – auch wenn Dämonen und ungetaufte Neugeborene nicht unbedingt im Spiel waren: Menschenfett wurde noch bis ins 18. Jahrhundert hinein pfundweise für die Herstellung von Arzneien benötigt.

Auch Menschenhaut, üblicherweise den Hingerichteten von Scharfrichtern abgezogen, war ein begehrtes Naturheilmittel. Die Historikerin Jutta Nowosadtko beschreibt in ihrem Buch *Scharfrichter und Abdecker. Der Alltag zweier »unehrlicher Berufe« in der Frühen Neuzeit* einen einträglichen Handel zwischen dem Münchner Scharfrichter Hans Stadler, der zu Beginn des 18. Jahrhunderts lebte, und der Englbrechting-Hebamme. Er gab ihr »claine Stuckhl Menschenheuttl«, sooft sie wollte, dafür entband sie Stadlers zahlreiche Kinder umsonst. Stadler wußte nicht genau, wofür die Haut benötigt wurde, vermutete aber, daß sie »für den Khrampff und für des Zittern guett sein soll«. Das bestätigte später Stadlers Augsburger Kollege Johann Georg Tränckler. Er empfahl Menschenhaut »besonders vor den Krampf, Kröpf und Schwinden Glieder und anderen leibs Schmerzen, wie auch denen gebehrenden frauen durch applicirung der menschen haut sehr gute hilfe gelaistet« werden können (Nowosadtko, S. 170).

Nicht teuflische Bünde gegen das Christenvolk, sondern magische Medizin zum Wohle der Menschen betrieben die Hebammen mit den Resten abgehäuteter Verbrecher. Der berüchtigte Hexenbalsam hatte andere Ingredienzien. Selbstversuche von Wissenschaftlern des 19. und 20. Jahrhunderts nach Rezepten von früheren Hexen lassen auf den Gebrauch von Tollkirsche, Bilsenkraut und Stechapfel schließen. Exakt dosiert und in geringen Dosen auf

Kniekehlen, Armbeugen und die Scham aufgetragen, bescherte die Mixtur Hexen und Zauberern aufregende Halluzinationen (vgl. Haerkötter und dazu das Kapitel »Magische Mittel für Hexen«). Sie fielen in tiefe Trance, vermeinten aber, durch den Schornstein herauszufahren, auf Besen oder Tieren durch die Luft zu fliegen und mit Tieren, Menschen oder dem Satan höchstpersönlich zu kopulieren. Waren sie erwacht, hielten sie die inneren Bilder für wahr. Diese subjektiven Erlebnisse vom Hexenflug stellte die Kirche als objektive Wahrheiten hin. Als eine analytisch verengte Weltsicht die Macht über eine ganzheitliche Wahrnehmung von Sensationen gewann, als Kleriker über Frauen zu Gericht saßen, nahmen sie die Schilderungen vom Hexenflug als »Beweis« für die Teufelsbuhlschaft. Ihren Sieg errang die rationale Männerwelt über die magische Naturwelt der Frauen überwiegend mit den Mitteln des von Männern geschriebenen Gesetzbuchs.

Immer strenger wurden die Maßnahmen, mit denen die Autonomie der Frau beschnitten wurde. Abtreibungen galten ab dem 16. Jahrhundert als rechtswidrig und standen seitdem grundsätzlich unter Strafe. Bei den Germanen waren Aborte und Kindesaussetzungen noch erlaubte Methoden der Geburtenregelung (vgl. Becker, Bovenschen et alii, S. 86). Lange Zeit blieben die Eltern auch straffrei, wenn sie ein Kind vor seiner ersten Nahrungsaufnahme aussetzten. Zu Abtreibungen und Aussetzungen mußten Kindsvater und Sippe ihr Einverständnis geben, doch der Frau war ein Vetorecht geblieben. Gegen ihren Willen konnte kein Fötus, kein Kind getötet oder von ihr getrennt werden. Nicht nur diese Praktiken hat die Christianisierung weggefegt. Immer harscher verdrängte die christliche Ethik die Bedürfnisse des Alltags.

Kleriker haben ihre auf das Jenseits gerichtete Ethik über die fundamentale medizinische Versorgung gestellt. Eine wissenschaftlich ausgebildete Ärzteschaft, die der gesamten Bevölkerung zur Verfügung stand, bildete sich erst allmählich heraus. Und zwar zunächst auf Kosten jener Bevölkerungsgruppe, die von den weisen Frauen abhängig war. Denn noch bevor ausgebildete Ärzte an ihre Stelle treten konnten, wurde den Hebammen das Handwerk gelegt. Die Klostermedizin und die studierte Ärzteschaft bedienten sich allerdings des Wissens der weisen Frauen.

Als sich im Hochmittelalter die gegensätzlichen Paradigmen der weiblich-naturhaften Weltsicht und der wissenschaftlich-männlichen immer schärfer herauskristallisierten, war der Zeitpunkt gekommen, anstelle der ländlichen weisen Frauen eine angeblich höherwertige Buchmedizin aufzubauen. Und die war männlich. Das Medizinstudium wurde im 12. und 13. Jahrhundert Teil des Studium universale. Laut Becker, Bovenschen, Brackert et alii (S. 106) war es damit »eher Gegenstand theoretischer Betrachtungen als Resultat praktischer Erfahrung«. Unterrichtet wurde von Klerikern, Frauen waren an diesen Hochschulen nicht geduldet. Kenntnisse über den weiblichen Körper konnten solche Universitäten nicht vermitteln.

Das schlug sich später in der ärztlichen Praxis nieder: Den Medizinern war als unschicklich verboten, die Patientin zu betrachten. Mußte sie unbedingt untersucht werden, so verbarg sich die Kranke unter einer Decke, deren Enden um den Hals des Arztes gebunden wurden, um unkeusche Blicke zu verhindern. Kein Wunder, daß diese Mediziner keinen Durchblick hatten. Dennoch: »Die Ärzte konnten ihren Herrschaftsanspruch mit der Existenz einer geregelten medizinischen Versorgung in den hoch-mittelalterlichen Städten durchsetzen, sobald sie in diesen die führenden Positionen eingenommen hatten«, so Becker, Bovenschen, Brackert et alii (S. 107). Dazu kam es, nachdem die ärztliche Versorgung in den explodierenden Städten des 14. Jahrhunderts nicht mehr gewährleistet war.

Der Rat der Stadt entschloß sich zu dieser Zeit, einen Arzt zu bestimmen, der verpflichtet war, Armen und Reichen zu helfen. Aus der Stadtkasse wurde er bezahlt. Zu Stadtärzten wurden ausschließlich Buchmediziner ernannt. Im 15. Jahrhundert, als sich genügend studierte Ärzte etabliert hatten, wurde den Frauen der Arztberuf gänzlich verboten. Ausnahmen bildeten die Kinderheilkunde und die Geburtshilfe. Doch auch hier versuchten Männer, ihnen den Rang streitig zu machen.

Das Mittel dazu waren die Hebammenordnungen, die sich in der zweiten Hälfte des 16. Jahrhunderts durchsetzten. Sie schrieben die Bezahlung der Hebammen aus der Stadtkasse, mitunter sogar ihre Altersversorgung fest. Sie verpflichteten die Frauen per Eid, Reichen und Armen gleichermaßen zu helfen. Und: sie schrieben Prüfungen – durch den Stadtarzt – für die Hebammen vor. Was auf den ersten Blick wie eine Verbesserung des Gesundheitswesens im Interesse der Patienten aussieht, ist für Becker, Bovenschen, Brackert et alii eine »der ersten Kampfmaßnahmen der Feudalgesellschaft, die die Geburtshilfe aus dem Frauenbereich herauslösen sollten, um sie gesellschaftlicher Kontrolle zu unterwerfen«. Indem Männer bei den Prüfungen ihre Fragen stellten und weise Frauen antworteten, sammelten Männer allmählich Wissen in der Frauenheilkunde. Die Frauen waren jedoch widerspenstig: Sie gaben das seit Jahrhunderten nur unter

Frauen tradierte Wissen nicht preis, erzählten (Heb-)-Ammenmärchen, die in krassem Widerspruch zu ihrer tatsächlichen Praxis standen. Den Männern blieb nichts anderes übrig, als ihnen zu glauben. Vorerst.

So wurde traditionelles Hexenwissen über die Jahrhunderte verschüttet. Heute graben wir wieder danach. Denn nun sind die Grenzen der Schulmedizin nahezu erreicht. Krankheiten, für deren Behandlung mehr Intuition als Ultraschall und Antibiotika nötig sind, stellen heute manche Ärzte vor unüberwindliche Probleme. Jetzt, nachdem mit allen Mitteln daran gearbeitet wurde, die weisen Frauen, ihr Weltbild und ihr Wissen auszumerzen, werden Hexen wieder angerufen. Wieder sollen sie uns helfen: »Unsere Geschichte zu kennen heißt erkennen, wie wir den Kampf wieder aufnehmen müssen«, schreiben Barbara Ehrenreich und Deirdre English in ihrem Buch *Hexen, Hebammen und Krankenschwestern* (S. 8).

Aber nicht nur für den feministischen Kampf sind Hexen wichtig: Sie sollen den letzten Rest von Naturerfahrung und Intuition in uns retten.

Zittert, zittert,
die Hexen sind zurück

So wie das Gespräch mit dem Kollegen in der Zeitung verlief, gestalteten sich eigentlich die meisten Diskussionen zum Thema Hexen in unserem rationalen Umfeld. Seine Reaktion war also typisch. Nachdem er zunächst in sich hineingegluckert hatte vor Vergnügen über das Thema Hexen – »Ihr glaubt doch den Schmarrn nicht am Ende selbst?« –, kam dann die alles entscheidende Frage (wer weiß, vielleicht steckt hinter dem Blödsinn wenigstens ein Trend, der eine gute Story hergibt): »Wie viele Hexen gibt's eigentlich heute?«

Tja, lieber Kollege, woher sollen wir das wissen? Es ist ja eher selten so, daß sich Hexen spitze Hüte aufsetzen, den Besen mit einer ordentlichen Portion Schmalz einreiben – und ab geht die Post durch die Lüfte. Auch haben sie in der Regel keine schiefen Nasen, fressen keine kleinen Kinder, und ihr Wirken ist auch nicht so unmittelbar, daß man mit dem Finger auf sie zeigen könnte.

Nein, die Hexe lebt im verborgenen. Oft jedenfalls. Manchmal tritt sie an die Öffentlichkeit. Manchmal möchte sie unter gar keinen Umständen ihre eigentliche Natur offenbaren. Manche hexen im Hexencoven. Und tagsüber werfen sie sich ins schicke Kostümchen – und kochen womöglich arglosen Menschen wie dem geschätzten Kollegen Kaffee.

Wer einen Blick für sie hat, erkennt Hexen dennoch. Da

gibt es gar keinen Zweifel und da brauchen Sie auch nicht zu grinsen, werter Kollege. Denn sie verrät sich einfach selbst durch Blick und Geste. »Sieh einer Frau in die Augen, dann weißt du, ob sie eine Hexe ist«, sagt Luisa Francia, die Hexe vom Starnberger See. Man/frau erkenne Hexen auch daran, daß sie häufig barfuß gehen, unvermittelt Sterne anstarren – oder sich vielleicht mitten auf einer verkehrsumtosten grünen Oase seufzend an einen Baum lehnen.

Alles nur Spinnerei? Oder steckt ein tieferer Sinn dahinter? Diese Frage zu beantworten, da wird's schon schwieriger. Aber irgendwas muß hinter dem Thema stecken – jeder ist davon fasziniert, jeder kennt eine Geschichte, wie jemand Opfer üblen Zaubers geworden ist – oder gar selbst gehext hat. Der eine weiß instinktiv, wann Gefahr droht, der andere meidet die Zahl Dreizehn. Und warum bleiben eigentlich so häufig die Uhren in einem Haushalt stehen, in dem jemand gestorben ist?

Volksmagie lebt, genauso wie Hexen. Nur haben wir unseren instinktiven, intuitiven Zugang dazu verloren, oder er ist uns abtrainiert worden. Und die Vorstellung dessen, was Hexen können sollen (nämlich Schadenzauber anrichten, tot- und krankhexen und die Zukunft voraussagen), hat in der Regel wenig mit dem zu tun, was sie tatsächlich können. Doch weil sich die Vorstellung dessen, was anzurichten sie imstande sind, so schön gehalten hat, widmen wir dem Schadenzauber ein eigenes Kapitel, aber dazu später. Die Hexen, die wir kennengelernt haben, hatten mit übler Magie wenig zu tun. Allerdings nicht aus moralischen Gründen, denn Hexen unterscheiden nicht zwischen Gut und Böse. Sondern wer Schadenzauber wirkt, der verbindet sich mit seinem Opfer untrennbar – und der Schaden kommt drei- bis siebenfach zurück. Irgendwann.

Wir verraten, wo sich Hexen treffen, was sie zum Zaubern brauchen – dazu gehört auch Menstruationsblut, dem wir ein eigenes Kapitel widmen. Das ist nämlich entgegen dem, was viele glauben, nicht per se etwa allmonatlich lästig und schmerzhaft. Sondern weiblicher Kraftquell schlechthin.

Und dann gibt es noch etwas zum Gruseln: das finstere Treiben der SchwarzmagierInnen (in München gibt es sogar einen richtigen Hexenladen für ihre Zwecke). Ebenso berichten wir natürlich von den vielen Scharlatanen. Allerdings ohne Arg. Denn auch wir fragen uns immer wieder: Wo fängt Hexerei an, wo der grandiose und lukrative Budenzauber?

Luisa Francia
und die Lust an der Hexerei

»Das war heute ein Gesäge«, stöhnt der alte Walnußbaum, »entsetzlich.« – »Ach, du Armer«, ruft Luisa ihm zu und streicht ihm den schartigen Stamm. Später bestätigen Luisas menschliche Freunde, daß den ganzen Tag über das Kreischen der Motorsägen bis auf das idyllische Seegrundstück nahe Starnberg gedrungen war. Das muß Luisas Freund, dem Walnußbaum, durch Stamm und Äste gegangen sein.

Er hat allen Grund, das kreischende Geräusch zu hassen, denn schließlich sollte auch er einmal das Opfer der Sägen werden. Sein Leben verdankt er der Hexe Luisa Francia. Kurz bevor der kränkelnde Baum gefällt werden sollte, hatte sie seine Sprache erlernt. So erfuhr sie, daß nur ein Ast unheilbar erkrankt war und abgenommen werden mußte. Der Baum hat sich dafür revanchiert. Das war, als Luisa lebensgefährlich verletzt im Krankenhaus lag. Doch dazu später.

An diesem Herbstnachmittag tritt eine schlanke, hohe Gestalt in einem glatten schwarzen Baumwollkleid den Besucherinnen durch ein Scheunentor entgegen. Luisa geht barfuß. Dabei ist das Wetter zwar mild, aber im Oktober muß der Boden dennoch schon recht kühl sein ... Schöner, als Luisa wohnt, läßt sich vermutlich kaum leben. Das alte Bauernhaus, in dem sie ihre Wohnung hat, liegt vor dem Starnberger See, dessen Oberfläche glitzert immer noch in der fahlen Herbstsonne. Das Grundstück, das das Gebäude umgibt, ist riesig, eine saftige, grüne Wiese und etliche Bäume und Beete. Früher hatten Luisa und die anderen Hausbewohner dort eine richtige kleine Landwirtschaft. Noch immer zeugt der Garten von der Liebe der Anwohner zu den Pflanzen. Selbst im Herbst grünt und blüht es noch.

Vormals war das alte Gemäuer wohl eine Pension gewesen. Im Gang des Hauses jedenfalls verweist ein Pfeil noch diskret aufs stille Örtchen. »00 Herren« steht da. Und das ausgerechnet bei Luisa, der frauenbewegten Hexe.

Schon ihrem Gesicht ist anzusehen: Luisa ist eine Frau, die gerne lacht. Und laut und viel, wie wir später erfahren. Die dunklen Augen sind ruhig und dennoch lebendig. Ihre Bewegungen rund und geschmeidig. Diese Frau ist in ihrem Körper zu Hause. Und der paßt harmonisch in das Ambiente, das sie sich geschaffen hat: eine riesige, gemütliche Wohnküche, die Zimmer, die alle ein wenig schlampig sind, aber nur ein wenig. Und allenthalben finden sich die Devotionalien ihrer Hexenkunst. Amulette und Statuen und Steine.

Die Steine. Sie liebt Luisa besonders. Denn auch sie haben ihr geholfen, als dieser grauenvolle Unfall passierte. Mit ihrer Tochter Walli war sie auf dem Moped unterwegs. Eine Lustpartie. Die beiden wurden von einem Auto angefahren, erlitten schwere Verletzungen: »Mein Becken, mein linkes Bein, alles war zerschmettert. Die Haut war aufgerissen, ein Knochen stak heraus, das Blut pulste in einem kräftigen Strahl heraus.«

Trotz entsetzlicher Schmerzen wurde Luisa nicht ohnmächtig, unerklärlich auch für Ärzte und Sanitäter. Luisa kannte den Grund für ihre Wachsamkeit: »Ich spürte, daß Walli an der Halswirbelsäule verletzt war. Ich mußte aufpassen, daß niemand sie bewegte oder gar versuchte, ihr den Helm abzunehmen.« Im Krankenhaus bedeckte Luisa ihren lädierten Körper – sehr zum Amüsement der Ärzte – mit Kristallen. Die lachten bald allerdings nicht mehr. Denn obwohl die Hexe von Ambach nur knapp mit dem Leben davongekommen war, konnte sie schon nach fünf Wochen aus dem Krankenhaus entlassen werden. Ein Jahr später, als noch die Metallplatten im Bein steckten, ging's »Ab nach Tibet«. Luisa Francia erklomm einen sechstausend Meter hohen Berg, um dort ihren gleichnamigen Film mit Herbert Achternbusch zu drehen.

Auch eine afrikanische Statue, die Krankheiten vom Menschen auf sich selbst zieht, hat Luisa geholfen, wieder gesund zu werden. Luisas Schwester hatte zwischen die Beine der dreihundert Jahre alten Afrikanerin ein Paßfoto der Kranken gelegt. Die runzlige Holzfrau mit dem gewölbten Bauch und den straffen Brüsten hat Luisas Not verstanden. Ihr selbst war früher schon das linke Bein zerschmettert worden. »Die hab' ich mal auf einer Auktion ganz billig bekommen«, erzählt Luisa. »Die war allen anderen zu häßlich.«

In Luisas Zauberzimmer ist die wertvolle Statue in bester Gesellschaft: Gefundene, gesammelte und ersteigerte Statuen stehen und liegen hier Seite an Seite. Abbilder von üppigen Göttinnen, Helferinnen in Krankheiten und Bedrängnis, Amulette, Idole, Steine und Kristalle, Rasseln und Felle – alles, was magische Kräfte hat, ist hier hineingepfropft. Ein Kreis aus Steinen umgibt einen angebissenen Keks: »Den habe ich für die Göttin hingelegt. Aber es waren wohl Mäuse, die ihn dann angeknabbert haben.«

Jeden Morgen berührt Luisa die Steine, einen nach dem anderen, dann rasselt sie einen Gruß in alle Himmelsrichtungen. »Ich kenne den Zweck nicht, aber ich habe dann das Gefühl, nach dem Schlafen wieder dazusein.« Rituale, die einen Zweck verfolgen, Warzen verschwinden lassen sollen, Kräfte freilegen, Blockaden auflösen, kennt die 44jährige zuhauf. Aber manche Gesten oder Riten vollführt sie auch, bevor sie deren Sinn kennt. »Bei Vollmond schleppe ich all meine magischen Dinge auf den Balkon und zeige sie dem Mond. Ich weiß nicht, was das soll.« Luisa hinterfragt es auch nicht. Ihr genügt der Impuls als Rechtfertigung für das Ritual.

Auf Müllkippen und auf abgelegenen Berggipfeln, auf dem Autobahnparkplatz und an verwunschenen Teichen: »Ich feiere überall meine Rituale.« Bekannten magischen Orten wie Stonehenge stattet sie Besuche ab und erweist ihnen die Ehre. Doch an Sonnwendfeiern meidet Luisa diese Orte. So ist es ihr noch nie passiert, daß sie sich mit fanatischen Neonazis um die beste Position zur Anrufung der Elemente streitet.

Ein Ritual ist nach Luisa Francias Definition »eine symbolische Handlung, die durch Anordnung, Form, Inhalt und verwendete Symbole eine bestimmte Wirkung auf Innen- und Außenwelt haben soll«. Durch das Ritual kommt der Mensch wieder in Kontakt mit dem jahrtausendealten Wissen. Ein Ritual kann sein, einen Gegenstand täglich ganz bewußt in die Hand zu nehmen und an das zu denken, was damit erreicht werden soll. Je klarer das Bild von dem ist, was wahr werden soll, um so besser.

»In einem magischen Ritual«, so Luisa Francia in ihrem Buch *Mond, Tanz, Magie,* werden die Lunten für Ereignisse gelegt. Wann etwas passiert, hängt von der Länge der Leitung ab. »Wer nicht zündet, braucht mit nichts zu rechnen, nichts passiert. Auch nicht, wenn die Lunte noch schnell ausgeblasen wird, bevor es zum Knall kommt.« Wenn aber etwas passiert, wenn das Ritual eine Entwicklung oder ein Ereignis auslöst, muß es mit allen Konsequenzen angenommen werden. Wichtig ist es also, eine wirklich klare Vorstellung von dem zu haben, was geschehen soll.

Auch im Leben von uns aufgeklärten Durchschnittsbürgern kommt es immer wieder zu diesen kleinen, unerklärlichen magischen Ritualen. »Ich kenne keinen normalen Menschen, der gelassen bleibt, wenn ein Spiegel in die Brüche geht«, sagt Luisa. Zufrieden fügt sie hinzu: »Nur ich. Meine Magie ist stärker.«

Ein anderes Beispiel: »Immer wieder schummelt sich ein Stein in die Tasche eines Spaziergängers, der ihn ein Stück Wegs mitnimmt, ohne zu wissen, warum.« Schön für den Stein. Denn: »Der kann sich ja nur so fortbewegen und hat vielleicht Jahrhunderte dazu gebraucht, dahin zu kommen, wo er hinwill.« Zum Beispiel in Luisas Zauberzimmer.

Stück für Stück zusammengetragen, Steine, Statuen, Amulette, Trommeln, Rasseln, eine Querflöte, viel erdiges Rot und Braun, bewußt inszeniert: das unterscheidet Luisas Zauberzimmer von den vermeintlich zufällig arrangierten Altären bei unsereinem. Wer genau hinschaut, entdeckt dort Dinge, die das Zeug für magische Rituale haben: Federn, die die Luft symbolisieren, vielleicht eine Schale mit Wasser, der Steine Dauer verleihen, ein Stück Borke von einem Baum, Muscheln und eine Kerze.

Alles Zufall oder die geheime Sehnsucht, uns mit den Elementen zu verbünden? Doch wie geht es weiter? Was tun, damit die scheinbar toten Gegenstände mit uns sprechen?

»Wenn ich meine Steine berühre, kommt mir mein Leben wie im Zeitraffer vor.« Bilder rasen vorbei, Sprache verklumpt sich zu unsinnigem Geblubber. »Im Vergleich mit den Steinen«, so Luisa weiter, »bin ich immer zu hektisch. Auch wenn ich ganz entspannt bin, im Vergleich mit den Steinen bin ich immer viel zu schnell.«

Daß Luisa die Botschaft von Steinen, Wasser, Feuer und der Luft erfassen kann, wundert sie nicht. Schließlich besteht der menschliche Körper ja überwiegend aus Wasser. »Wie sollte ich da nicht mit dem Wasser reden können?« Was viele von uns Quatsch nennen, ist für sie Kommunikation.

Kommunikation – das ist der Kern ihrer Magie: Sie spricht zu Menschen und beschert ihnen damit die schönsten Trancen, das derbste Gelächter, die feinsten Phantasien. Sie plaudert mit Bäumen und rettet ihr Leben. Sie versteht die Steine und begreift ihre eigene Schnellebigkeit. Sie spricht mit Viren und erhält sich so gesund.

Der medizinische Overkill, der darauf abzielt, Viren und Bakterien zu vernichten, ist für Luisa schlicht dumm. Es kommt darauf an, die Balance aller Organismen, lebender und angeblich toter, herzustellen. Es kommt darauf an, die Freundschaft der Viren zu erlangen, nicht ihre Todfeindschaft.

Ein anderer wesentlicher Bestandteil von Magie ist wahrnehmen. Nicht, wie wir jetzt vielleicht meinen. Nicht einfach rumschauen. Genau hinsehen, hingebungsvoll lauschen, lüstern schmecken, gierig riechen, unersättlich fühlen. »Schon ganz gut«, könnte Luisa jetzt süffisant anmerken, »aber noch lange nicht genug.« Denn unsere fünf Sinne können mehr, als grau asphaltierte Straßen, mürrische Gesichter in überfüllten U-Bahnen, das freundliche »Guten Morgen« des Hausmeisters, den Lärm seines Rasenmähers und den Duft frisch geschnittenen Grases erfassen. Sie können uns auch die »Schicht hinter der Schicht hinter der Schicht« enthüllen. Und da könnte es dann spannend werden. Denn »der Magie ist die Lüge so sichtbar wie das kleine Kind, das sich hinter den eigenen Händen versteckt«, heißt es in Luisas Buch *Warten auf blaue Wunder*. Mogeln gilt nicht. Und Hintertürchen sind verpönt. Magie fordert von uns, daß wir unsentimental, schonungslos alles, was uns umgibt, was wir wahrnehmen, auch wenn der Nachbar es ganz anders oder am Ende überhaupt nicht sieht, eben doch für wahr nehmen.

Wer der Welt in ihrer kosmischen Vielfalt auf die Schliche gekommen ist und immer noch nicht genug davon hat, kann beginnen, sich Verbündete zu suchen. Wie das aussieht, beschreibt Luisa in ihrem Buch von den blauen Wundern so: »Ich spreche mit dem Türstock und bin ganz zufrieden, daß wir uns so gut verstehen. Aber: Jetzt will ich, daß der Türstock mit mir zusammenarbeitet und eine Gefahr abwendet.« Und das geht so: »Sagen wir, ein unangenehmer Mensch steht ins Haus. Ich spucke also auf den Türstock und sage: ›Was immer passiert, laß ihn nicht durch.‹ Wenn das mit dem Verbünden klappt, mit dem ›Per-Spucke-unsere-Energien-Zusammenbinden‹, dann dürfte der Kerl eigentlich nicht durchkommen.« Wer bei derlei magischen Versuchen scheitert und schlappmacht, den hat die umsichtige Göttin der Weisheit aus dem Reich der Narren ausgeschlossen. Wer weitermacht, hartnäckig weiterprobt, könnte belohnt werden.

»Magie ist wie Sexualität. Dieselbe Kraft«, lockt die Magierin. Da funktionieren halbe Sachen nicht. »Du mußt dich ganz einbringen, wenn du sie erleben willst,« schwärmt sie von ihrer Kunst. »Eine Spirale aus Raum und Zeit, die wirbelt und in sich einen Ruheraum erzeugt, in dem sich Formen wandeln. Das ist Magie in der höchsten und reinsten Form«, lautet die Verheißung für Zauberlehrlinge, die trotz aller Rückschläge noch immer nicht aufgehört haben, nach dem Schatz zu bohren.

»Magie ist ganz tief innen drin in einem. Das ist nichts, was man politisch steuern kann. Deshalb ist es eigentlich absurd«, räsoniert die Verbündete aller Energien, »daß die Wiederentdeckung der Hexen zuerst eine politische Bewegung war.« Mit dem Begriff »Hexe« hat Luisa Francia denn auch nicht viel am Hut. Weil er von der Kirche als Kampfbegriff ausgegeben wurde und auch heute noch diffamierend benutzt wird. Weil das Etikett »Hexe« zunächst noch nichts über Magie aussagt.

Doch die politische Hexenbewegung war auch für Luisa bedeutsam. Über die Frauenbewegung fand sie zur Magie ihrer Kinderzeit zurück. Sie erzählt: »Ich hatte als Kind total viel Magie. Ich mußte immer die Lose für die Familie kaufen, weil ich den Hauptgewinn gezogen habe. Wenn ich mich konzentrierte, konnte ich sehen, welche Aufgaben die Lehrer bei Prüfungen abfragen würden. Damals habe ich mein erstes Geld als Hexe verdient.«

In einer Höhle traf sie sich mit den Kindern der Nachbarschaft. Die lauschten gebannt »meinen wunderbaren Geschichten von fernen Ländern und fremden Wesen. Heute weiß ich, daß ich sie in Trance geredet habe.« Die Eltern waren wenig begeistert von den Ausflügen ihrer

Sprößlinge zur kleinen Hexe. Nicht, weil sie fürchteten, das Kind mit dem Zigeunerblut könnte ihre lieben Kleinen verhexen. Es war viel schlichter. Sie mochten das Mädchen nicht, das sich in seine Lügengeschichten versponnen hatte. Aber es gab noch die andere Realität in Luisas Kinderzeit.

Ihre Mutter und Großmutter teilten das Wissen, daß es mehr als nur eine schnöde Wirklichkeit und Wahrheit gibt. »Mir wurde da nichts ausgetrieben.« Im Gegenteil. Von der Oma lernte Luisa die alltägliche Magie. Die Alte legte Karten für die Menschen in der Umgebung. Sie wußte einen Ort, wo Luisa endlich ihre häßlichen Warzen loswerden würde. Und die Mutter, die dem Kind Märchen vorlas, sagte immer: »Das ist eben deine Wirklichkeit«, wenn Luisa die Geschichten für bare Münze nahm.

Heute weiß Luisa: »Meine Magie ist so ungebrochen, weil ich Märchen immer geglaubt habe.« Eine Erfahrung, die Luisa als Erwachsene mit dem Film »Rashomon« wiederholte: Da berichten sieben Personen über ein und dasselbe Ereignis. Nur jeweils aus ihrer eigenen Realität heraus. Das Ergebnis: Der Zuschauer hat das Gefühl, von sieben grundverschiedenen Erlebnissen zu hören.

Die Gewißheit, daß die Welt aus unzähligen wahren Schichten und Geschichten besteht, hat Luisa nicht immer beseelt. »In diesem Universum habe ich fünfzehn Jahre gelebt. Dann merkte ich, wie meine Magie verblaßte. Ich war völlig entzaubert.« Die Suche nach den Wurzeln war schmerzlich. Luisa verließ die Schule und ging für zwei Jahre nach England. Als die Frauen sich Straße und Nacht eroberten mit dem Ausruf »Zittert, zittert, die Hexen kommen«, rührte sich etwas. Luisa begann, sich die Karten zu legen, ein erster Schritt zurück (oder wieder vorwärts).

Doch erst als sie mit dreiundzwanzig Jahren schwanger war, kehrte die ganze Kraft der Magie in sie zurück. Die Geburt von Walli war auch die Wiedergeburt von Luisa. »Die Situation, daß etwas in dir drinnen wächst und dann deinen Körper verläßt und etwas Eigenständiges wird, das ist magisch.« Wie andere Frauen auch erlebte sie die Geburt ihrer Tochter Walli als etwas »total Magisches«.

Anders als Mütter, die einer einzigen Realität verhaftet sind, hat Luisa ihr Töchterchen eingewoben in die Welt der vielen Realitäten, schon vor der Geburt.

Hatte sie Walli der Obhut einer anderen überlassen, spürte sie dennoch, wenn die Kleine Hilfe brauchte. Ein tiefer Schreck fuhr durch Luisas Glieder. In Windeseile wob sie ein festes Netz um das Kind. Gerettet. Später erfuhr sie, daß Walli in diesem Moment von einem Klettergerüst stürzte. Den Aufprall auf dem Betonboden überstand sie unbeschadet. Auch als Luisa, Walli und ein Freund mit einem Auto die Wüste durchquerten, kam dem »Trio infernale« die Magie zugute: »Ich habe immer Wasser gefunden. Ich kann die Adern sehen und spüre, wo sie aus der Erde kommen.«

Der Freund konnte sich in das Auto einfühlen. Auch das hatte unschätzbare Vorteile. »Da fehlen mir zum Beispiel die Worte«, stellt die Magierin fest. »Ich hatte jahrelang einen alten Mercedes. Den konnte ich auch selber reparieren. Aber nach zehn Jahren wußte ich einfach nicht mehr, worüber ich mit ihm sprechen sollte. Als dann auch noch der Marder die Kabel durchgeknabbert hatte, wußte ich, daß es Zeit war, mich von diesem Gefährten zu trennen.«

Nicht nur für sich selber bedient Luisa sich der Magie. Auch im bayerischen Wackersdorf, wo die Wiederaufarbeitungsanlage für atomare Brennstäbe gebaut werden sollte, trat die Hexe auf den Plan: »Wir haben aus Lehm eine Göttin gebaut und sind in einem Ritual immer um sie herumgetanzt. Zum Schluß haben wir unsere Besen über den Stacheldraht geschleudert.«

Das Interessante dabei sei gewesen, sagt sie und grinst für einen Moment, daß niemand gewagt habe, den Besen anzufassen, noch nicht einmal der wackerste Polizist. In dem Moment des Besenflugs »war Wackersdorf für mich erledigt«, sagt Luisa. Nicht für die weniger magiebegabten Mitstreiterinnen und Mitstreiter. Die hielten die unbekümmerte Luisa für verantwortungslos und unpolitisch. Jahre später, als die Pläne für die Wiederaufbereitungsanlage unerwarteterweise tatsächlich ad acta gelegt wurden, gaben sie ihr staunend recht.

Als unpolitisch versteht Luisa sich selbst überhaupt nicht. Aber: »Nur wer selbst gut drauf ist, bewirkt auch politisch was.« Die selbstzerquälte, märtyrerhafte Attitüde, in der sich viele WeltverbesserInnen gefallen, steht Luisa nicht. »Ich gehe immer vom Spielerischen, Spaßigen aus, nicht von dem, was Sorgen bereitet. Kein Guerillero«, so erklärt sie ihre Untergrundtaktik, »würde dahin gehen, wo es ihm beschissen geht.«

In den Bundestag, einen gänzlich unspaßigen Ort, würde sie sich trotzdem mal setzen. »Eine Hexenberatung im Bundestag wäre gut. Denen fehlt das närrische Element vollkommen, das es in allen Traditionen gibt. Denen fehlt die totale Verwirrung ihrer Werte. Deshalb lassen Politiker sich nicht mehr auf die Komplexität der Realität ein.«

Bevor sie als Hexe ins Hohe Haus berufen wird, hilft Luisa Frauen auf die Sprünge, zeigt ihnen Wege zu sich selbst. Sie tanzt gegen den Respekt vor verkrusteten Strukturen, der Frauen in Schach hält. Denn »viele erkennen ihre innere Kraft nicht und implodieren dann«. Dann schon lieber Furie. »Die universelle Energie ist völlig frei«, so Luisa, »völlig spielerisch und tänzerisch geht's da ab.«

Mit Tanz und Spiel lockt Luisa bei ihren begehrten Workshops die Frauen aus Verkrustungen und Verkrampfungen. Mit ganz unspektakulären, runden, fließenden Bewegungen mobilisiert sie verschüttete Kräfte, zeigt uns den Zugang zu verborgenen Energien.

Mit ihrer Gymnastik »für stinkfaule Frauen« beschwört sie das Lachen in uns herauf. Jede Frau, so die völlig entspannte Vorturnerin Luisa beim Seminar im Frauenkulturhaus im Herbst 1994, sollte morgens ein paar Minuten lang die Achseln zucken und »Pah« sagen. Das wirkt Wunder. Immer wieder, so die zweite Übung, sollten wir uns die Schultern küssen. Das hilft gegen Unsicherheiten und löst Verspannungen in der Hals- und Nackenmuskulatur.

Dann geht es weiter im Übungsprogramm: Die Lebenslinien werden massiert, die Hände geschüttelt, die üblen Kräfte mit den Fäusten gepackt und energisch aus dem geöffneten Fenster geschleudert. Weg damit. Die Wirbelsäule läßt sich auf Schlangenart Stück für Stück bewegen. Haltung bewahren, Zähne zusammenbeißen, das ist hier nicht gefragt. Der Hintern wird rundherum geschwenkt – »und das dient nicht einmal der Begattung, sondern einfach und ganz subversiv nur der eigenen Lust«.

Was Kindern mühevoll ausgetrieben wird, erobert Luisa mit den Frauen Schritt für Schritt zurück: Es darf gebummelt und getrödelt werden. Wir machen zwei Schritte vor und rutschen dann auf einem Fuß verspielt zurück, untergraben damit die Linearität der einen gültigen Realität. »Ich lebe nicht linear und glaube nicht an den Fortschritt«, proklamiert die selbst-gefällige Frau, die so ganz zu Hause ist in ihrem Körper. Sie glaubt an sich selbst. »Solange ich selber glücklich bin, kann ich andere glücklich machen. Da ziehe ich auch gern einige mit.« Und genau das tut sie. Bei Vorträgen. Bei Ritualen. Bei Imaginationen. Beim Tanz. Wenn sie beim Interviewtermin einfach so dasitzt auf ihrem Sofa mit der geschwungenen Rückenlehne und dem gelblichen Schaffell. Die bloßen, kräftigen Füße hat sie hochgezogen. Auf dem Tisch dampft es aus den Teetassen.

Das ganze Zimmer hat eine Aura des Magischen und des Entspannten: Die herumliegenden Bücher. Die Bilder an der Wand, die Luisa teils selbst gemalt hat. Die vollgestopften Regale, der gemütliche Holzboden. Und die Spinnweben am Fensterstock.

Wenig im Raum erinnert daran, daß Luisa eine vielgefragte Autorin ist. Aber das liegt auch daran, daß sich in einem solchen Haushalt die Elektrogeräte quasi von selbst abschaffen. In das Faxgerät, rekapituliert Luisa lapidar, sei kürzlich der Blitz hineingefahren. Nun gut, dann gibt's halt keines mehr, wird schon sein Gutes haben.

Luisa erzählt von sich selbst. Und in ihrer völligen Gelöstheit und Entspannung weckt sie in uns die Lust, uns zu ihr auf das Sofa zu kauern, ihr die Füße unter den Hintern zu schieben. Was würde sie mit ihrer Wärme wohl da ausbrüten?

Auch im Tanz-Workshop gibt sie uns von ihrem ruhigen Feuer ab, besser: Sie läßt uns unsere eigene Wärme entdecken. Mit wenigen Tönen stellen wir den Rhythmus her, zu dem wir stampfen, springen, kreiseln. Ohne Dirigent, geleitet und animiert nur von der gelassenen und grandios lebendigen Magierin, finden sich achtzig Frauen in einem gemeinsamen Rhythmus, wechseln locker zwischen dem immer gleichen Metrum aus gesungenem »Aha« und harmonisch zusammenfließenden, aus unserem Inneren kommenden Melodien hin und her.

Wir entdecken unsere eigene Musik und klingen noch weiter, wenn wir lässig mit den Schultern zucken, weil uns unser Haushalt an eine verlorene Schlacht gemahnt und die Kinder genervt an uns rumzerren, da wir vergessen haben, neue Tiefkühl-Pommes zu kaufen.

Wir erinnern uns noch wochenlang an die sanfte, kühle Berührung, wenn unser körperlicher Arm sich mit dem imaginären Arm vereinigt – ja, da staunen Sie –, und grübeln darüber, wie es sich anfühlen würde, wenn wir uns auf eine weiche Decke legten und dem imaginierten Körper hinterherwinkten, der sich gerade zu einem Höhenflug aufschwingt. Wir bereichern unsere Lebenswelt um jene Dimensionen, die wir in den Märchen so geliebt haben.

Wir machen unsere Kinder glücklich, weil wir sie wenigstens die nächsten Tage nicht mehr in den Kindergarten jagen, sondern auch ihnen erlauben, was Luisa uns gelehrt hat: dorthin zu bummeln. Die Steine zu inspizieren, statt einfach über sie hinwegzulatschen. Mitten auf der Straße eine Pirouette zu drehen, den Rucksack zum Flitzebogen zu machen, kurz: zu spielen. Irgendwann ist eine neue Dosis Luisa fällig. Doch zunächst gilt: Verhärmtes bleibt auf der Strecke, Aufbruch ist angesagt, wer nicht mitkommen will, hat selber schuld. Wer sich umdreht, hat verloren.

Wer lieber auf die trüben Tage der Vergangenheit starrt, Traumata immer aufs neue heraufbeschwört, sollte einen weiten Bogen um Luisa Francia machen. Sie zeigt den Frauen den Weg aus dem wunschlosen Unglück in eine Gegenwart voller Wünsche. »Je deutlicher du dir etwas vorstellen kannst«, erklärt sie ihre Arbeit, »um so leichter kannst du es erreichen.«

Anders als Psychologen fordert Luisa ihre Kundschaft auf, einen Glücksmoment aus der Kindheit wiederzuerleben. »Irgend etwas Schönes hat jeder Mensch als Kind erlebt. Und wenn es etwas ganz Kleines war«, beschwichtigt Luisa ihre ratlose, vom Pech gebannte Klientel, die bisher gewohnt war, Unheil großzuschreiben. Und siehe da: Wenn das Kinderglück wieder fühlbar wird, gelingt auch ein Bild vom Glück in der Zukunft. Luisa: »Stell dir vor, wie es dort riecht, wie es dort schmeckt, was du fühlst, hörst und siehst.« Sich ein haargenaues Bild machen, etwas i-magi(e)-nieren, alle fünf Sinne nutzen. Was wir sehen, schmecken, hören, fühlen, riechen können, können wir auch aufbauen, finden, leben – eine wunderbare Botschaft.

Wer einen Tag Tanzworkshop bei Luisa belegt, ist durchdrungen von dieser Botschaft. Und das für fünfzig oder sechzig Mark. Je nachdem, was die Frauen bezahlen können. »Ich arbeite am Frauenraum«, sagt Luisa auf die Frage, welche Dienstleistungen sie im Zeitalter des Hexenbooms anbietet. Tarot, Sternedeuten – Fehlanzeige bei Luisa. Das macht sie nur zum Privatvergnügen. »Wenn ich das Horoskop für jemanden mache, erfahre ich über die Person mehr, als ich wissen möchte«, erklärt sie ihre Abneigung.

Gelegentlich legt sie aber für ihre Tochter die Karten. Dann, wenn Walli das Tarot nicht beeinflussen will, wenn für sie etwas wirklich wichtig ist. Luisa erzählt von sich und ihrer Arbeit, von ihrem Kind. »Gibst du dein Wissen an deine Tochter weiter?« wurde sie schon oft gefragt. Das würde kaum nötig sein, sagt sie und lächelt leise. »Walli geht mit Magie ganz anders um als ich. Sie handhabt sie selbstverständlich, ohne viel Brimborium.«

Die Tochter der Magierin weiß, daß I-magi(e)-nation hilft, wenn sie sich etwas wünscht. Walli ist keine Außenseiterin in der Schule, ihr haftet nichts Dünkelhaftes an. Sie ist eine ganz normale junge Frau, die, wie Tausende auch, tagsüber zur Schule geht und abends zum Tanzen. Das ist gut so. »Kinder und Jugendliche müssen dazugehören können«, sagt Luisa. »Später kann man sich immer noch entscheiden, Außenseiterin zu werden.«

Mit anderen Frauen trifft sie sich zu Ritualen, zaubert und imaginiert. Und wem das nicht möglich ist, der kann zum Workshop kommen oder in Luisas Büchern nachlesen, was die Hexe unter Magie versteht. Daß dieser Fernkurs Magie für die Frauen gefährlich werden könnte, bezweifelt sie: »Wer den Erfahrungen nicht gewachsen ist, die ich beschrieben habe, macht sie auch nicht. Da kommst du gar nicht hin. Wer aber hinkommt, kommt auch wieder zurück. Ich kenne keinen Fall, wo Frauen abgedreht wären, weil sie magisch gearbeitet haben.« Eine verborgene Schizophrenie könne allerdings über intensive Trancearbeit aufbrechen.

Luisa kennt eher den umgekehrten Effekt: Etliche Frauen, die bei ihr (oder einer befreundeten Hexe) um Hilfe suchten, hatten Erfahrungen mit der Psychiatrie schon hinter sich. Denn die Magie der Frauen, ihre Imaginationsfähigkeit, hatte deren Umfeld schlicht als Irrsinn abgetan. Die vermeintlich unheilbaren Patientinnen fühlten sich wieder gesund, nachdem sie bei Luisa erfahren hatten, daß es diese vielen Realitäten, die sie erfahren hatten, tatsächlich gibt.

Die Grenze dessen, was erlaubt ist in der magischen Arbeit mit Unerfahrenen, zieht Luisa bei Judith Jannberg. Die österreichische Hexe handle schlicht verantwortungslos: Über intensive Trance- und Körperaustrittsübungen konfrontiere sie Frauen mit Visionen, denen diese nicht standhalten könnten. In den Reinkarnationsregressionen, bei denen seltsamerweise immer herauskommt, daß die reinkarnierte Person einen grausigen Tod als Hexe erlitten hat und, so spöttelt Luisa, »niemals eine Magd oder so was Prosaisches war«, würden Gefühle geweckt, mit denen die Betroffenen dann allein gelassen würden. Judith Jannberg hole Frauen zwar immer aus der Trance zurück. Aber die Erinnerungen an das befremdliche und schreckliche Erlebnis blieben ... Da kommt es vor, daß eine bei Luisa anruft und darüber klagt, daß sie immer noch das verbrannte Fleisch riecht. Zuvor war die Anruferin bei Judith Jannberg abgeblitzt. Die habe nur zurückgefragt, ob sie der Probandin etwas schulde. Natürlich nicht. Aber dieses Alleinsein mit den Gefühlen führt auf einen Horrortrip. An diesem Dissens zwischen Luisa und Judith zerbrach ihre Freundschaft.

Auch mit Schadenzauber hat sie nichts am Hut, will sie sich ihren Frauenraum nicht einengen lassen: »Haß bindet viel mehr an einen Menschen, als Liebe es je könnte«, weiß sie. Abschied nehmen, loslassen, sich lösen – das ist ihr Rezept gegen ZeitgenossInnen, die ihr zuwider sind. Und sie stellt klar: »Moralisch hätte ich keine Probleme mit dem Schadenzauber. Nur ebendiese Bindung!«

Noch etwas bedroht immer aufs neue ihre geliebte Freiheit, das ist die Bewunderung der Schülerinnen. Die Warnung vor jeglichem Guru ist Luisa wichtig. Sie präsentiert sich als widersprüchlich. Jedenfalls denen, die sie nicht nur einmal erleben. Vor dem andächtigen Publikum in der Münchner Frauenakademie erklärte sie beispielsweise: »Ich trinke keinen Alkohol mehr.« Und: »Wenn ich Fleisch essen will, muß ich das Tier auch schlachten. Nachdem ich mein erstes Huhn geschlachtet hatte, habe ich aufgehört, Fleisch zu essen.« Glaubenssätze, die bei ihr wandelbar bleiben. Denn wenige Wochen später sinniert sie: »Ich glaube, ich habe mich gestern total danebenbenommen. Ich habe viel zuviel getrunken.« Und auf ihrem Frühstückstisch stapelt sich Schinken, der nicht nur für die Besucherinnen gekauft wurde. Auch mit dem Hühnerschlachten hat Luisa nicht etwa aufgehört. Sagte sie dies, um den Frauen auf dem Workshop zu imponieren, um von sich selbst ein besseres Bild zu zeichnen? Wohl kaum.

»Eine Zeitlang war ich die Gura für die Lesben«, erzählt sie. Das kam schlicht daher, weil Luisa sich in der Frauenbewegung aktiv beteiligte. Irgendwann hatte sie von der Anbetung ihrer Jüngerinnen genug: »Da habe ich denen dann immer wieder erzählt, wie wunderbar ich mit meinem Liebhaber vögeln kann.« – »Wenn auch das nicht abschreckt«, so Luisas Fazit, »meinen die es vielleicht wirklich ernst, daß sie mich in meiner ganzen Person akzeptieren.« Und das muß sie dann wohl auch akzeptieren. Ängste, die andere bekennende und praktizierende Hexen haben – etwa davor, diffamiert und ausgegrenzt zu werden –, hat Luisa nicht. Aber nicht nur, weil sie so wunderbar im Einklang mit sich selbst ist: »Wenn ich bucklig, warzig, fett, alt und auch sonst häßlich wäre, sähe es wahrscheinlich anders aus.« Da sie es nicht ist und darüber hinaus einigen wenigstens halbwegs »anständigen« Beschäftigungen nachgeht wie Bücherschreiben und Filmedrehen, ist Luisa auch ein Darling der Gesellschaft. Jedenfalls meistens.

»Als ich einmal mit ungewaschenen, nackten Füßen in einer Talk-Show saß, kamen auch Proteste: ›Warum müssen wir uns so etwas ansehen?‹ fragten die Leute.« Meistens präsentiert Luisa sich allerdings so, daß sie sich auch im wohlfrisierten Teil der Welt sehen lassen kann. Um unbehelligt ihrem Hexendasein zu frönen, schlüpft sie auch hin und wieder in andere Rollen. Die Ambacher Bauern respektieren ihre Nachbarin, weil die sich auch als Bäuerin schon bewährt hat, als sie und ihre MitbewohnerInnen noch gemeinsam eine kleine Landwirtschaft betrieben. »Jahrelang war ich für die Kühe und Hühner verantwortlich. Die Kühe haben wir inzwischen verkauft, die Weiden verpachtet. Das war zuviel Arbeit ... Mitunter«, so die überzeugte Barfüßlerin, »schlüpfe ich in die Gummistiefel, binde mir ein Kopftuch um und rackere ganz fürchterlich im Garten herum.« Weil sie handfest und zupackend ist, akzeptieren sie auch die umliegenden Landwirtinnen. Doch lieber spielt sie den Hühnern etwas auf der Querflöte vor, weil die Eier dann noch schmackhafter werden als die schnöden, unmagischen Bioeier.

Magie lebt – überall

Zu Hunderten ziehen sie durch die Straßen. An allen Ecken und Enden kracht, donnert, scheppert es im oberbayerischen Penzberg. In das Dröhnen von Trommeln mischt sich Kreischen und Pfeifen von Flöten. Grimmige Fratzen tauchen auf, verschwinden im Dunkel. Mit kräftigen Wurzelstöcken bewaffnet, schlagen die schaurigen Figuren um sich. Um ein Feuer tanzen Hexen, stoßen wilde Schreie aus. Jahr für Jahr treffen sich im Dezember zur Rauhnacht die Perchten.
Dahinter steckt jahrhundertealte Tradition: Junge Leute leiteten schon im Mittelalter mit Kettengerassel und Radau in der Adventszeit die Wintersonnwende ein. Wer keine geschnitzte Maske hatte – bevorzugt aus Lindenholz –, malte sich das Gesicht schwarz an.
Die Perchten zogen von Haus zu Haus, vertrieben die bösen Geister, wünschten für Mensch, Haus und Vieh Glück und Segen. Die Percht: für die neuen Hexen ist sie

die alte Göttin des Abendlandes, mit ihrer wilden Jagd, ihren Hunden und dem Zug der toten Seelen. Sie ist wild und ungestüm, kennt keine Grenze, respektiert keine Ordnung, ist frei. Sie wird begleitet von einem Wolf, wild und frei auch er. Ihr Thema ist die Geburt. Und der Tod.

Die Tradition lebt fort – bis heute. Mittelpunkt des Perchtentreffens im oberbayerischen Penzberg ist immer noch die mystische »Frau Perchta«, der die Schön-Perchten, die Schiachen (für Nichtbayern: die Häßlichen), die Bergmandl und Mooskoppen (Mosköpfe) huldigen. Genau wie vor Jahrhunderten. Frau Perchta trägt eine zweigesichtige Maske – sie symbolisiert die beiden Seiten im Menschen, das Gute und das Böse. Das Perchtentreffen von Penzberg ist nur eine Erinnerung an alte, magische Riten und Gebräuche, die bis heute ihre Gültigkeit haben.

Am 31. Oktober wird Halloween in England und Amerika gefeiert – eine Reminiszenz ans Geisteraustreiben vor Hunderten von Jahren. Zu Fasching verkleiden wir uns und vertreiben den Winter samt seiner dunkel-bedrohlichen Dämonen. In Oberbayern, speziell am Alpenrand, haben viele alte, magische Traditionen überlebt.

Jede Familie – und das nicht nur bei vermeintlich hinterm Berg gebliebenen Älplern – verfügt vermutlich über kleine alltagsmagische Rituale, die Pech abwenden oder Glück fördern sollen, oftmals, ohne sich dessen bewußt zu sein. In unseren Familien durften beispielsweise Messer nicht verschenkt werden – der Schenkende forderte einen symbolischen Kaufpreis von einem Pfennig. Lächerlich gering zwar, dieser Kaufpreis – aber notwendig, um künftigen Schaden abzuwenden. Wer ein Messer vollkommen kostenlos verschenkte, dem drohte, daß der damit irgendwann einmal die freundschaftlichen Bande zu dem Beschenkten durchschnitt.

Selbst im fortschrittlichen 20. Jahrhundert ist also der Glaube an Magie nicht vollständig verschwunden. Allmorgendlich blättern Leser der lokalen Boulevardzeitung das Horoskop auf, um zu sehen, was der Tag so bringt. Unternehmungen, die ausgerechnet am Dreizehnten eines Monats durchgeführt werden müssen, stoßen auf Argwohn. Fällt der Dreizehnte auch noch auf einen Freitag, wird der Ausflug lieber verschoben. Man weiß ja nie. Manche wollen nach ihrem Tod nicht verbrannt werden, weil selbst die Nüchternsten gelegentlich zweifeln, ob die Hülle nicht doch noch für ein zweites Dasein benötigt wird. Auch die Vernünftigsten unter uns können wir unter Umständen darüber sprechen hören, was sie im vergangenen Leben waren oder was sie im nächsten Leben sein wollen.

Um die Zukunft im Diesseits zu erfahren, konsultieren wir Hellseherinnen auf dem Jahrmarkt oder gehen zu Frauen, die des Orakelns kundig sind. Kühle Manager sind fasziniert von ihren Erfahrungen beim Rebirthing, das uns ältere, vielleicht bessere Schichten unseres Selbst aufzeigt.

Rationale Menschen greifen zu Tarotkarten und fragen sie darüber aus, was mit ihnen los ist. Manche springen in die Höhe, um sich nur ja nicht von einem Besen über die Füße fahren zu lassen. Wir alle sind versucht, plumpvertraulich den Schornsteinfeger zu grüßen, den wir überhaupt nicht kennen.

Einigen wird flau, wenn die schwarze Katze ausgerechnet von links unseren Weg kreuzt. Ganz blümerant wird uns, wenn dann auch noch ein Spiegel in die Brüche geht. Diese Scherben bringen Unglück – sieben Jahre lang!

Nicht einmal im fortschrittsgläubigen 20. Jahrhundert ist das klamme Gefühl angesichts von magischen Zahlen und

Ereignissen verschwunden. Und die Esoterikwelle, die mit immer neuen Ausprägungen aus den USA zu uns herüberschwappt, macht uns Mut, uns wieder ganz offen zu unserem Glauben an Schwarze und Weiße Magie zu bekennen.

Die Zeiten sind vorüber, da wir uns hinter der Maske eines überheblichen Grinsens verbargen, als wir die Wahrsagerin auf der Kirmes aufsuchten. Wir glauben Zigeunerinnen, die uns aus der Hand lesen, wir vertrauen der Intuition einer Weissagung.

Hochbezahlte Führungskräfte geben viel für den Blick einer astrologisch versierten Person in die Sterne. Selbst hartgesottene Skeptiker sind verblüfft, wie präzise Astrologen von der Konstellation der Sterne während der Geburt auf unsere Persönlichkeit schließen können.

Wo wir heute weitgehend nüchterner sind als unsere Vorfahren: ökologische oder persönliche Katastrophen dem dunklen Treiben von einzelnen Hexen zuzuschreiben. Unser Weltbild ist alles andere als magisch. Und wenig genug ist von dem übriggeblieben, was unsere Vorfahren noch lebten.

Für die Menschen zu Beginn der Neuzeit (und nach 1500 Jahren Christianisierung) waren Hexen, Geister und Dämonen schlicht real. Verhagelte es die Ernte, starb die Frau im Kindbett – war das auf das Wirken der Geister zurückzuführen. Daß Hexerei möglich – und selbstverständlich auch äußerst effektiv – war, zog niemand in Zweifel, die bäuerliche Bevölkerung nicht, nicht die Gelehrten und auch nicht der Klerus.

»Das Mittelalter erscheint uns düster, beschränkt, leichtgläubig«, schreibt der Historiker Egon Friedell in seinem Klassiker *Kulturgeschichte der Neuzeit.* »Damals glaubte man wirklich an alles. Man glaubte an jede Vision, jede Legende, jedes Gerücht, jedes Gedicht. Man glaubte an

Wahres und Falsches, Weises und Wahnsinniges, an Heilige und Hexen, an Gott und an den Teufel. Überall sah man Realitäten, selbst dort, wo sie nicht waren: alles war wirklich ... Und über alles vermochte man den Zauberschleier der eigenen Träume und Räusche zu breiten« (S. 83 f.).

An der Schwelle zur Neuzeit, zum Zeitalter der Vernunft, bricht dieses magische Weltbild auf. Die Welt ist nicht mehr Mysterium, sondern wird zur menschengeschaffenen Realität.

Und dennoch: Gerade in der bäuerlichen Bevölkerung, die ununterbrochen schweren Schicksalsschlägen ausgesetzt war, für die es zunächst keine rationale Erklärung gab, blieb das magische Weltbild lange erhalten. Sicherlich hängt dies mit der Tatsache zusammen, daß schlechtes Wetter und Krankheiten beim Vieh den Bauern sofort die Lebensgrundlage entziehen konnten. Zum Teil lebt das magische Weltbild der frühen Neuzeit bis zum heutigen Tage fort. Dies bezieht sich übrigens nicht nur auf die bäuerliche Bevölkerung. Im Gegenteil.

Heute scheint der Glaube an Hexen und Magie, an Dämonen und Übersinnliches mächtiger zu sein denn je in der Moderne zuvor. Die wenigen repräsentativen Umfragen in der Bundesrepublik zum Thema Hexenglauben belegen übrigens einen deutlichen Zuwachs seit 1965. Auf die Frage »In früheren Jahren hat man an Hexen geglaubt. Denken Sie, daß vielleicht doch etwas daran ist – daß es vielleicht Hexen gibt?« antworteten damals 7 Prozent der befragten Personen mit »Vielleicht«, 1 Prozent mit »Bestimmt«.

1973 waren es bereits 11 Prozent der Befragten, die positiv antworteten, 9 Prozent mit »Vielleicht«, 2 Prozent mit »Bestimmt«. Auf die vorsichtiger formulierte Frage »Man hört immer wieder die Meinung, daß es Leute gibt, die die Fähigkeit besitzen, anderen Unglück und Krankheit anzuwünschen, die dann auch eintreffen. Glauben Sie, daß so etwas möglich ist?« antworteten 1973 sogar 14 Prozent der Befragten mit »Vielleicht«, 9 Prozent mit »Ja«.

Einen überraschenden Zuwachs brachte eine Umfrage aus dem Jahr 1986 zutage. Auf die Frage »Glauben Sie, daß es Menschen gibt, die ihren Mitmenschen etwas anhexen können?« antworteten 34 Prozent der Befragten positiv (21 mit »Möglich«, 13 mit »Ja, bestimmt«). Auf die Gesamtbevölkerung der Bundesrepublik gerechnet wären dies rund 15 Millionen Bundesbürger gewesen. (Zit. nach: Aufsatzband zur Hexenausstellung im Badischen Landesmuseum, darin Chmielewski, S. 164.)

In ihrem Aufsatz »Wider alle Hexerey und Teufelswerk« (in: Lorenz, *Hexen und Hexenverfolgung im deutschen Südwesten*) beschreibt die Forscherin Anita Chmielewski-Hagius den alltagsmagischen Umgang mit Okkultem, der bis heute anhält und der jahrhundertealte Wurzeln hat. Etliches dieses Tuns ist unbewußt, die Ausführenden sind sich der uralten Magie dahinter nicht bewußt, dies zeigt sich unter anderem bei alten Bräuchen wie dem Maibaum-Aufstellen oder dem Haberfeldtreiben.

Als ein Beispiel bewußt eingesetzter Magie unserer Tage beschreibt sie den Analogiezauber. Beim Analogiezauber soll, soviel vorneweg, mit der Manipulation von Ähnlichem Ähnliches bewirkt werden. Er gründet auf der Vorstellung, daß zum Beispiel eine Leiche das Vergehen symbolisiert, der Mond Wachstum und Schwinden. Anita Chmielewski-Hagius zitiert eine Heilerin, die gegen Ende der achtziger Jahre Kröpfe oder Geschwulste direkt bei Beerdigungen auf dem Friedhof behandelte. Während die Kirchenglocken läuten und die Trauergemeinde sich auf den Weg zur Beerdigungsfeierlichkeit macht, legt sie ihre Hand auf den Kropf des/der Hilfesuchenden und spricht dazu mehrmals die Formel: »Es läutet zur Leich', und was ich greif', das weich', und was ich greif', nehm' ab wie die Toten im Grab.« Wichtig sei, daß bei einem männlichen Hilfesuchenden ein Mann, bei einer weiblichen Patientin eine Frau beerdigt werde. Dies ist geschehen im Jahre des Herrn 1988!

Auch wenn es nicht immer so schön schaurig zugeht wie bei dieser Heilerin auf dem Friedhof – Besprechen von Warzen oder Gürtelrosen, Geistheilung und Handauflegen, Reinkarnationstherapie und Energieübertragung vom Energetiker auf seine Patienten haben Hochkonjunktur. In ihrem *Lexikon des Übersinnlichen* schreibt Anita Höhne, daß mittlerweile zwanzig bis dreißig Millionen Deutsche jährlich mindestens einmal alternative Heilmethoden für sich in Anspruch nehmen.

Was unsere Vorfahren im Mittelalter sicher wußten, daß Magie gesund machen kann, entdecken wir langsam wieder. Von der umfassenden Magie, die das ganze Leben umgreift, sind wir dennoch weit entfernt. »Wer Hexe ist, der spinnt eben heutzutage ein bißchen«, warnt Luisa Francia. Viele Menschen mögen zwar einen heiligen Respekt vor Hexen und Magiern haben – ganz generell ins Weltbild paßt dies ihnen (noch) nicht. Ganz anders zum Beginn der Neuzeit.

Grundlage der magischen Weltsicht war die Überzeugung, daß eine okkulte, eigenen magischen Gesetzen folgende Wirklichkeit existierte. Übersinnliche Kräfte und Dämonen wirkten ins Alltagsleben ein. Durch bestimmte zauberische Fähigkeiten und Fertigkeiten konnten die Geschicke zum Bösen oder zum Guten gelenkt werden. Seit den vierziger Jahren des 16. Jahrhunderts etwa unterschieden die Menschen zwischen Weißer, also guter, und Schwarzer, also böser Magie.

Vermutlich, mutmaßt Anita Chmielewski-Hagius, existierte »im ganzen vorindustriellen Europa eine intensive, magische Volkskultur, eine Welt des Zaubers und Gegenzaubers, des Glaubens an magische Zusammenhänge in der Natur, der Erscheinungen von Dämonen, guten Geistern, Engeln etc.« (S. 148). Es gab viele Möglichkeiten, Hexen abzuwehren oder Schutzzauber anzuwenden. Etliche Menschen übten Schadenzauber und Weiße Magie aus. Totenköpfe, Gebeine, schwarze Hennen, in Säckchen eingenähtes faulendes Holz, durchstochene Wachsknollen und natürlich ein Sammelsurium an diversen Kräutern und Gräsern halfen beim Hexenwerk. Wie man so hervorgerufenen Schaden abwenden konnte, wurde durch mündliche Weitergabe vermittelt:

Historische Prozeßakten beweisen, daß auch Menschen niedrigerer Gesellschaftsschichten ein erhebliches Wissen über Magie hatten – ganz unabhängig davon, ob sie lesen oder schreiben konnten. Beschuldigte Frauen in Hexenprozessen konnten zum Beispiel oft und ohne schriftliche Hilfsmittel lange gereimte Zauberformeln hersagen.

Etliche magische Anweisungen waren allerdings auch niedergeschrieben. Unterschiedlichste Druckwerke und handschriftliche Aufzeichnungen führen Krankheitsheilsegen, volksmedizinische Rezepte und Zauberanleitungen an – zum Großteil mit dem Segen der katholischen Kirche.

Volksmedizin war damals weitgehend Zaubermedizin – vielfach praktiziert. In der Begegnung mit dem elementaren Erlebnis der Krankheit, mit Schmerz, Siechtum, Leiden und Tod – in ihrer Plötzlichkeit als schicksalhaft empfunden – mobilisiert der Mensch alle ihm zur Verfügung stehenden Kräfte – auch die Magie.

Zu gelehrten Ärzten, Schwarzkünstlern, Alchimisten kam die ländliche Bevölkerung fast nie. Die waren den Herrschenden vorbehalten. Also blieben die Scherer und Bader und die Weiber – die Wissenden aus dem Volk. Kräutlein und Wässerchen mixten sie zusammen, ihr Heilen beruhte auf Erfahrung und wurde mündlich und schriftlich weitergegeben.

Viel davon ist bis heute erhalten geblieben, die beruhigende Wirkung des Hopfens, die einschläfernde des Mohns, das Entzündungshemmende des Salbeis, das Abtreibende der Petersilie. Fast jeder Bauernhof hatte seine eigenen Mittelchen, um den dort Wohnenden zu helfen – oft lag das Gehöft schließlich einsam, es gab keine Nachbarn oder Heilkundigen, die man um Rat fragen konnte.

Bei einer plötzlichen Krankheit, bei Unwetter oder wenn das Vieh krank wurde, hatte also jeder ein Repertoire an Mitteln und Bannsprüchen bereit. Besonders gefürchtet waren, wie der Volkskundler Helmut Nemec schreibt, die Fraisen, ein Sammelbegriff für alle möglichen Krankheiten, die mit Krämpfen einhergingen. Dagegen wurde zum Teil mit brutalen und für unser heutiges Verständnis unappetitlichen Methoden angegangen. So galt es beispielsweise als erwiesen, daß lebende Tiere die Krankheit vom Menschen abziehen konnten. Katzenblut hielt man für besonders heilsam: Es wurde gewonnen, indem man dem Tier den Schwanz abschlug. Auch das Auflegen von Tieren – kurz vor der Behandlung wurden beispielsweise Hühner und Tauben in zwei Teile auseinandergerissen – galt als wirksam. Gegen eine bestimmte Form der Kindsfraisen half es gemäß damaliger Auffassung, einer jungen Taube die Federn um den After herum auszureißen und das lebende Tier an das auf einer Seite liegende Kind zu binden, so daß Hintern an Hintern lag. Starb das Tier, schreibt Forscher Nemec lapidar, »wiederholte man den Vorgang noch zwei- oder dreimal mit anderen Tauben«.

Auch Zunge und Magen des Auerhahns sollten Heilung bringen. In einigen ländlichen Gegenden wurde vorsorglich Nachgeburt und Nabelschnur des Kindes getrocknet, dann geschabt, in Milch aufgelöst und dem Kind zu trinken gegeben. Schwalbenkot, Käferteile, Filzläuse ergänzten den schaurigen Heiltrank. Auch der Henkerschlinge wurde heilende Kraft nachgesagt – das Kind wurde durch sie hindurchgezogen.

Noch als die Buchdruckerei weitere Verbreitung fand und sich die Zeit der Vernunft immer mehr durchsetzte, war es mit dem Glauben an Hexen und Magie noch längst nicht vorbei. Ein Rezeptblatt aus dem Jahre 1783, das im Museum am Burghof in Lörrach zu finden ist, führt beispielsweise folgendes Liebesentzauberungsmittel an (die Behandlung kann jeder vornehmen, die Rohstoffe sind einfach zu beschaffen): Fußschweiß hilft gegen Liebeskummer. »Must du wieder deinen willen eine lieben, oder einer nachlauffen, so ziech ein neu par Schu an die bloße Füße und lauffe darinnen eine Meil wegs, oder etwas weniger, daß die Füße wohl schwützen, als dann soll der Mensch den rechenten schuh ausziehen, und alsobald Wein oder Bier daraus trinken, so wird er der Person, die es ihm gemacht von Stund an feind werden.«

Aber auch gegen Nasenbluten, Überbeine, Warzen gab es Mittelchen und Sprüche. Selbst Reichtum verhießen die Zaubersprüche: »Geld zu bekommen/Nim Schwalben Eyer/Siede sie/Legs wieder ins Nest/so bringt er alte Schwalbe eine Wurzel, dieselbe trag bey Dir im Beutel« (Ausstellungskatalog, S. 45). Und um Türen zu öffnen: »Schlößer aufzumachen/Tödte einen Laubfrosch.«

Handgeschriebene Beschwörungsbüchlein enthalten Rezepte für Mensch und Vieh, Ratschläge geben aber auch Anleitungen zur Zauberei. Wie erkennt man eine Jungfrau? Wie wirkt man Milchdiebstahl entgegen? Was sind gute Liebeszaubermittel? All diese Anleitungen fanden sich in persönlichen Rezeptbüchern. Und erst recht etliche natürlich gegen Schadenzauber.

Hauptvorwurf in Hexenprozessen war, daß die Frauen Feld und Flur schädigten, Ungeziefer ins Haus brachten. Geister und Dämonen drangen in Haus und Hof ein und richteten dort allerlei Unheil an. Meist flogen üble Geister und Hexen über den Dachfirst, kamen durchs Fenster oder direkt durch die Tür. Diese empfindlichen Stellen mußten deshalb geschützt werden.

Tierschädel an Hochfirstbalken, mumifizierte Ochsen- und Pferdeschädel halfen gegen bösen Zauber. Sie finden sich noch heute in etlichen alten Häusern, beispielsweise im Schwarzwald, aber auch im Bayerischen. Brach eine Viehseuche aus, so wurde oft dem ersten verendeten Tier der Kopf abgetrennt und dieser im Stall aufgehängt. Auch war es üblich, ein lebendiges Wesen beim Bau von Häusern, Dämmen oder nach Ausbruch von Viehseuchen zu vergraben. Noch heute finden sich ab und an mumifizierte Katzen unter den Türschwellen von Bauernhöfen, aber auch von städtischen Häusern.

Daneben gab es Neid- und Schreckköpfe oder Schutzfiguren. Sie hatten drohende, häßliche Fratzen und sollten Neider und böse Geister abhalten. Vermutlich, mutmaßt die Historikerin Anita Chmielewski-Hagius, wird die Bedeutung von Schreckköpfen von alten Schädelkulten hergeleitet, in denen die Köpfe getöteter Gegner zur Schau gestellt oder sogar sichtbar eingemauert wurden. Dies geschah ja schließlich auch noch in der Neuzeit: Die Köpfe von hingerichteten Verbrechern oder getöteten feindlichen Soldaten wurden auf Spieße gesteckt oder eingemauert.

Auch mit Schutz- und Abwehrzeichen und mit geheimnisvoll klingenden Formeln wurde Schadenzauber abgewendet. Drudenfüße, Hexenkreuze und Schwundformen halfen gegen Hexerei. Bei der Hexenausstellung 1994 im badischen Landesmuseum wurden sie bis ins 19. Jahrhundert hinein dokumentiert. Oft fanden sich auch kleine Zettel, christliche Symbole, verbunden mit der SATOR-Formel, mit Davidstern und Hexagramm. Das SATOR-AREPO-Quadrat ist schon seit der Antike bekannt. Es gewinnt seine Faszination vor allem dadurch, daß die lateinisch klingenden Worte von links nach rechts und umgekehrt, waagerecht wie senkrecht gelesen werden können. Solchen Buchstabenquadraten wurden magische Eigenschaften nachgesagt. Sie sollen auch die Grundlage für Zauberformeln bilden:

```
SATOR
AREPO
TENET
OPERA
ROTAS
```

Auf Einfahrts- und Stalltoren brannten die Bauern die bannenden Drudenfüße ein, brachten sie in Dreschtennen, an Türen, auf Ziegeln, an Möbeln und an Arbeitsgeräten an. Scheren waren mit Kreuzen versehen. Wer sie aufgeklappt liegen ließ, war vor Hexen sicher. Scheren wurden häufig auch in Kinderwiegen gelegt, um die Säuglinge vor Hexenwerk zu schützen.

Drudenmesser, deren Klingen mit Ornamenten und der Kreuzesinschrift I.N.R.I. graviert waren, hatten starke

Bannkraft (einige Hexen benutzen Drudenmesser heute wieder, um bösen Zauber zu bannen): Die Kombination Metall (Eisen), Kreuz, eingestanzte Sichelmonde verstärkte die Zauberkraft der Messer. Sie konnten Hexen verletzen, sie beim bloßen Anblick verscheuchen. Besonders wirksam waren sie gegen Wetterzauber und Wetterhexen, glaubten die Bauern. Zogen dunkle Wolken am Himmel herauf, warfen die Landwirte die Messer in die Luft und versuchten so, die Wetterhexen zum Umkehren zu bewegen.

Amulette, die den bösen Blick verscheuchen sollten, trug fast jeder; denn der böse Blick war überall, Schadenzauber konnte jeden in jedem Augenblick treffen – das bloße Ansehen genügte, schon war der Schaden da. Kamen dann noch Schimpfworte oder Verwünschungen hinzu, half nur noch Gegenzauber. Meist gerieten übrigens Menschen mit auffälligen Augen in den Ruf, den bösen Blick zu haben. Stechender Blick, Einäugigkeit oder Schielen galten als sichere Kennzeichen für Menschen mit dem bösen Blick.

Er konnte viele fürchterliche Krankheiten bei Mensch und Tier auslösen, konnte zu Kopfschmerzen führen, zu Augenleiden, Krämpfen – und zu Verlust der Manneskraft. Korallen halfen gut gegen den bösen Blick. Ihre Zauberkraft geht auf die griechische Mythologie zurück. Perseus schlug Gorgo, deren böser Blick gefürchtet war, das Haupt ab. Aus ihrem herabtropfenden Blut entstanden Korallen. (Weshalb Gorgo zu einer »Kultfigur« in der feministischen Esoterikszene geworden ist, wäre in diesem Zusammenhang eine interessante Frage.)

Auch Handgesten konnten Hexen abwehren. Bei geschlossener Faust den Daumen zwischen Zeige- und Mittelfinger durchzustecken (Neidfeige oder Fica-Geste genannt) –

heutzutage eher eine obszöne Geste – half gegen bösen Blick. Oft wurden kleine Bergkristall-Händchen mit dieser Geste als Amulett am Hals getragen. Wahrscheinlich glaubte man deswegen an die Abwehrkraft der Fica-Geste, weil Dämonen bzw. Geistwesen als geschlechtslos galten und folglich sexuelle Anspielungen scheuten.

Eine interessante Erscheinung vom Glauben an Hexen, Geister und Magie – und zwar zunächst in einer positiven Interpretation – findet sich in vielen Ländern. Im Friaul, Schmelztiegel für italienische, deutsche und slawische Folklore, gab es eine ausgeprägte Kultur des Schamanismus. Benandanti hießen die Mitglieder dörflicher Gemeinden in Italien, die qua Geburt zu höherem magischen Tun ausersehen waren. Ihre Hauptfunktion, so belegten spätere Prozeßakten in Hexenprozessen, war es, die Gemeinschaft und die Dörfer vor dem Einfluß böser Mächte zu schützen.

Sie heilten die Verhexten mit zauberischen Ritualen und konnten sogar bereits bestehendes Hexenwerk bannen. Viermal im Jahr, jeweils zum Jahreszeitenwechsel, verfielen sie in Trance. An diesen Tagen verließ ihre Seele den Körper und machte sich auf eine weite Reise.

Stundenlang kämpfte die Seele der Schamanen mit bösen Mächten um den Erhalt der Ernte, um gutes Wetter, um günstige Bedingungen für Mensch und Vieh. An fernen, unbekannten Plätzen fanden diese Kämpfe statt. Die Benandanti kamen geritten, auf Katzen, Hasen oder anderem Getier. Vor sich schwenkten sie die Fahne der SchamanInnen, ein Banner aus weißer Seide mit einem Löwen bestickt.

Die bösen Kräfte kamen ebenfalls nur im Geiste mit einer Flagge in Rot oder Gelb, drei Teufel darauf angebracht. Sie kämpften mit Stöcken, hart und unerbittlich. Gewannen die Benandanti die Schlacht, stand eine gute Ernte in Aussicht. Verloren sie, gab es eine Hungersnot. Nach der Schlacht kehrten die Geister in die Körper zurück, die, so schreiben es die alten Quellen, derweil leblos auf dem Boden lagen. Niemand durfte sie berühren, ihre Lage auch nur um einen Zentimeter verändern. Sonst fand die Seele den Weg in den Körper nicht mehr.

Sie kämpften für Gott und das Gute für den Menschen. Sie waren angesehene, magische Mitglieder der Gesellschaft. Bis zur Inquisition: Weil sie gemeinsame Sache machten mit den Inquisitoren, verloren sie in der Bevölkerung an Glaubwürdigkeit und Einfluß. Schamanen gab es übrigens auch auf dem Balkan und in Zentraleuropa, nur ist noch nicht allzuviel darüber bekannt.

Auf dem Scheiterhaufen verbrannten nicht nur weise und zufällig verleumdete Frauen. Mit ihnen wurde viel Wissen um Alltagsmagie ausgemerzt. Aber nicht ganz: »Wir wissen alle alles«, sagt die Hamburger Hexe Attis. »Alle Informationen sind in uns gespeichert. Es geht darum, die Erinnerungsräume zu öffnen.«

Auf das magische Weltbild, die Überzeugung, daß jenseits der persönlich wahrnehmbaren Realität noch eine andere existiert, stützen sich oft auch die modernen Hexen der heutigen Zeit. Für Luisa Francia etwa hat Magie viel mit differenzierter Wahrnehmung von Realität zu tun: »Du mußt erkennen, daß es nicht nur eine Realität gibt, sondern viele. Dann siehst du auch über die Grenzen deiner eigenen Realität«, sagt sie. Das technokratische Weltbild des 20. Jahrhunderts, darin sind sich vermutlich die meisten einig, ist zum Scheitern verurteilt.

Unsere eindimensionale Sicht der Welt hat uns zwar Macht über Flora und Fauna gebracht (und den Männern Macht über Frauen) – aber letztlich nur Zerstörung. Das magische Weltbild, das Frauen wie Luisa Francia und Ute Schiran (zu ihr im nächsten Kapitel) auferstehen lassen, ist deshalb nicht nur Mittel zur persönlichen Entfaltung. Magie ist Politik. Denn das Postulat einer zauberischen Weltsicht zwingt zum Umdenken.

Das (vorläufige) Ende der Magie und das Ende der alten Hexenmacht gehören untrennbar zusammen. Denn mit den Hexen verbrannte auf den Scheiterhaufen ein magisches Weltbild und eine uralte Frauenkultur mit ihrem Wissen um Weiße und Schwarze Magie, mit Frauenfesten, Tänzen, Künsten und selbstbewußtem Sinn. Daß eine solche Frauenkultur wiederaufersteht, daran arbeiten Hexen und weise Frauen heute. Darin liegt ihre wahre Macht.

Die Schiran-Frauen – Magie beim Zwiebelschneiden

Heute gibt's Telefone – früher gab es Telepathie. Nur haben die meisten Menschen das längst vergessen. Ihr Wirken tun wir höchstens als Zufall ab oder als kleine Spinnerei. Zum Beispiel diesen Vorfall:

Eine junge Frau denkt an einen Kollegen, mit dem sie zusammen studiert hatte. Mit dem Mann verbindet sie nicht viel, sie hat auch lange Jahre nicht an ihn gedacht. Dann erinnert sie sich eher en passant, als sie alte Unterlagen in die Hand bekommt, an die Jahre an der Universität, das Lernen mit dem jungen Mann in der Arbeitsgruppe. Wo er wohl gelandet ist? Damals ging er nach Bonn, die Adresse hat sie noch irgendwo, vielleicht könnte sie ihm ja mal schreiben. Und am nächsten Tag geschieht das Unglaubliche: Ein Brief von ebendiesem ehemaligen Kommilitonen landet in ihrem Briefkasten, und er teilt ihr mit: »Ich bin umgezogen, wollte dir nur schnell meine neue Adresse in Heidelberg mitteilen.«

Ein hinreißender Zufall, sagen die nüchternen Skeptiker. Die Schiran-Frauen im Schwäbischen würden eher sagen: Da hat eine einen feinen Faden zu einem anderen Menschen gewoben, hat gedanklich Kontakt mit ihm aufgenommen.

Magie ist alltäglich, so alltäglich wie Gedankenübertragung, wie Telepathie. Wir haben nur vergessen, sie anzuwenden. Wir haben vergessen, Fäden zu anderen Menschen zu spinnen. Vielleicht liegt es daran, daß wir letztlich nur alle an uns selbst denken und an unserem eigenen kleinen Glück weben. »Ein ›ichiges‹ Leben«, nennt Ute Schiran eine solche Existenz. »Das gibt es in der Magie nicht.«

Ute Manan Schiran lebt am Ende eines flachen, langgezogenen Tales nahe Crailsheim. Über holprige Wege, durch einen düsteren Wald, schließlich steil einen Berg hinauf erreicht die Besucherin ihr Haus. Von außen sieht es eher bescheiden aus: ein zuerst altmodischer Bau, der, je weiter man ihn durchschreitet, um so moderner wird. Wer an der Tür klingelt, wird vom angriffslustigen Gebell zweier Hündinnen begrüßt. Durch lange Gänge geht's schließlich ins Innere des Hauses, ins Büro der Frauen des Schiran-Clans.

Im Laufe der Jahre wurde mehr und mehr an das Haus angebaut. Bevor die Schiran-Frauen dort einzogen, befand sich hier ein Müttergenesungswerk. Ein Haus, wie Ute Manan Schiran spöttisch sagt, »in dem erschöpfte Frauen wieder fit gemacht wurden, damit sie ihr Leben als Mütter und Ehefrauen noch ein paar Jahre länger durchhalten«.

Aber damit haben die Schirans nun wirklich gar nichts zu

tun. Was sie den Frauen in diesem Haus geben, hat nichts mit Reparaturarbeit für im Patriarchat geknechtete Frauen gemein. Die Schirans unterrichten Frauen in Magie, helfen ihnen auf ihren eigenen Weg, lassen sie ihre eigenen Räume erfahren. Und sie bilden Frauen zu Schamaninnen aus, zu Heil-Seienden im wahrsten Sinne des Wortes. Zu Heilerinnen von den Wunden einer männerorientierten Gesellschaft, zu Magierinnen. Luisa Francia war schon bei ihnen, ebenso die Hexe Attis (siehe das Kapitel »Menstruation ...«) und auch die Hebammen Ina und Martina (siehe das Kapitel »Ina und Martina ...«).

Dabei hat das eigenartig zusammengestöpselte Haus der Schirans auf den ersten Blick nichts Hexerisches an sich: Keine Kultsteinchen, keine magischen Figuren, keine zauberischen Utensilien stechen ins Auge. Nur das Aufenthaltszimmer ist auffällig. Sara Schiran hat es gestaltet, eine blonde, junge Frau, die ebenfalls im Clan der Schirans lebt.

Sie ist eine helle Person: helle Haare, helle Haut und tiefblaue Augen. Ihre Kleidung ist hell wie sie selbst, sie trägt zu einer beigen Hose einen weißen Pulli, unter dem ein üppiger Fetzen Leder hervorlugt. Wie sie ist der Raum. Sonnendurchflutet, durch Rundungen höhlig und dennoch luftig. Ein weibliches Zimmer.

In dem riesigen Raum, in dem Ute Manan Schiran arbeitet, herrscht heftiges Treiben. Frauen tippen und telefonieren. Ab und an kommt eine herein, schwätzt, lacht kurz mit den anderen, geht wieder. Regale um Regale stehen hier, Arbeitstische. Telefone klingeln. Im geschäftlichen Bereich setzen auch die Schirans eher auf Telekommunikation als auf Telepathie.

Mitten im Zimmer, im Zentrum, steht Utes Bett, auf dem sie sich – seitdem sie einen schweren Autounfall hatte –

tagsüber ausruht. In Reichweite: ein elektrischer Samowar, der in regelmäßigen Abständen einen knatternden Ton von sich gibt, dann einen Zischlaut.

An ihm holen sich die Frauen, die hier leben und arbeiten, den ganzen Tag lang ihren Tee. Der Blick fällt auf eine großzügige Terrasse, über hügeliges, sanftes Land. Hier muß es schön sein, im Sommer. Es muß wundervoll sein, auf Wanderungen zu gehen, magische Plätze zu finden, Rituale zu feiern.

Drei Frauen leben hier permanent, etliche weitere kommen zum Arbeiten, zum Helfen – oder zum Lernen. Die Schirans bieten Kraftseminare für Frauen an, die ein paar Tage dauern, und eine Ausbildung zur Schamanin. Drei Jahre lang währt diese Lehrzeit. Drei Jahre, in denen die Frauen ihren Blick und ihre Sinne schulen »für andere Wirklichkeiten, andere Wesen, andere Anwesenheiten«, sagt Ute. Aber davon später.

»Es gibt einfach Realitäten, die kann ich nicht zu meinem Kontinent machen«, sagt Ute Schiran. Nur verschließen sich diese Realitäten den meisten streß- und zivilisationsgeplagten Menschen. Und oft auch den vermeintlichen angehenden Hexen. »Wenn schon eine schwafelt von ›die Wölfin in mir‹, kriege ich zuviel«, lästert Ute Manan Schiran. Denn das hat nicht nur mit Ein-Bildung zu tun, mit Arroganz und Ignoranz. Sondern eben auch mit der von Ute so gehaßten »Ichigkeit«. Was es bedeutet, mit Dingen in Kontakt zu treten – im Gegensatz von »sie benützen« –, demonstriert die schwere, große Frau anhand ihrer Trommel.

Wenn Ute Manan Schiran trommelt – und Frauen, die bei ihr zur Ausbildung waren, schwärmen, niemand ginge so zärtlich mit dem Instrument um wie sie –, dann sagt sie nie: »Ich trommle.« Vielmehr ist die Trommel ihre Verbündete. »Manchmal hat sie Lust, mit mir zu kommunizieren, dann leihe ich ihr meine Hände.« So einfach ist das.

Wie überhaupt Magie die einfachste Sache der Welt ist, wenn man sich erst mal auf sie im täglichen Leben eingelassen hat: »Wenn ihr nicht beim Zwiebelschneiden am Küchentisch eure Magie machen könnt, sondern besondere Umstände braucht, taugt sie nichts.« Denn Magie, Religion, Weltanschauung, die in gesonderten Räumen stattfinden muß, ist eine abgespaltene Kraft, hat wenig mit Ganzheit, mit Glück, mit Lust zu tun. »Was ist Magie, wenn ich sie nicht mit meiner Arbeit im Garten, im Haus, mit meinen Beziehungen, mit den kleinsten unscheinbaren Dingen verbinden kann?« Magie ist für die Schiran-Frauen eine Art des Lebens, und zwar immer – beim Zwiebelschneiden, beim Kraftritual, zu jeder Stunde.

Aber dahin zu kommen, das erfordert Mut. Denn Magie hat für die Schirans damit zu tun, zu erkennen, wie Sara sagt, »daß wir alle einer Gehirnwäsche unterzogen wurden. Wir haben unsere Wurzeln, unsere Kraft verloren.« Die Lebensmuster, von Männern vorgegeben, von unseren Müttern gelehrt, wollen wir natürlich nicht gerne aufgeben. »Denn das bedeutet zunächst mal, daß ich gar nicht nett bin.« So ist es halt mit der Hexerei: »Quantensprünge der Veränderung sind alltäglich.«

Wer Magierin sein will, muß das aber lernen. Denn Kraft hat auch damit zu tun, für sich selbst geradezustehen: »Verantwortung zu übernehmen heißt zu überlegen: ›Was gibt es für eine Möglichkeit, mir selbst gerecht zu werden?‹ Und insofern«, sagt Ute Manan Schiran und lacht breit, »ist Magie kein Privatisieren und keine Nabelschau. Sondern hochpolitisch.«

Das Thema »Magie und weibliche Räume« hat Ute wohl

ihr ganzes Leben lang begleitet. Als kleines Mädchen hatte sie ihre magischen Rituale, lächerlicher Kinderkram – für die Erwachsenen –: »Bevor ich einschlafen konnte, legte ich mich ganz ruhig und unbeweglich ins Bett«, erinnert sie sich in ihrem Buch *Menschenfrauen fliegen wieder.* »Ich atmete auf eine mir sonst nicht geläufige Weise (von der ich erst Jahrzehnte später wußte, daß es eine alte Atemtechnik war, um in andere Bewußtseinszustände zu kommen) und sank so in einen körperlichen Zustand, währenddessen ich, zum eigenen Entzücken, jeden Abend ein Déjà-vu-Erlebnis von immer wieder erlebter Köstlichkeit hatte: Ich roch Gerüche und war von Farben erfüllt, die ich kannte – nicht aus meinem Kinderalltag, sondern von irgendwoher, und dieses Irgendwoher nannte ich Zuhause.«

Vielleicht waren es Ahnungen ihrer alten Kraft, uralter Plätze für Frauen. Dieses Gefühl des Zuhauses muß sich für Ute Manan Schiran als erwachsene Frau wiederholt haben. Damals, vor mehr als fünfzehn Jahren, als sie mit anderen Frauen und ihrer zweijährigen Tochter zu einer großen Reise nach Südfrankreich aufbrach.

Sieben Wochen lang waren die Frauen unterwegs, wanderten alte Initiationswege entlang, blieben schließlich in Galizien hängen, »in einer Art Paradies«, erinnert sich Ute. Damals spürte sie auch die Energie zwischen den Frauen, die wir längst vergessen haben: Telepathie. »Wir waren uns so nah, es mußte nur eine etwas denken – bei der anderen kam es an.« Was blieb von der Reise, »war eine tiefe Gewißheit, daß wir mehr Sinne haben, als wir normalerweise nutzen, daß Steine, Höhlen und Meer Wissen tragen und übertragen hatten. Wissen, das wir nun in uns hatten und das uns zum Zusammensetzen der gewonnenen Bruchstücke aufforderte.«

Danach brach eine Gruppe der Frauen nach Cornwall auf. »Wir lebten zehn Monate lang ein magisches Leben mit Sonne, Mond und Sternen«, sagt Ute. Megalithmonumente, Steinkreise, die rauhe Landschaft – »ein Stück meiner inneren Heimat«, schwelgt sie. Jede entwickelte sich ihrem eigenen inneren Rhythmus und dem der sie umgebenden Natur gemäß. Sie hörten den Steinen zu und den Wellen, tagelang, ließen Bilder in sich aufsteigen, tief im eigenen Körper die Resonanz ihrer Schwingungen hören.

Mit einigen der Frauen verbindet Ute Manan Schiran ein gemeinsamer Nachname: Schiran. Der Clanname entstand während eines Rituals, entsprang der Intuition der Gruppe. Der Name bedeute nicht, daß sie einer ideologischen Gruppe angehöre, einer Sekte oder anderen religiösen Vereinigung. »Wir haben keine Bibel oder eine neue Lehre, die uns verbindet. Wir haben die Gewißheit, gemeinsam an einer Kultur zu arbeiten, die aus der kreativen, spielerischen Potenz von Frauen schöpft.«

Denn das ist es, was die Schirans stört: unsere eindeutig männliche Prägung und Orientierung, die sich nicht nur in der Paarbeziehung zeigt, sondern in jedem Aspekt unseres Lebens. Daß sie sich eher bei Frauen zu Hause fühlt, merkte Ute Manan Schiran schon ziemlich früh. Als junge Frau begegnete ihr eine weise Freundin, die sie begleitete, eine Slawistikprofessorin, vierzig Jahre älter. Sie brachte ihr Unabhängigkeit bei – von Männermoden, Männermeinungen, Männerleben.

Und dennoch: Ein Stück weit lebte sie als junge Frau ein patriarchalisch orientiertes Leben, heiratete den Vater ihres Sohnes, wurde zur Schauspielerin, zum Model, zur Millionärsgattin, war der exotische Vogel der Münchner Schickeria. Damals war sie gertenschlank – im Gegensatz zu heute. Mit der Abkehr von der Männerwelt änderte sich, so scheint's, auch Utes Figur hin zum Runden und Weichen. Sie ist eine enorme Frau mit teils feuerrot gefärbtem Haar – die Rundheit ihrer Bewegungen offenbart sie in ihrer Gestik und Mimik. Selbst der Rollstuhl, an den sie gebunden sein wird, bis ihre Operationsnarben nach dem Unfall verheilt sind, gerät unter ihrer Führung in eine gewisse Rundheit und Eleganz.

Als junge Frau studierte Ute auch Medizin – und der Bannspruch der Bibel »In Schmerzen sollst du gebären« erregte so sehr ihren Zorn, daß sie sich schließlich auch auf medizinischem Gebiet für Frauen engagierte. »Ich lernte Kräuter anstelle von Muskelsedativa während der Geburt einzusetzen, lernte Stellungen zu verändern, anstatt Saugglocken zu nehmen und Kaiserschnitte zu machen«, schrieb sie in ihren Erinnerungen.

»Frauen wirklich bis in die letzte Pore ernst zu nehmen, interessant und begehrenswert finden zu können und nicht doch heimlich Männergespräche/Männermeinungen vorzuziehen« – bis dahin war ein weiter Weg. »Denn auch die Jungs haben ihre eigene Magie und keine ungefährliche«, sagt sie heute.

Der Einstieg in weibliche Spiritualität war ihre erste Begegnung mit Barbara Starrett, der Autorin des feministischen Kultbuches *Ich träume weiblich*. Was danach folgte, war eine radikale Veränderung von Utes gesamtem Leben: Während eines fünftägigen Seminars mit Barbara Starrett hatte sie Tranceerlebnisse, drang sie »in Ebenen vor, in denen mein Faden schwang und zu singen begann. Ich fand Ausblicke auf eine politische Aktivität, die mehr war als nein sagen und Forderungen innerhalb einer Kultur aufstellen, die allenfalls reformativen Charakter haben würden.« Sie stieg aus ihrem Leben aus, schmiß das Studium. Zog aufs Land. Und arbeitet seitdem nur noch mit und für Frauen. Seitdem gibt es die Workshops für Frauen, später die Ausbildung zu Schamaninnen.

Die Liste der Workshops, die die Schiran-Frauen anbieten, liest sich spannend: »Die Kunst der Wiederholung« heißt ein Kurs. In ihm lernen die Frauen, »die einfache Geste wieder und wieder zu formen« und so, »vom eigenen Körper ausgehend, ein kraftvolles Feld entstehen zu lassen.« Ein anderer Siebentagekurs – »Schamanisches Gestalten in der Zeit« – beinhaltet Körpertraining, Wahrnehmungsschulung und Arbeiten mit ursprünglichen Materialien wie Knochenleim und Erde. In Frauenkraftseminaren, die jeweils fünf Tage dauern, bringt Ute Manan Schiran die Frauen auf den Weg zu ihrer ureigenen Intuition und Kraft: »Es gibt kein Schema, nie gestalten sich die Kurse gleich«, sagt Ute. »Ich begreife mich während dieser Tage als Mittlerin und Hebamme zwischen den Welten und als Vertreterin von Wirklichkeiten, die erinnert und genährt werden wollen.« Ganz billig ist der Ausflug in die Hexerei allerdings nicht: Die Siebentagekurse kosten knapp tausend, die Frauenkraftseminare um die 700 Mark.

Zunächst war die dreijährige Schamaninnenausbildung »ein Versuchsballon«, sagt Sara. Eine spannende Geschichte entwickelte sich daraus: »Je nach Zusammensetzung der Gruppe entstehen einfach ganz unterschiedliche Dinge«, erzählt sie. Einmal hatten sie eine Gruppe von Frauen, die bereits Erfahrungen mit Esoterik hatten: »Mei, die waren halt richtig ›spiri‹ drauf«, sagt Ute und fällt für einen kurzen Moment in ihr heimatliches breites Bayerisch. »Die wollten halt was lernen, und zwar ganz schnell. Aber unser Wissen ist nicht konsumierbar.«

Immer wenn ein Kraftseminar für Frauen beginnt – oder auch ein Schamaninnenkurs –, zieht sich Ute nach dem ersten Tag ins Bett zurück. »Ich träume eine Nacht darüber, dann weiß ich, was ich mit den Frauen machen muß.« Die naseweise und erwartungsfrohe Spiri-Gruppe schickte Ute erst mal ganz schnöd in Wind und Wetter. Bei strömendem Regen ab in die Natur, der Wind pfiff durch die Jacken, das Haar klatschte naß am Kopf. Und gehen, gehen, gehen. Den Naturgewalten ausgesetzt sein – das schärft die Sinne mehr als alles andere.

Daß unsere Sinne geschärft sein könnten und in uns ungeahnte Fähigkeiten schlummern, bringt sie den Frauen mit teils einfachen Übungen bei. Sie sollen sich im Kreis aufstellen, im Quadrat, in einer Raute. Was Frauen so erfahren, ist Telepathie, sind Kräfte, »die mit jeder einzelnen nichts zu tun haben«.

Aber Vorsicht: Keine sollte Geister rufen, die sie dann nicht mehr los wird: »Es gibt bestimmte Wesen und Kräfte, die nehmen keine Rücksicht.« Ute weiß, wovon sie spricht, denn ihr Zugang zu Magie war intuitiv, neugierig, riskant: »Ich bin selbst völlig naiv an die Sache rangegangen wie ein Kind im Sandkasten.« Was folgte, war »das reine Muffensausen«. Bei einem Ritual rief sie zusammen mit Luisa Francia Ahninnen – einfach mal so, zum Spaß. Nur daß die uralte Ahnin prompt auftauchte, auf einem Ast in einem Baum saß und sich vor Lachen über die beiden Frauen gar nicht mehr einkriegen wollte. Die standen da mit ungläubigen Augen und vor Überraschung schweißnassen Händen.

Was ist das Ziel der Schamanin? Auf der materiellen Ebene will sie für eine Vernetzung der Frauen sorgen. »Geld, Kontakte, Unterstützung muß in Bewegung kommen zwischen Frauen«, sagt sie. Das Netz wird größer werden, unaufhaltsam. »In dem großen Netz von Aufgaben, diese Erde behutsam und heilsam über die neue Runde der Verwandlung zu begleiten«, schrieb Ute Manan Schiran, »besteht meine Aufgabe darin, in der Gemeinschaft von Frauen Erinnerung weiterzugeben; ein verschüttetes, totgesagtes Erbe zu beleben und zu helfen, daß es sich auch in anderen Frauen beleben kann.«

Oder in anderen Worten: »Ich hätt' einfach gern, daß ich von Frauen umgeben bin, die kreativ sind und Lust auf ihr eigenes Leben haben.«

Katzen, Warzen, Teufelsdreck – was Hexen so alles brauchen

Abrakadabra, dreimal schwarzer Kater. Oder lieber: eins, zwei, drei, große Hexerei? Funktioniert sowieso nicht, das Hexen. Reine Einbildung, Kinderkram. Lug und Trug, um dem nächsten ein bißchen Angst einzujagen, damit er endlich mal ordentlich die Hosen voll hat. Oder vielleicht doch nicht?

Irgendwas richtig Unangenehmes sollte der blöden Ziege mal passieren, ein Mißgeschick. Nichts Schlimmes, aber so, daß sie sich doch ärgerte und man selbst boshaft lachen konnte. Wenn die Münchner Ladenbesitzerin, nennen wir sie Roswitha, mal wieder von ihrer verhaßten Nachbarin geärgert wurde, tröstete sie sich mit solcherlei Gedanken. Eines Tages trieb es die Nachbarin besonders schlimm, nölte und jammerte den ganzen Tag. »Ach«, hing Roswitha ihren Tagträumen nach, »der müßte mal das Garagendach herunterknallen, ihr aufs Autodach.« Eine richtig ordentliche Beule sollte das geben, der Nachbarin mußte gar nichts passieren. Aber der Knall, der Schreck, der Anblick des eingequetschten Autos. Bei dem Gedanken kam Roswitha das Lachen.

Wenige Stunden später donnerte es dann tatsächlich

gehörig, und das Knirschen von Blech war zu hören. Das Dach der Duplexgarage war heruntergesaust, völlig unerklärlich. Und der Nachbarin hatte es das Autodach zerquetscht ...

»Reiner Zufall«, werden die meisten sagen. Hexen hingegen nennen es eine Imagination. Mittels Gedanken, bestätigt zum Beispiel die Münchner Vatan-Hohepriesterin Inea, könne man den Lauf der Dinge nach dem eigenen Willen beeinflussen. Man müsse nur fest daran glauben, sich eine Situation unbedingt herbeiwünschen, und schon passiert's. Viele von uns haben vielleicht schon etwas Ähnliches erlebt. Selten zwar, aber immerhin. In solchen Momenten haben wir vermutlich selbst überlegt, ob Hexerei im Spiel war oder nicht. Aber letztlich waren solche Augenblicke doch zu selten, um Schlüsse auf magische Kräfte daraus ziehen zu können. Hexen haben es da natürlich etwas leichter und verfügen über mehr Erfolgserlebnisse.

Sie haben allerdings auch Mittel, um dem Schicksal nachzuhelfen. Zaubermittel, Musikinstrumente, Salben, Tinkturen. Aus Gruselmärchen kennt man es ja hinreichend: Hexen können fliegen, dazu brauchen sie ihren Besen. Und ihre Salben mixen sie aus fürchterlichen Zutaten wie Krötengebein und Kinderleichen. Zumindest wurde das oft in den Hexenprozessen behauptet, und nicht nur einmal wurde eine Leiche exhumiert, um im Prozeß zu beweisen, daß die vermeintliche Hexe sie angesäbelt hatte, um sich eine Flugsalbe daraus zu köcheln.

Im Laufe unserer Recherchen haben wir übrigens nicht eine Hexe gefunden, die etwas Derartiges benutzte, um daraus magische Mittel zu brauen – zumindest hat sie es nicht zugegeben. Kröten sind im Gespräch wohl aufgetaucht. Und sie haben auch magische Bedeutung. Allerdings nicht als Zutat, sondern als magische Begleiterin, Symboltier.

Auch ohne Flugsalbe – Hexen können fliegen. »Weil die Seele fliegen kann«, sagt die Münchner Hohepriesterin Inea. Trance, Körperaustritt sind Fähigkeiten, die Hexen zu eigen sind, die Erinnerung an frühere Inkarnationen. (Wiewohl, wie bereits gesagt wurde, die meisten Frauen bereits einmal als Hexen inkarniert wurden, wie sie behaupten. Oder als Kriegerin oder Königin. Niemand war je Magd oder Folterknecht – oder womöglich ein niederes Tier ...)

Tranceerfahrungen haben lange Tradition – deswegen wurden übrigens schon die historischen Hexen im 16. Jahrhundert verfolgt. Ihnen wurde nachgesagt, sie seien zur Teufelsbuhlschaft entweder auf dem Besen geritten oder höchstselbst dorthin geflogen.

Der Ethnologe Hans-Peter Dürr hat in seinem Buch *Traumzeit* das Geheimnis des Hexenflugs entschlüsselt. Seiner Meinung nach waren »nachtfahrende Weiber« der Ursprung, die sich tatsächlich Salben aus halluzinogenen Drogen mixten. In den Hexenprozessen wurden sie zu den Teufelsbündnerinnen, die ihre Salben dazu benutzten, um – teils als Tiere, zum Beispiel als Eule verwandelt – zur Teufelsbuhlschaft zu fliegen. »Besenschmalz« hießen diese dubiosen Cremes häufig in Prozeßakten.

Wie weiter oben bereits beschrieben wurde, pinselten die Hexen damit nicht nur ihre Besen ein, sondern strichen die Salbe auch auf Fußsohlen, unter die Achseln und in die Schamlippen. Darüber hinaus existierte tatsächlich im einfachen Volk die Vorstellung, eine Hexe könne von sich aus und ohne äußere Hilfe fliegen.

Diese Vorstellung von Körperaustritts- oder Flugerfahrungen hält sich interessanterweise in vielen, auch außereuropäischen Kulturen. Vor ein paar Jahren, so schreibt

Hans-Peter Dürr, sagten drei als Hexen verdächtigte Frauen vor einem rhodesischen Gericht aus, sie hätten sich splitternackt draußen am Busch getroffen, hätten sich mit einer weißen Salbe die Hände und das Gesicht eingerieben, um »nachts zu fahren«, und zwar auf dem Rücken von Hyänen oder Ameisenbären. Den Frauen sei während der Reisen, bei denen sie fliegend heilige Orte aufgesucht hätten, regelrecht übel geworden.

In der Südsee, schreibt Dürr, baden sich die Hexen auf dem Normanby-Archipel und ölen sich anschließend mit »leaves and magic« ein, einer nicht näher definierten Tinktur. Dann reisen sie in die Unterwelt, glitzernd wie Paradiesvögel ...

Und auch heutige Hexen können dazu ein Wörtchen sagen. Inea beispielsweise schwört auf hausgemachte Kapseln aus Fliegenpilz. Die rotweißen Pilze sammelt sie eigenhändig und trocknet sie anschließend im Backofen, das Pulver schüttet sie dann in kleine Kapseln. Ein mühsames, zeitraubendes Prozedere. Das zudem einen guten Schluckreflex voraussetzt: Zwölf Kapseln etwa müsse man hinunterwürgen, um mit dem Fliegenpilz auf die Reise durch die Lüfte zu gehen.

Fliegenpilz ist ein Bestandteil, aus dem schon die Hexen damals ihre »Flugsalben« mixten – Belladonna ist ein weiteres. Kräuter helfen aber nicht nur, wenn es gilt, Räusche zu bewirken oder eine Körper-Austrittserfahrung zu forcieren. »Jedem Weg ist ein Kraut gewachsen«, sagt Luisa Francia. Sie empfiehlt als magische Schwellenerfahrung – »So etwas wie eine kontrollierte Ekstase mit verschärfter Wahrnehmung und genauen Körpersensationen, durch die ich erstmals so etwas Fernes wie das Innere meiner Ferse kennenlernte« – einen kleinen Kräuterspaziergang durch Wald und Wiese.

Kräuter und Blumen nicht trocknen und horten, einfach nur gehn und pflücken, empfiehlt sie. Schlüsselblumen könnten den Anfang machen, gefolgt von Bärlauch und Löwenzahn und einer Menge wilder Kresse. Das Ergebnis: »Totale, hellwache Wahrnehmung. Plötzlich ist das Gefühl, im Körper zu sein, zugleich das Gefühl, ›drüben‹, in einer anderen Welt, zu sein.« Aber auch sonst hat Luisa Francia einige Kräutertips von alten Weibern, »von denen ich alles, aber auch alles habe, was ich weiß«.

Gundelkraut schützt vor Alpträumen, vor schlechten Begegnungen in Trance, vor Angriffen aber auch aus der äußeren Welt, Minze führt manche über die Schwelle. Halluziniert vielleicht sogar etwas. Sie trifft die Auswahl der Begegnungen, macht einen klaren Kopf dafür, wer's wert ist – und wer nicht. Und dann der Huflattich ... Alles, sagt die freche Luisa, was wir brauchen, um hexisch die Grenze zu überschreiten, »sind deine fünf Sinne und ein paar Kräuter«.

Mit Stampfen und Tanzen, Rasseln und Trommeln bringen sich die Frauen auf den Weg. Fast nichts, sagt Luisa Francia, versetzt einen schneller in Trance als sanftes, rhythmisches Rasseln. In der Gruppe gestalten die Frauen Rituale, denn die Gruppe ertanzt sich gemeinsam ihre Ahninnen und Symboltiere – wer hexen will, braucht Verbündete. Nicht die schwarze Katze oder den schwarzen Raben, der auf der Schulter krächzt (oder jedenfalls nicht nur). Sondern frauenmächtige Erinnerungen an frühere Zeiten. Ahnungen davon, in welchen matriarchalischen Frauen und Göttinnen wir uns wiederfinden können. Etwas von ihnen steckt ohnehin in jeder von uns.

Wenn du es am wenigsten erwartest, kommt die weise Alte. Sie setzt sich neben dich und lacht vielleicht boshaft, weil du einen Schreck bekommst. Sie zeigt dir deine vielen Gesichter, alte, häßliche, eitle, verzerrte – und du mußt sie alle aushalten. Denn auch das gehört zur Magie: die Kenntnis der eigenen Erfahrungen, das Wissen um innere Stärken und Schwächen, um Macht …

Frauen wie Ute Manan Schiran oder Luisa Francia berichten von Regressionen. Und oft genug kommen sie aus der Erfahrung zurück mit dem Wissen um frühere Frauenkraft. Was es dazu braucht, sind nicht Drogen oder schwarze Messen, sondern Aufmerksamkeit. Offene Augen und offene Ohren, geschärfte Sinne, Phantasie, Mut – und Lust.

Rituale – aber richtig! Töpfe und Tiegelchen, Kessel und Feuerstatt. Und natürlich der Besen. Dies ist das Instrumentarium der Hexe – zumindest kennen wir es so aus dem Märchenbuch. Dazu Kräuter und Tinkturen. Die Grundregeln der Magie sind einfach. Luisa Francia lehrt sie uns:

A und O der Hexenkunst ist das Ritual. Es ist die symbolische Handlung für das, was bewirkt werden soll. Kein Riesenbrimborium muß vorausgehen. Ein ganz einfaches Ritual wäre es zum Beispiel, jeden Tag einen Stein in die Hand zu nehmen. »Die magische, i-maginierende Kraft dieser Handlung verändert den Zustand«, schreibt die Hexe vom Starnberger See.

Schön ist es, ein Ritual – egal, ob eine Frau es feiert oder mehrere – mit den vier Elementen Luft, Wasser, Erde und Feuer zu verbinden. Kein großer Zauber ist dazu nötig, lehren die weisen Hexen, sondern einige, wenige Zutaten. Eine Kerze vielleicht, etwas Duftöl, das in einem Schälchen verdampft, schöne Musik, ein Schälchen Hirse. Und ein enger Kontakt zur Erde, Füße, die wissen, wo sie stehen, die fest und bewußt den Boden streicheln. Das

Erden, sagt Luisa Francia, sei fast das Allerwichtigste. Wer gut geerdet ist, hat beim Zaubern schon die halbe Miete.

Wichtige magische Handlungen sind das Bannen – das Fernhalten von schädlichen Einflüssen. Dies geschieht etwa über einen Spruch, über das Ziehen einer Linie, das Werfen eines Messers. Dort, wo das Messer steckenbleibt, wird die schädliche Kraft hineingebannt. Krankheiten oder Energien können auch gebunden werden und werden dadurch inaktiv – bis die Person, die betroffen ist, wieder genügend Kraft hat, damit umzugehen. Das Binden geschieht mit Wollfäden, die symbolisch um einen Gegenstand gewickelt werden.

Wenn etwas gebannt oder gebunden wurde, muß es auch wieder gelöst werden. In einem Ritual können die Fäden wieder entsponnen werden. Wirksam und einfach ist es zum Beispiel, einen Gegenstand als Symbol für die Sache in fließendes Wasser zu halten. Fließendes Wasser reinigt übrigens auch von bösem Zauber. Wurde ein Mensch verhext, sollte er sich unter fließendes Wasser stellen – die Dusche tut's auch.

Rituale finden am besten in einem magischen Kreis statt: Die Kräfte, die gerufen werden, können geschützt von der Außenwelt in diesem Kreis ausgelebt werden. Nach jedem Zauber muß der Kreis wieder aufgehoben und anschließend gefegt werden – das, so versichert Luisa Francia, vertreibt die niederen Dämonen und Geister und reinigt den Ort.

Hexen arbeiten, wie im Voodookult, auch mit Fetischpuppen. Sie sind dann Stellvertreter einer Person, können für sie Kräfte auf sich lenken. Auch Nägel und Haare (und in der Schwarzen Magie auch alle Körpersäfte wie Blut, Sperma und Speichel) symbolisieren die Person. Jede magische Handlung mit diesen Materialien betrifft die Person, zu der sie gehörten. Wer Krankheiten heilen will, sollte Haare und Nägel des Kranken zu Asche verbrennen und dann ins Essen rühren.

Haare kämmen und flechten hat mit der magischen Vorstellung vom Kopfschmuck zu tun: In zersauste Haare hocken sich gern Dämonen und kleine Teufel, glaubten unsere Vorfahren. In ordentlich gebürstetem, gescheiteltem und geflochtenem Haar haben sie es schwerer.

Auch Worte haben Magie: Hinduisten und Buddhisten kennen Mantren oder Wortfolgen der Kraft. »Verschrei es nicht«, heißt es bei uns, wenn einer zum Beispiel sagt: »Morgen regnet es bestimmt.« Die magische Macht des Wortes – da haben auch die Hexen etwas dazu zu sagen. Denn mit Wortmagie werden nicht nur Bannsprüche gemurmelt, Lösungsformeln gesprochen. Worte weben unsere Realität, sind Metaphern von Macht. Das magischste aller magischen Worte der weisen Frauen in ihrer Auflehnung gegen patriarchalische Strukturen hat ohnehin nur vier Buchstaben. Es heißt nein.

»Ja und?« werden die Kritiker einwenden. »Das ist doch keine Kunst.« Denn wer Magie beherrscht, stellen wir uns in unserer erfolgsorientierten Zeit vor, der hat dann bitte schön auch Ergebnisse vorzuweisen. Eine wahre Hexe hilft dem Schicksal ohnehin nicht nach, sie zaubert nicht. Sie wendet ihre Magie höchst selten an. »Ich kann niemanden retten, niemanden heilen, nichts verhindern«, sagt Luisa Francia. Mit einem Zauber mag sich der Lauf der Welt für einen kurzen Moment ändern. Mehr nicht.

Daß Magie eine Sache anderer Realitäten ist, ist schwer zu verstehen. Denn wo liegt die Grenze zur sogenannten Wirklichkeit, wo ist der Zaun zu unserer Zivilisation?

»Für jeden«, schreibt Dürr, »der es einmal unternommen hat, mit der Unterstützung von Stechapfelsamen zu fliegen oder mit Tieren und Pflanzen zu reden, dem wird die Frage Castanedas, nämlich ›Bin ich wirklich geflogen, ich meine, ist mein Körper geflogen, so wie die Vögel fliegen?‹ etwas seltsam und unangebracht anmuten.«

Denn es geht nicht darum, auf welche Weise eine Erfahrung real gewesen ist. Es geht darum, daß es mehr als eine Realität gibt. Und daß wir mitnichten alle erkennen können.

Ein gewöhnlicher Mensch sei einer, der glaubt, daß magische Erlebnisse Sinnestäuschungen sind, schreibt Dürr. Eine Hexe dagegen glaubt, daß die Tiere im Grunde reden können. Und nicht nur die Tiere. Auch die Pflanzen und die Steine.

Traudl Pekny oder Die Verführung, in die Zukunft zu blicken

Das mit der Wohnung wird klappen, keine Frage. Aber nicht die Geduld verlieren, nicht jetzt zugreifen! Die erste heute besichtigte Bleibe sei wohl häßlich gewesen, die zweite wäre auch nichts, die dritte wäre wohl den Wünschen am nächsten gekommen. Aber nein – lieber warten ...

Es wird knapp werden mit der neuen Heimstatt. Schließlich soll der Sohn im September in die Schule, bis dahin muß feststehen, in welches Münchner Viertel es die junge Frau verschlagen wird. Schwierig, nicht die Geduld zu verlieren. »Warten S' a bißl«, sagt Traudl Pekny mit ihrer sanften, leisen Stimme. Ganz entfernt klingt der Dialekt ihrer Heimat an, weiches Wienerisch. Traudl Peknys

Hände blättern blitzschnell winzige Tarotkarten auf das Tischlein mit lila Decke.

Sie sagen ihr nicht nur, daß die Qualität der bereits besichtigten Bleiben ziemlich mickrig war. Auf dem lila Samt verstreut liegen bereits etliche andere Karten nach einem für Laien undurchschaubaren System. Und nicht nur für Uneingeweihte. »Ich habe mein eigenes System, die Karten auszulegen«, sagt Traudl Pekny. Eine Legart, die nichts mit der herkömmlichen Eso-Vorstellung zu tun hat. Kein »Keltisches Kreuz«, kein »Astrologisches Rad« legt sie, wie es die Tarot-Lehrbücher so mustergültig vorschreiben. Ein grandioser Haufen an Karten stapelt sich inzwischen auf dem Tisch.

Dann aber sprechen die Karten zu Traudl Pekny. Zeigen ihr Wege auf für ihr Gegenüber. Die Zukunft liegt auf diesem winzigen Tisch, Vergangenheit und Gegenwart. Weissagungen für alle Lebensbereiche. Liebe, Gesundheit, Familie – und Wohnung.

Für Traudl Pekny ist Tarot »das Spiel des Lebens«. Und dabei geht es weniger darum, die Zukunft vorauszusagen (obwohl sie auch dies tut – und, einigen Zeuginnen zufolge, mit einer erstaunlichen Trefferquote). »Ich helfe Menschen, indem ich das Problem jedes einzelnen heute sehe. Daraus ergeben sich sinnvolle Lösungen für die Zukunft.« So sieht sie auch die Befindlichkeit ihrer Klientin: »Sie haben zuviel gearbeitet, Sie müssen wieder zur Ruhe kommen.« Nun gut, diese Aussage stimmt vermutlich für jeden Menschen im erwerbsfähigen Alter. Aber dann: »Sie werden beruflich gut vorankommen.« Das klingt erfreulich. Und: »Ihre große Schwäche ist Ihre Ungeduld. Ich kann sie in jedem Lebensbereich erkennen.« Spätestens da stellt sich bei der Klientin leichtes Unbehagen ein. Woher weiß sie das eigentlich?

Wer aus der U-Bahn tritt, um zu Traudl Peknys Münchner Wohnung zu gelangen, muß zunächst am Justizpalast vorbei, dann scharf in eine kleine Straße einbiegen. Mietshaus an Mietshaus reiht sich dort, funktionale Bauten, Beton aus den Sechzigern. Keine magische Straße, sicherlich nicht. Und auch die Stiege in dem Haus, in dem Traudl Pekny wohnt, hat nichts Zauberisches, verheißt keine Überraschung. Es riecht nach Sauerkraut und Bohnerwachs, nach kleinbürgerlichem Samstagmittagsmief. Aber dann öffnet Traudl Pekny die Tür.

Als erstes fallen die wachen, warmen Augen auf, dunkelbraune Knöpfe in einem guten Gesicht. Traudl Pekny ist beileibe keine schlanke Frau, und sie macht keinen Hehl daraus. Über schwarzen Strick-Leggins trägt sie eine eigentümliche lila Jacke mit fremdartigen Zeichen darauf. Auf der Nase balanciert sie eine halbrunde Lesebrille. Unübersehbar ihr Haarschmuck: eine riesengroße, knallrote Samtrose, die sie sich an einem Band ins Haar gebunden hat.

Im winzigen Beratungszimmer steht ein Ohrensessel, davor der Tisch mit mehreren Decks des Rider-Waite-Tarots, kleine, große, mittlere. Die Karten des Okkultisten Aleister Crowley, die in der Esoterikszene ebenso verbreitet sind wie die Orakelkarten von Arthur Edward Waite, verwendet Traudl Pekny grundsätzlich nicht: »Die haben eine böse Ausstrahlung, davon kriege ich höchstens Kopfschmerzen.«

Dunkel ist ihr Zimmerchen wie eine kleine Höhle – und es weist viele Devotionalien der spirituellen Szene auf, zusammengesammelt und zusammengekauft auf zahllosen Esoterikmessen. Auf einem weiteren Beistelltischchen steht ein indirekt illuminierter Kristall, davor ein kleiner Merlin aus Holz, das Ärmchen keck in die Luft gereckt, zu seinen Füßen brennt eine Kerze. Am Haken an der Tür hängt eine Art lila Zaubermantel nebst spitzem Hut aus schwarzem und lila Samt – aber dies, sagt Traudl Pekny, diene nun wirklich nur zur Dekoration. Für ihre Weissagungen braucht die Wienerin jedenfalls weder Mäntelchen noch Mütze.

Vor fünfzehn Jahren haben die Karten Traudl Pekny in ihren Bann gezogen. Damals fing sie zusammen mit einer Freundin an, alles über die magischen Karten zu lesen, was sie überhaupt nur in die Finger kriegen konnte. Regelmäßig legte sie die Karten, sah sie an, ließ sie auf sich wirken. »Tarot ist intuitiv«, sagt sie heute. »Es ist unmöglich, die Karten mit dem Kopf zu begreifen. Wir denken ohnehin viel zuviel. Aber nur Intuition eröffnet uns die Möglichkeit, das Wesentliche zu erkennen.«

Wenn Ratsuchende zu ihr kommen, sagt sie, nähme sie erst einmal deren Schwingungen auf. Damit hat sie schon mal ein vages Gefühl, mit wem sie es zu tun hat. Dann notiert sie sich das Geburtsdatum, es gibt ihr Aufschluß über das Sternkreiszeichen. Das mit dem Geburtsdatum sei im Grunde willkürlich, »aber mir ist halt im Moment danach. Vielleicht«, sagt sie, und grinst einen Moment, »bitte ich meine Kunden demnächst um ein Haar.«

Wer möchte nicht einen Blick in die Zukunft riskieren, ob mit oder ohne Haar – vorausgesetzt natürlich, sie birgt Erfreuliches? Aber Zukunftsweissagungen sind nicht ganz einfach. Mehr als ein halbes, maximal ein Jahr – auf mehr legt sich Traudl Pekny nicht fest. »Korrekte Zeitaussagen sind bei jedem Orakel schwierig«, sagt sie. Auch wer's bis ins I-Tüpfelchen ganz genau wissen will, ist bei ihr an der falschen Adresse: »Ich erkenne das Wesentliche, nicht die Details.«

So kann sie zwar sehen, ob sich eine Liebesbeziehung

abzeichnet und ob der neue Liebste womöglich frei oder gebunden sein wird. »Aber zu wissen, wie die Augenfarbe des Mannes ist oder welchen Beruf er ausübt – das ist reine Scharlatanerei.«

Ob es wirklich funktioniert? Traudl Pekny zuckt die Schultern, lächelt leise. »Wir haben ohnehin alle an unserem Schicksal einen Anteil; was wir ausstrahlen, ziehen wir an. Daraus läßt sich schon viel für die Zukunft folgern.« Aber manchmal sieht sie auch das vollkommen Unvorhergesehene – das dann prompt eintritt.

Zum Beispiel war eine junge Frau bei ihr. Im Laufe der Sitzung stellte sich heraus, daß sie erschöpft und müde war und sich nichts sehnlicher wünschte als einen Urlaub. Dazu aber, seufzte sie, hätte sie nun gar kein Geld. Traudl Peknys Karten zeigten etwas ganz anderes: Eine sehr weite, abenteuerliche Reise kündigten sie an. Der Klientin hätte dies, so sagt Traudl Pekny, zunächst nur ein trockenes Lachen entlockt. Kurze Zeit darauf rief sie allerdings begeistert an: Im Preisausschreiben hatte sie eine Weltreise gewonnen …

Also lügen sie doch nicht, die Karten? »In ihrer Symbolik stecken archetypische Kräfte«, erklärt Traudl Pekny. »Die Karten des Großen Arkanums (es sind die 22 bedeutendsten, dazu kommen weitere 56 untergeordnete Karten des Kleinen Arkanums) stellen jede für sich archetypische Kräfte dar, die stark in unser Unterbewußtsein wirken.« Und: »Es gibt keine Karte, die gut oder schlecht ist. Die Karten sind neutral, sie wirken im Zusammenhang mit den weiteren, die ich ziehe.« Karten, die für ihr Gegenüber von besonderer Bedeutung sind, kommen geheimnisvollerweise immer wieder auf den Tisch. »Manchmal verneige ich mich ehrfürchtig vor dem, was ich sehen darf.«

Was die Karten zeigen, gibt Traudl Pekny auch Aufschluß

darüber, wo es bei ihrem Gegenüber hapert. Der berufstätigen Mutter empfiehlt sie eine Therapie aus Bachblüten, die ihr über die anstrengende Zeit helfen soll. Der Frau, die gerade in Trennung lebt »und die unausgelebte Aggressionen mit sich herumschleppt«, sollen Walnuß-Bachblüten helfen und Stechapfel: »Das macht Trennungen klar und hilft, Wut aufzuarbeiten.«

Aber zunächst muß die Klientin mischen und abheben, Traudl Pekny legt die Karten dann, von oben genommen, aus. »Das Prinzip der Gleichzeitigkeit, ganz einfach«, erklärt sie. »Gleiche Dinge, die zur gleichen Zeit passieren, hängen untrennbar miteinander zusammen.«

Deshalb käme es zwischen dem Ziehen und dem Unterbewußtsein der Fragenden zu einer »Sekundenblitzaufnahme der jetzigen Situation«. Oder so ähnlich. Jedenfalls, es scheint zu funktionieren.

Der Magier, die Hohepriesterin, der Gehängte, die Sonne, sogar der Teufel – sie und all die anderen Symbolkarten, die weder gut noch böse sind, zeigen Traudl Pekny die Zukunft. »Magie heißt für mich Kraft«, sagt sie. »Kosmische Kraft. Und die Magie jedes einzelnen fließt in die Karten ein.« Eine Karte gibt es, die Traudl Pekny besonders liebt. Für sie ist sie das Symbol für die Erfüllung des Lebens, die Vollkommenheit: der Narr. Leichten Schrittes und in froher Haltung geht er auf einen Felsvorsprung zu, gefolgt von seinem Hund. Alles, was er benötigt, trägt er in einem kleinen Beutel geschultert. »Er braucht nichts, nimmt alles leicht. Er ist dem Göttlichen am nächsten«, sagt Traudl Pekny.

Der schnöde Mammon – der interessiert Traudl Pekny deshalb auch nur marginal. Bedürftige, denen sie die Karten legt und in schwierigen Lebenslagen hilft, müssen oftmals gar nichts zahlen. »Ich komm' schon zu meinem

Geld. Bei den richtigen Leuten«, sagt sie. Dann zwinkert sie: »Wissen Sie, die ›kosmische Kasse‹ stimmt schon. Was wir geben, bekommen wir auch zurück.«

Luisa Francia schreibt in ihrem Buch *Hexentarot,* die Karten würden uns dabei assistieren, uns selbst zu spiegeln. »Tarot kann uns helfen, die Welt und uns selbst anders, genauer zu sehen und neue Visionen zu schaffen. Aus Bildern und Visionen entsteht Realität. Tarot ist eine gute Möglichkeit, Visionen zu wecken und ein neues Bild unserer alten Welt zu träumen. Und wenn wir alle zusammen träumen …«

Vielleicht klappt es ja auch mit der Wohnung noch rechtzeitig.

Menhire und Müllhalden – wo Hexen zaubern

Streng und aufrecht stehen die Steine mitten in der Landschaft, weithin zu sehen. Keiner weiß, wie sie dorthin gekommen sind, wer sie je so weit geschleppt hat. Das saftige Gras und die weite, hügelige Landschaft wirken wie ein Widerspruch zur kargen Schlichtheit der magischen Steine in Stonehenge.

Jahr um Jahr brechen Druiden in weißen Gewändern zu den Menhiren auf, in ernsten, schweigsamen Prozessionen, den Körper gegen den steten Wind gestemmt, umwandern sie die imposanten, jahrtausendealten heiligen Felsen. Schwarze Magier fühlen sich zu der Kultstätte hingezogen, Hexen kommen zuhauf, Touristen, Forscher – sie alle wollen die Steine zumindest einmal gesehen, vielleicht sogar berührt haben.

Wer weiß, womöglich geht immer noch eine starke Kraft von ihnen aus. Sie ist jedoch schwer zu spüren. Heutzutage ist es für normal Sterbliche nicht mehr möglich, die Steine aus der Nähe zu betrachten. Die Angst der Hüter des englischen Erbes ist groß, daß Stonehenge unter dem Ansturm der Massen zerstört werden könnte. Deshalb wurde es durch Zäune und hohen Maschendraht geschützt. Seine Magie liegt hinter Gittern. Wer sich den gigantischen Steinen zumindest in Sichtweite nähern will, muß ohnehin erst in einem kleinen Häuschen einen Obolus entrichten.

In den Isarauen Münchens liegt ein magischer Ort, den niemand kennt und der nichts kostet. Vermutlich käme auch niemand so leicht auf die Idee, gerade diesen Ort für ein hexisches Ritual auszuwählen. Ein unbequemes Plätzchen unter einer Brücke, der Boden ist kalter Stein, teils asphaltiert. Das Gras ringsum ist niedergetrampelt. An den Brückenpfeilern wärmen sich Obdachlose am Feuer, lassen die Rotweinflasche kreisen. Ein Bild des Friedens, ein Bild der Trostlosigkeit.

Genau hier packt Luisa Francia ihre Hexenrassel aus, zieht sich einen magischen Kreis, beginnt leise zu singen, schüttelt die Rassel, bewegt sich dazu, stampft auf den Boden, streichelt ihn zärtlich mit den Füßen. Feiert, singt für die Mondin und für sich selbst. Wenn sie mit ihrem Ritual fertig ist, wird sie sich mit den Obdachlosen ans Feuer setzen, einen Schluck aus der Weinflasche nehmen. Abgegrenzt sind sie ohnehin alle von der Welt der »Normalen« – die Hexe wie die Menschen ohne Heimat.

Magische Orte – Kultstätten – haben für Frauen wie Luisa Francia nicht immer damit zu tun, daß ihnen jahrtausendealte Geschichte anhaftet. Magisch sind Plätze, die wir uns selbst schaffen, Orte, wo wir unseren Seelenfrieden finden, wo wir uns eins fühlen mit uns selbst, die eine innere Bedeutung für uns haben. Das Wohnzimmer mit einem Kreis aus selbstgefundenen Steinen wird zum kultischen Ort. Der Bergwipfel, die Kuhweide – oder der Asphalt unter einer Isarbrücke. Und dennoch gibt es ein paar Plätze, die Hexen vermutlich kennen sollten, deren Kraft und Eindruck, war man erst einmal da, unvergessen bleibt.

Menhire, steinige Erinnerer an die magischen Zeiten der keltischen Druiden, gibt es mitnichten nur in Stonehenge oder in der Bretagne, wo die meisten stehen. Bei St. Ingbert und in Blieskastel sind sie auch in Deutschland zu finden. Menhire gelten als Kalendersteine, auch als Orientierungspunkte für astronomische Berechnungen keltischer Priesterinnen und Priester. Im Volksmund werden den imposanten Steinen oft magische Kräfte, vor allem im Zusammenhang mit Fruchtbarkeitszauber, zugesprochen. Der »Lange Stein von Tiengen« am Rande des Schwarzwaldes heißt deshalb auch »Kindlistein«. Die mit Kraft aufgeladenen Steine müssen berührt werden, möglichst intensiv. Mann und Frau müssen ihre Geschlechtsteile an dem Stein reiben, damit der Zauber wirkt und sich der Kindersegen einstellt. Junge Mädchen rutschen – möglichst mit entblößtem Hintern – am Stein entlang, um die Liebe eines Mannes zu erringen.

Mit seinen sieben Metern Höhe galt der Gollenstein bei Blieskastel als der größte Menhir Mitteleuropas. Vier Jahrtausende lang ragte er in den Himmel. Im Zweiten Weltkrieg sollte er schließlich umgelegt werden, um französischer Artillerie nicht als Zielpunkt dienen zu können. Dabei stürzte er und zerbrach in drei Teile.

Kultisch-religiöse Deutungen der Steine gibt es zuhauf: Sie waren nicht nur Kalendersteine und Orientierungspunkte für Astronomen, vielleicht, so rätseln Forscher, auch Symbol eines Phalluskultes, Sitz der Seelen und

Ahnen, Orakelstätte oder Opferpfahl. Immerhin: Die Erinnerung an uralte Jahreszeitenfeste besteht noch heute, eine kümmerliche Reminiszenz an die Zeit, als Mensch und Natur noch wirklich im Einklang miteinander standen. Der bekränzte Maibaum zum Beispiel ist die Fortsetzung des Opferpfahls und Menhirs, schreibt die Forscherin Gisela Graichen (S. 74) in ihrem *Kultplatzbuch.*

Überhaupt gibt es in Deutschland eine Reihe kleinerer, bemerkenswerter Plätze, denen kultische oder magische Bedeutung zugeschrieben wird. Oftmals ist ihre Lage und natürliche Beschaffenheit so eindrucksvoll, daß sie sich einfach für magische Orte anbieten und anboten: »Naturheilig« nennen Wissenschaftler solche Orte, an denen Kelten, Germanen, Römer oder Slawen ihre heiligen Stätten errichteten.

Übrigens übernahm die Kirche oft alte heidnische Kultplätze und Traditionen und funktionierte sie bewußt um. So zum Beispiel die Externsteine im Teutoburger Wald (zu diesen noch einmal an späterer Stelle). Die pittoresken Sandsteinfelsen waren, so mutmaßen Forscher, ein zentrales Heiligtum für die Germanen. Im 11. Jahrhundert müssen Mönche dort Reliefs der Kreuzabnahme angebracht haben, rekonstruierten Archäologen.

Der Druidenstein bei Nürnberg zieht Wünschelrutengänger, Hexen und Magier gleichermaßen an: Er gilt als Kraftplatz, als Ort geheimer Kräfte. Dabei ist der eigentliche Druidenstein dort schon seit fast einhundert Jahren nicht mehr zu finden, seitdem er abgetragen wurde. Ein gigantischer Gedenkstein erinnert allerdings immer noch an das einst mächtige Erbe der Druiden: Der obere Teil der riesigen Sandsteinplatte wies eine Länge von sieben Metern und eine Breite von fünf Metern auf. Darin war eine lange Mulde, vermutlich eine heidnische Opferschale.

Dem Volksmund zufolge haben allerdings nicht Priesterinnen und Priester die Steinplatte an den heiligen Ort geschafft, sondern es war ein Werk der Hexen und Truden: Sie schleppten den Stein durch die Nacht. Beim ersten Hahnenschrei ließen sie ihn erschrocken fallen. Auch heute noch sollen auf dem Platz, wo sich einst der Druidenstein befand, nächtens Hexen ihre wilden Tänze aufführen.

Noch geheimnisumwitterter ist ein Ort nahe Kassel – der Hohe Meißner, der Berg der Frau Holle. Ein »unheimlicher Berg« sei dieser 750 Meter hohe Gipfel, warnten noch Gelehrte zum Ausklang des letzten Jahrhunderts. Keinesfalls sollte man ihn allein besteigen. Hier muß einmal ein wichtiger Kultplatz Freyjas gelegen haben bzw. der ihr verwandten Göttin Hulda (woraus sich Holle ableiten läßt). Freyja war die germanische Göttin der Liebe und Fruchtbarkeit, gilt gemeinhin in der feministisch orientierten Hexenbewegung noch als besondere Göttin.

Der Volkssage nach lebt Frau Holle – ihre alte Bedeutung hat sich heutzutage mit der Märchenform vermischt – in einem nahegelegenen Teich. Sie hilft den Guten, vertreibt das Böse, zieht Kinder in den Teich und macht sie zu Glückskindern oder Wechselbälgern. Jahr für Jahr zieht sie übers Land und verleiht den Äckern Fruchtbarkeit. Wer aus einem See mit dem klangvollen Namen »Jungfrauensee«, der in der Nähe des Hohen Meißners liegt, trinkt, hat Glück in der Liebe. Das Baden in einem naheliegenden Quelltümpel macht fruchtbar.

Viele Orte sind aber auch schon fast vergessen, überwachsen, verwittert, versteckt am Rande eines Waldes. Sie weisen vielleicht keine archäologischen Sensationen mehr auf. Aber ihr Zauber ist immer noch zu spüren, ist unvergänglich. Eine interessante Theorie zu Kultplätzen stellt die Hamburger Hexe Attis auf: Sie erlebt in ihrer praktischen Ritualarbeit mit Frauen, daß sich oftmals auch beliebige Plätze in der Natur, an denen Frauen wiederholt ihre Rituale feiern, im Laufe der Zeit mit Kraft aufladen und so zum Kraft- und Kultplatz werden.

Was machte die alten Plätze zu magischen Plätzen? Frauen wie Luisa Francia können ihre Magie regelrecht spüren, ihre Kraft und besondere Ausstrahlung. Vielleicht ist es eine Fähigkeit, die uns inzwischen verlorengegangen ist. Erscheinungen wie brodelnde Quellen, auffällige Bergkuppen, zirkular angelegte Baumgruppen ließen Menschen die Göttlichkeit in der Natur erahnen. Hier errichteten sie natürlicherweise ihre Kultstätten, brachten den alten keltisch-germanischen Muttergöttinnen ihre Opfergaben dar.

So stark schien die Faszination der heiligen Orte noch zu christlichen Zeiten zu sein, daß ihr Besuch mit der Todesstrafe belegt wurde: So soll Karl der Große 782 nach Christus in Verden an der Aller angeblich an einem einzigen Tag 4500 sächsische Edelmänner enthauptet haben, die heilige Quellen, Haine und Felsen besucht hatten. Im Dritten Reich wurde daraus eine Erinnerungsstelle, für jeden einzelnen der Geköpften wurde im »Sachsenhain« im Jahre 1935 ein Stein aufgestellt (Graichen).

Über Jahrhunderte und Jahrtausende trafen sich Menschen immer wieder an denselben Plätzen, legten dort Opfergaben nieder, feierten Feste und Rituale. Die Kirchenerbauer früherer Jahrhunderte schienen noch um die geheimnisvolle Kraft der magischen Orte zu wissen. Auf vielen Plätzen, die einst heilig waren, wurden Kirchen gebaut.

Ab etwa 590 wurden an den Orten, beispielsweise in den Alpen, wo sich früher Reste heidnischer Kulte fanden, wo an heiligen Wassern heidnische Götter angebetet, heidnische Feste abgehalten und Kultsteine verehrt wurden, kurzerhand Kreuze aufgestellt. Nahe heiligen Wassern, oftmals auch direkt darüber, entstanden christliche Kirchen. Dem frommen Volk wurde empfohlen, von diesem Wasser zu trinken und dann die Kirche zu besuchen. Kultsteine wurden flugs zu Altartischen der Wallfahrtskirchen umgewandelt.

Schritt für Schritt eliminierte die Kirche den magischen Volksglauben, setzte peu à peu – und vorsichtig, denn der Glaube im Volk an die alten Götter war noch wach – den neuen Gott ein.

»Es war diese Behutsamkeit ein Zaubermittel besonderer Art«, schreibt Volkskundler Hans Haid (*Mythos und Kult in den Alpen,* S. 67). »Die Päpste hatten erkannt, daß in etlichen Regionen Europas nur irische Mönche dazu imstande waren, weil irischer Glaube und irischer Kult weitgehend keltische Kulte waren, daß also die keltischen Heiden am besten über das Verständnis irischer Christen zu richtigen Christen umgewandelt werden könnten.«

Sie wußten um die Bedeutung der heiligen Steine, der aufragenden Menhire, der Grabstätten und Quellen. Sie kannten die Bedeutung der Kriechsteine und Rutschplatten, Fruchtbarkeitszauber und Abwehrriten. »Also geschah es in den ersten Jahrhunderten der sogenannten Christianisierung weiter Teile des Alpenraums«, schreibt Haid, »daß der Übergang von einer Religion in die andere, von einem Kult zum anderen fast konfliktfrei ablaufen konnte. Offenbar wurde auch geduldet, wenn alte Relikte nicht sofort ausgemerzt wurden, wenn das gläubige Volk weiterhin an alten Kultvorstellungen festhielt.«

Und dennoch birgt die Erinnerung an kultische Orte auch einen bitteren Beigeschmack: Die Stiftung Deutsches

Ahnenerbe – Schirmherr war der Reichsführer SS Heinrich Himmler (Graichen, *Das Kultplatzbuch*, S. 13) – erhob jeden römischen Steinbruch während des Dritten Reiches zum germanischen Heiligtum. Jede Wandkritzelei, schreibt die Forscherin Gisela Graichen, »wurde zur Rune, Kultstätten sprossen nur so aus dem Boden, und heilige Ortungslinien umspannten deutsche Gaue, von – angeblich – germanischem Kultplatz zu Kultplatz.« Die Beschäftigung mit germanischen Kultplätzen ist also immer überschattet von brauner Vergangenheit.

Wie ohnehin etliches an neuer Hexengeschichte mit Nationalsozialismus zu tun hat. Einige neue Hexen rücken sogar in einer simplen und unreflektierten Naturinterpretation in gefährliche Nähe zum Faschismus. Landesarchäologen und Denkmalpfleger entdecken inzwischen ein neues Germanentum bei Gruppen jeden Alters. Aber nicht nur Neonazitum blüht auf alten Kultstätten, auch Okkultismus und Satanismus. Seltsame Blutrituale werden dort abgehalten. Wer zu den Sonnwendfesten beispielsweise die bereits erwähnten Externsteine bei Detmold besucht, kann sich auf etwas gefaßt machen. Hexengebrüll und heidnisch anmutende Gebete zerreißen die Nacht. Daneben Feuerstätten von kahlrasierten Jugendlichen. An manchen Tagen, schreibt Gisela Graichen, kämen bis zu fünfzigtausend Menschen an diesen Ort, dessen dunkler Faszination sich niemand entziehen kann. Was die Externsteine, geheimnisvoll aufragende Felsformationen, genau sind, ist bis zum heutigen Tage nicht bewiesen: Womöglich waren sie heidnische Opferstellen, in der Nazizeit vermuteten die Forscher dort gar »den Hauptgötzensitz der Deutschen« (Graichen, S. 261). Hunderte von EsoterikerInnen erklimmen – auf teils schon dem Massenansturm angemessenen bequemen

Pfaden – Gipfel, um die Macht magischer Orte im Gebirge zu spüren. Heerscharen fallen über Höhlen und alte Gräber her. Das Traurige daran ist: Unersetzlich schöne Stellen werden so auf immer zerstört. So sind vermutlich schon 90 Prozent der Megalithdenkmäler in Deutschland verwüstet – die meisten davon von Menschenhand.

Die Faszination, die geheimnisumwitterte Atmosphäre der kultischen Orte riefen denn auch prompt Heerscharen von Forschern auf den Plan. Sie rückten den natürlich gewachsenen Orten mit modernsten Meßgeräten zu Leibe, trugen Bodenproben in chromglänzende Labors. Einige ForscherInnen gingen sogar davon aus, daß die magischen Orte möglicherweise einer starken Erdstrahlung ausgesetzt sind, Magnetfelder, elektromagnetische Strahlungen der besonderen Art aufwiesen.

Etliche Kultstätten sind mit modernsten Mitteln ausgemessen worden – und bewiesen tatsächlich radiologische Absonderlichkeiten. Messungen an zahlreichen spätkeltischen Kultstätten ergaben Bodenausstrahlungen oder eine überdurchschnittlich hohe Radioaktivität. Chemische Untersuchungen von als heilig verehrten Quellen zeigten einen auffälligen Bor-, Schwefel- oder Radiumgehalt an.

Chemische Zusammensetzungen kann man messen, doch ein geheimer Ort besteht aus mehr als aus greifbarer Materie. »Vorsicht vor der Urenergie«, warnt Gisela Graichen, »mit der du in Berührung kommst. Vorsicht vor dem Rausch, in den du geraten kannst. Denn: Plätze können wie Drogen wirken.«

Häufig haben sie allerdings ganz handfest etwas mit Materie zu tun: Vielfach wurden und werden Steine verehrt. Hans Haid spricht sogar von einem regelrechten »Steinkult«, der sicherlich auch noch heute aktuell ist. Unzählige Sagen gibt es, in denen ein Hexenstein oder eine Hexenbank, ein kultischer Wackelstein, eine Tritt-platte, ein Rutschstein im Mittelpunkt stehen. Ein-drucksvolles Beispiel: die Stoanernen Mannlen vom Auenjoch in Südtirol. Niemand weiß, wann dort die Stei-ne zur Männchenform aufeinandergeschichtet wurden. Dem Ort wird seit Menschengedenken merkwürdige, dunkle Kraft zugesprochen. In einer Urkunde aus dem Jahre 1540 wird berichtet, daß die Bäuerin Barbara Pach-lerin, genannt die Pachlerzottl, sich wegen Hexerei vor Gericht verantworten mußte. Bei der Befragung gestand sie, sich bei den Stoanernen Mannlen mit dem Teufel getroffen und schadenbringendes Unwetter gezaubert zu haben. Sie endete auf dem Scheiterhaufen.

Der Platz auf dem Joch gilt seit jeher als Hexentanzplatz. Frühgeschichtliche Funde reichen bis zu siebentausend Jahre zurück – kein Wunder, daß der Platz von vielen mit Ehrfurcht und Bewunderung gesehen wird. Wie bereits bei den Menhiren gezeigt, hängt die Verehrung von Stei-nen oft auch mit Fruchtbarkeitskulten zusammen. An unzähligen Orten in den Alpen finden sich magische Steinorte, zum Beispiel in Kastelfeder, in El Vas, am Taschacher Bühlen in Österreich oder im Wallis, in der Bretagne oder in Ligurien.

Aber auch Wasser galt oft als heilig, Quellen und Bäche wurden oftmals regelrecht verehrt. Die Quelle im Hun-gerbrunnental nahe Sóntheim hat magische Kraft: Sie sprudelt immer dann besonders stark, wenn sich eine Katastrophe anbahnt. Jeweils zum Ausbruch der beiden Weltkriege wären die Brunnen schier übergequollen, wis-sen alte Anwohner noch zu berichten. Und seit der Reak-torkatastrophe im ukrainischen Tschernobyl im Jahre 1986 kommt so viel Wasser aus der Quelle hervor, daß sich inzwischen ein kleiner Fluß gebildet hat.

Eine uralte geweihte Stätte sind die Apenteichquellen bei Winzenburg, ein idyllisch am Südhang der Tiebenburg gelegenes Quellheiligtum. Von weit entfernt, von Italien bis England, stammen die Opfergaben, die den Naturkräften und Göttinnen dargebracht wurden. Von der Steinzeit her fanden sich noch Kultbeile, aus der Bronzezeit kommen die Fibeln, die als Andachtsstücke an Gottheiten dienten. Bis heute glauben die Menschen an die Kraft der Quellen. So kommen immer noch etliche Frauen aus der Umgebung zu Fürbitte und Dank an das heilige Wasser.

Vielerorts wurden an heiligen Orten von Wissenschaftlern Spuren ritueller Opferhandlungen gefunden, Schächte, gefüllt mit Schädelresten und menschlichen Knochen, zum Teil mit Brandspuren. Auch an diesen gruseligen Orten kultischen Kannibalismus finden und fanden sich Hexen ein: zum Beispiel auf dem Ipf bei Bopfingen. »Einer der schönsten und stärksten Plätze, die ich kenne«, schwärmt die Schamanin Ute Manan Schiran. Oben auf dem Plateau des Berges feiert sie mit anderen Frauen die Jahreszeitenfeste und rituelle Zusammenkünfte.

Auch der Osterstein bei Unterfinnigen gilt als vorgeschichtliche Kultstätte, ein einsam liegender kleiner Felsturm im Wald. Heute wird der Platz wieder zum Feiern von rituellen Zusammenkünften und Jahreszeitenfesten aufgesucht. Ebenso wie auf dem Ipf finden sich in der Hexenküche in Kaufertsberg und in den Ofnethöhlen bei Holheim Spuren ritueller Schädelbestattungen.

Die Hexenküche, eine schachtartig nach oben geöffnete Höhle, erhielt ihren Namen, weil dort angeblich, so bezeugen alte Quellen, sich Hexen getroffen haben und »Hexen und Unholde« verbrannt wurden. Ursprünglich war dies vermutlich ein keltischer Kultplatz, auf dem sich ebenfalls Spuren von Kannibalismus und rituellen Menschenopfern fanden. Der Ort liegt ausgesprochen idyllisch: Der niedrige Eingang öffnet sich direkt nach Süden mit einem wundervollen Blick auf die Randhöhen des Ries, der Eingang ist umgeben von Blumenwiesen mit Bärlapp, Wermut und wildem Thymian (Graichen).

Bei den Ofnethöhlen bei Holheim treffen sich Frauen in der Walpurgisnacht. In und außerhalb der Höhle zünden sie ihre Feuer an, betanzen und begrüßen den Wechsel der Jahreszeiten. Vermutlich vor rund zehntausend Jahren wurden in der Höhle rund dreißig Schädel zusammen mit Schmuck und rotem Ocker niedergelegt. Sie waren im Kreis angeordnet, blickten nach Westen zur untergehenden Sonne.

Für Luisa Francia allerdings sind Kultplätze »ein heikles Thema«. Sie empfiehlt der Hexe des 20. Jahrhunderts einen der Zeit angemessenen Platz: die Müllhalde. »Nirgendwo«, schreibt die Hexe, »gehen dir die Augen über Natur, Mensch, Wachstum, Zerstörung und Wandlung so auf wie auf einem Müllplatz.« Dort erkenne der Mensch nicht nur die Endpunkte sogenannter Zivilisation, dort werde er – für eine Hexe immer gut – auch mit den vier Elementen konfrontiert. Und zwar auf äußerst unromantische Art: »Wo einst ein fester Körper, sagen wir, in Form einer tiefgefrorenen Putenkeule war, siehst du jetzt die Wandlung in grün-schillernde Flüssigkeit (Element Wasser), der Gestank macht dir klar, wie mächtig das Element Luft sein kann, die faulende Matratze darf dir spaßeshalber mal das Element Erde vorspielen, und die überall schwelenden Feuerchen, die sich aus alten Batterien und Ölkanistern nähren, bringen das letzte Element. Hier ist der Endpunkt menschlicher Existenz.«

Die Göttin und die Germanen

Vor 35 000 Jahren folgten Jäger dem Wild durch artenreiche Tundra. Sie waren lediglich mit primitiven Waffen ausgestattet, um ihre Beute zu erlegen. Und dennoch: Einige Stämme waren bei der Jagd mehr als andere vom Glück gesegnet. Ihre Jäger besaßen die Gabe, die Herden wie mit Zauberhand zu einer Felswand oder in die Nähe von Fallgruben zu treiben. Dort war es dann leicht, die Tiere zu fangen.

Tatsächlich jedoch war nicht Glück im Spiel – sondern Magie, das Werk von Schamanen: Sie konnten sich mit dem Geist der Herden verbinden, spürten ihren Rhythmus, das Trommeln ihrer Hufe. Sie witterten den Geruch der Tiere über weite Entfernungen. Sie hüllten sich in die Felle ihrer Beute. Schmückten sich mit deren Hörnern. Sie ehrten das Wild, das sie ernährte, vergaßen nicht zu geben, wenn sie nehmen wollten. Sie huldigten der Fruchtbarkeit der Großen Göttin, die Leben und Tod schenkt.

Im Osten, so schreibt die Wicca-Priesterin Starhawk, lebten vor eben 35 000 Jahren die ursprünglichen Hexen und Magier. Eng waren sie mit der Natur verbunden, waren eins mit ihr. Und sie verfügten über Kräfte, von denen heute fast niemand mehr zu träumen wagt. Die AnhängerInnen des derzeit wohl populärsten Hexenkultes, Wicca, sehen sich als die Nachfahren des erwachenden Hexenglaubens nach der Eiszeit, als Erben der Urreligion der Großen Göttin.

Die Große Göttin »ist die Wirklichkeit hinter vielen Metaphern. Sie ist die Wirklichkeit, die offenbarte Gottheit, allgegenwärtig in allem Lebendigen, in jedem Menschen«, erklärt Starhawk. »Sie ist die Welt, und sie ist alles in ihr:

Mond, Sonne, Erde, Steine, Samen, fließender Strom, Wind, Welle, Blatt und Ast, Knospe und Blüte, Reißzahn und Klaue, Frau und Mann.«

Die Tradition der Anbetung der Großen Göttin riß wohl nie ab. Der Hexenglaube existierte jahrtausendelang, wurde von Generation zu Generation weitergegeben. Frauen vererbten ihr geheimes Wissen an Jüngere.

Erst als die Hexenverfolgung einsetzte, gingen die weisen, naturkundigen Frauen in den Untergrund, wurde Hexentum zur geheimen Religion. Magie, Heilwissen, die Kenntnis der Rituale wurde nur an enge Vertraute weitergegeben. Bei Wicca hieß das schon damals: an Männer wie an Frauen. Die Verbindung der Hexenzirkel untereinander brach größtenteils ab, um die Gefahr der Verfolgung zu verringern. So schildert Starhawk die Geschichte ihres Kultes.

Dennoch – im geheimen muß der Hexenkult weitergelebt haben, hinter verschlossenen Türen, hinter vorgehaltener Hand. Verschlüsselt oder, wie Starkhawk in ihrem Buch *Der Hexenkult als Ur-Religion der Großen Göttin* schreibt, »verborgen in unbewußten Erinnerungen«. Der Hexenkult ist pantheistisch, in ihm, schreibt Starhawk, im bürgerlichen Leben Psychotherapeutin, »sind Fleisch und Geist eins«.

Wicca – das ist das altenglische Wort für *witch,* Hexe. In der englischen Sprache ist *witch* längst nicht so negativ befrachtet wie im Deutschen, auch das Bild der Hexe ist in England ein positiveres: Es waren Zauberinnen, weise, naturkundige Frauen. In England wurden übrigens auch bedeutend weniger Hexen verbrannt als in den anderen europäischen Ländern.

Wicca-AnhängerInnen heute berufen sich auf einen Mann, wenn sie ihren Kult erklären. Auf Gerald Gardner.

Die Kunde von Hexen und Göttinnen hatte einen weiten Umweg gemacht und über Gardner zurück nach Europa gefunden. Der Engländer hatte als Pflanzer auf der südostasiatischen Insel Borneo gearbeitet. Dort war er mit verschiedenen Kulturen in Berührung gekommen, auch mit dem sogenannten Übersinnlichen. Zurück in der Heimat, publizierte er das alte und zugleich für viele neue Wissen. Das war in den fünfziger Jahren.

Wie die Ägyptologin Margaret A. Murray in ihrem Buch über Hexenkult in Europa vertrat auch Gardner die These von einem organisierten Hexenwesen. Hexen, so Murray und Gardner, seien Abkömmlinge eines keltischen Stammes, ihr Kult ein Überbleibsel aus vorchristlicher Zeit. Hexen/Hexer seien AnhängerInnen einer primitiven, aussterbenden Religion. Gekennzeichnet sei ihr Verband durch matriarchalische Strukturen und durch ein ausgeprägtes Wissen um Fruchtbarkeit.

Seine Informationen hatte Gardner bei alten Frauen auf Borneo gesammelt, später initiierten sie ihn in ihren Kult. Der Hexenlehrling schrieb über Jahreszeitenfeste, über die Anbetung der Großen Göttin und berichtete von hexischen Ritualen. Gardners Buch *Witchcraft Today (Hexenkunst heute)* schlug ein wie eine Bombe. Das war es, worauf eine überraschend große Zahl von aufgeklärten Menschen offenbar gewartet hatte. Zunächst in England, später auch in den USA, gründeten sich allenthalben Hexencoven.

Und noch ein Mann mischt ganz oben im Wicca-Kult mit: Alex Sanders. Er vertritt eine etwas andere Interpretation des Hexenkultes. Frappierend vor allem ist jedoch, daß Sanders für sich als »König der Hexen« und als inkarnierten Teufel die Werbetrommel rührt. Die Verbindung von Okkultismus und Sex ist bei ihm sehr eng.

Nicht nur bei ihm: Immer wieder berichten begeisterte Wicca-Anhänger, so auch der von Gisela Graichen interviewte Merlin, wie sie sich bei ihren Initiationsfesten sexuell miteinander vereint hätten. Manche Frauen argwöhnen, daß das ein – wenngleich unbewußtes – Hauptinteresse der Männer sein könnte, mit dem Wicca-Kult zu verschmelzen.

Idealerweise besteht ein Wicca-Coven aus dreizehn Personen, zwölf Frauen und einem Mann. Üblich ist, daß sich eine Frau zur Hohenpriesterin entwickelt. Doch es ist nicht unmöglich, daß auch diese herausragende Rolle einem Mann zufällt. Ein Grund, warum weite Teile der Wicca-Bewegung in der neueren Frauen- und Hexenbewegung heftig umstritten sind. Die Hamburger Hexe Attis bemängelt, daß Männer im Schutz der Coven die besten Teile der Frauen abzockten, nämlich deren geheimes, spirituelles Wissen. In die gleiche Kerbe schlägt auch Luisa Francia. Die Probleme der Frauen, meint sie in ihrem Buch *Die 13. Tür,* hingen auch damit zusammen, daß sie ihre geheimsten Geheimnisse »immer den netten Jungs« anvertrauen.

Noch eine andere Kritik wird allenthalben am Wicca-Kult geäußert: »Zu hierarchisch«, mosert die Hexenkonkurrenz. Luisa Francia: »In den Coven gibt es immerzu einen Führer oder eine Führerin. Doch Hexe und hierarchisches Denken schließen sich aus.« Dem stimmt übrigens auch Starhawk zu: »Hexentum ist antihierarchisch«, schreibt sie.

Wie viele Wicca-Hexer und -Hexen es gibt, ist nicht bekannt, die Schätzungen für Deutschland gehen in die Zehntausende. In Amerika ist der Wicca-Kult schon so verbreitet, daß er vielerorts bereits als Religion anerkannt ist. An ihren Feiertagen – der höchste ist am

31. Oktober, Halloween – erhalten viele von ihren Arbeitgebern sogar offiziell frei.

Von solcherlei tolerantem Gebaren kann Wicca hierzulande nur träumen: Viele AnhängerInnen der Großen Göttin leben aus Angst vor Schmähungen und Diskriminierungen im verborgenen, führen ein wahres Doppelleben. Nach außen hin sind sie erfolgreiche ManagerInnen, disziplinierte LehrerInnen, engagierte SozialarbeiterInnen. Am Feierabend, so beschreibt es auch Merlin (Graichen), tauschen sie die schicken Städter-Klamotten gegen das violette Zaubermäntelchen wie andere die Straßenschuhe gegen Pantoffeln. Erst nach Dienstschluß, wenn das Kostümchen wieder im Schrank verschwunden ist, bekennen sie sich zu ihrem hexischen Dasein. »Die Leute denken, du spinnst oder bist nicht ganz normal«, sagt eine Wicca-Hexe aus Wiesbaden, im bürgerlichen Leben Sozialarbeiterin. »Immer noch gibt es den Impuls: Wer übernatürliche Kräfte hat, sollte vernichtet werden.«

Und auch die Münchnerin Inea – zunächst Hohepriesterin bei den Wiccas, jetzt wandelt sie auf dem »Pfad des Nordens« (dazu später mehr) – führt »nach außen hin ein ganz normales Leben. »Daß wir Hexen sind, wissen nur ganz eingeweihte Freunde«, sagt die junge Frau. »Die sogenannten Normalen würden uns ja kleinhacken. Wir hätten keine Ruhe mehr«, fürchtet sie – dann lieber in den Untergrund, die Flucht ins Heimliche. Dies ist eine Angst, die uns besonders bei Wicca-AnhängerInnen begegnet ist. Vielleicht auch das ein besonderes Merkmal des Starhawk-Kultes, denn die anderen Hexen, die wir kennengelernt haben, verweigern sich solcher gesellschaftlicher Erpressung, gehen geradezu provokant offen mit ihrem Hexenleben an die Öffentlichkeit.

»Alles Gedruckte, Geschriebene, Gesprochene ist Lüge

oder Heuchelei, wenn es mit dem tatsächlichen Leben des Schreibers nicht übereinstimmt«, lästert die Hexe Judith Jannberg. Auch wenn sie zugibt: »Die Hexenjagd geht weiter, wir werden an den Pranger der öffentlichen Meinung gestellt, in den Medien verheizt, zu Hause peinlichen Verhören unterzogen und leiden tausendfachen Rufmord.«

Trotz aller hierarchischen Struktur und teilweise fest vorgegebenen Zeremonien, scheint der Wicca-Kult keine einheitliche Bewegung zu sein. Zwar gibt es Vorbilder und Gurus – doch im Prinzip folgt jeder Hexenkonvent seinen eigenen Regeln und den Vorstellungen jedes einzelnen Mitgliedes. Was dort passiert, muß also auch nicht immer dem entsprechen, was Starhawk gemeint haben mag. Die Rituale in den Konventen sind stets streng geheim.

Viele, vor allem Frauen, huldigen der Jagdgöttin Diana, dem weiblichen Prinzip wird in diesen Coven mehr Bedeutung eingeräumt als dem männlichen. Manche orientieren sich an jahrtausendealten Traditionen, zum Beispiel der Konvent der Priesterin Starhawk selbst: Ihre Wurzeln, behauptet sie, gingen »bis zur Feentradition der Steinzeit« zurück.

Mittelpunkt der Wicca-AnhängerInnen ist der Hexencoven: Er wird, wie oben bereits angedeutet, von einer Hohenpriesterin oder einem Hohenpriester angeführt. Diese Person erwirbt sich im Laufe der Jahre in einem Coven idealerweise eine natürliche Autorität, so daß die anderen zwölf Mitglieder ihrer Führung zustimmen. Bedingung dafür ist, daß die KonventleiterInnen die innere Kraft besitzen, die Energie der ganzen Gruppe zu lenken, jede Phase eines Rituals einzuleiten und zu beenden. »Wie eine Theaterinszenierung«, schreibt Starhawk, »braucht auch ein Ritual einen Regisseur.«

Mitglied eines Konvents wird man durch Initiation in einem geheimen Ritual und auch erst dann, wenn die Initiandin bzw. der Initiand das Vertrauen der ganzen Gruppe gewonnen hat. Nur – wie findet man einen geeigneten Konvent? In Zeiten des wachsenden Hexenbooms sind nämlich die Kapazitäten der bestehenden Coven längst erschöpft. Im Zweifel hilft das Schicksal: Wicca-Hexen glauben, daß jemand, der innerlich bereit ist, sich mit dem Glauben einzulassen, auch an die richtigen Adressen gerät.

Für Wicca-Anhänger ist dies überaus wichtig, anarchischeren Hexen läuft es da kalt den Rücken hinunter: »Für eine Hexe«, schreibt Starhawk, »ist der Zirkel Rückhalt, bewußtseinstärkende Gruppe, Zentrum für die Erkenntnis der Seele, Seminar für Priesterinnen, Mysterienschule, Ersatzfamilie.« Das hehre Ziel seien »vollkommene Liebe und vollkommenes Vertrauen«. Und die »Liebe zum Leben ist Grundethik des Hexenglaubens«, sagt Starhawk und grenzt sich damit von jeglicher Schwarzer Magie ab.

Was Starhawk verkündet, klingt gut. Aber nicht alle ihre AnhängerInnen bejahen das Leben, jedes Leben, wirklich in voller Konsequenz. So auch der Essener Wicca-Magier Thorwald. In seinen Glauben mischt sich ein kräftiger Schuß Darwinismus. Und unversehens tauchen Assoziationen an faschistische Gedankenwelten auf. »Ein wildlebender Stamm«, erläutert Thorwald sein Weltbild, »konnte es sich nicht leisten, kranke Kinder mit durchzufüttern. Die hätten den ganzen Stamm in seinem Fortkommen behindert.« Nicht nur die Sippe hätte auf Kriegsfuß mit Behinderten gestanden, auch die Seelen, die in solche Körper hineingeboren wurden, fährt der Hexer fort. Nur in einem gesunden Körper lebt eine zufriedene

Seele, könnte Thorwalds Fazit in leichter Abwandlung des schaurigen Nazi-Credos vom gesunden Geist und dem gesunden Körper lauten. Eine Seele, so Thorwald, fühle sich in einem kranken Körper an ihrer Entfaltung gehindert. Ihr ganzes Trachten gehe dahin, das Gefängnis dieses Körpers zu verlassen.

Andere Hexen verstehen Gesundheit und Heil-Sein ganz anders als Thorwald, viel komplexer. Seinem linearen, patriarchalischen und eindimensionalen Bild vom gesunden Menschen stellt die amerikanische Heilerin Susun Weed ein ganzheitliches Verständnis von Heil-Sein entgegen, das sich an keinerlei biologistisch-patriarchalischen Normen orientiert: »An einen Rollstuhl gefesselt zu sein, Blindheit, hohes Alter, tödliche Krankheit oder geistige Behinderung hindern einen Menschen nicht daran, im Sinn der Weisen Frau ganz/heil/heilig zu sein«, schreibt Susun Weed. Wer gesund und krank als die zwei Enden einer Linie begreift, zementiert die wissenschaftliche Tradition des Gesundmachens, in der heilen mit reparieren verwechselt und jeder Verstoß gegen die Norm geahndet werden kann. In letzter Konsequenz würde Thorwalds Auffassung zum staatlich legitimierten Euthanasieprogramm führen.

Mehr oder minder subtil kann sich die Normierung von gesund und krank in Schuldgefühlen niederschlagen, im Widerstand gegen das eigene Sein. Susun Weed zufolge bildet »Widerstand Vorurteile im Denken aus und führt so zu Isolation«. Sie beharrt darauf: »Widerstand sagt, Heiligkeit ist entweder so und so, oder sie zählt nicht. Und so nimmt er der Welt den Glanz.« Auch Menschen wie Thorwald.

Inea, Abaris und Vatan,
der Pfad des Nordens

Die Seele kann fliegen. Die Seele weiß alles. Die Seele ist ewig. Sie wird wieder und wieder inkarniert, sucht sich in jedem Lebewesen eine neue Spielwiese. Denn die Seele ist unschuldig. Sie will nur spielen. Und sie will nicht, daß es ihr langweilig wird. Warum nur hat sich die Seele ausgerechnet unsere Körper ausgesucht? Wann wird sie diesen wieder verlassen? Die Seele wird erst Ruhe finden, wenn sie alle Bewußtseinszustände durchgemacht hat, wenn sie nach langer Wanderung durch alle Welten wieder zu ihrem göttlichen Ursprung zurückkehrt.

Was immer wir tun, unsere Angepaßtheit, unsere Gesetze, unsere Regeln fürs Zusammenleben – all dies dient nur der Zähmung der Seele. »Die Wicca-Hexen sind weit von dieser Erkenntnis entfernt«, lästert Abaris. Er und seine Frau Inea hängen, wie sie selbst sagen, dem Urkult alles Magischen an, auch des Wicca-Kults. Geheimnisse der Seherinnen des Nordens, die Bedeutung der heiligen Haine der Germanen – das alles bietet diese Religion oder Weltanschauung.

Michaela und Edmund von Hollander schreiben in ihrem Buch *Vatan – der Pfad des Nordens* – die Verfasser betonen übrigens, bei diesem Buch handle es sich um eine Mischung von Dichtung und Wahrheit –: »Wissende aller Zeiten sind sich einig darüber, daß trotz der vielen Gegensätzlichkeiten der Religionen und spirituellen Lehren eine sogenannte Urreligion, man kann es auch Urwissen nennen, vorhanden sein muß. Der Vatan ist dieses Urwissen. Er ist die Schlüsselwissenschaft über die menschliche Seele« (S. 11).

Wenn Inea und Abaris daran zurückdenken, wie sie erst zur Esoterik, dann in einen Hexencoven und schließlich zum Vatan kamen, müssen sie weit zurückgreifen. »Ach, das war ein weiter Weg«, lacht Inea.

Während sie spricht, klappern gotisch anmutende Armreifen aneinander. Dunkel ist die Frau, von der Hohenpriesterin eines Hexencovens scheint tatsächlich eine magische Anziehung auszugehen. Das schwarze Haar, die kleine, hagere Gestalt, die sehnigen Hände, an denen riesige silberne Ringe prangen. Um den Hals trägt sie einen engen, breiten Silberreif. Dazu weiße Bluse und eine enggeschnittene schwarze Weste. Eine Magierin setzt sich in Szene.

Inea hatte ihre besondere Begabung und ihren Draht zur Magie ziemlich schnell entdeckt. Als Vierzehnjährige fuhr sie mit ihren Eltern nach England. Die wollten ein paar Wochen ihre Ruhe haben, ließen das junge Mädchen bei einer älteren Frau. »Sie hatte einen wundervollen, verwunschenen Garten«, erinnert sich Inea. »Das ganze Leben dort war sonderbar. Nach und nach wurde ich regelrecht in eine Märchenwelt eingesponnen. Ein eigenartiger Zustand.«

Die alte Frau erzählte Geschichten aus einer anderen Welt, Dinge, die das junge Mädchen nicht richtig begriff, die sie aber berührten. Bis zu einem denkwürdigen Abend. Da hatte die Gastgeberin Nachbarn zu einem Fest eingeladen. »Spleenige, lustige Menschen«, erinnert sich Inea. Irgendwann fingen sie zu singen an, standen im Kreis, hielten sich an den Händen. Und erzählten Inea von der Großen Göttin, vom Ursprung der Welt. Jemand muß sie behutsam in den Kreis geschubst haben: »Wir schicken dich auf den Weg«, sagte eine Stimme. »Und du wirst deinen Weg machen.«

Viel verstanden hatte sie zunächst nicht davon, auch wenn die spleenigen Nachbarn ihr sagten, sie sei nun initiiert. Was genau passierte, daran erinnert sie sich nur schemenhaft und möchte es auch nicht preisgeben. Plötzlich nur verspürte sie den Drang, hemmungslos zu weinen. Mit den Eltern sprach sie lieber nicht über das merkwürdige Erlebnis. Aber das Ereignis blieb hängen, ließ sie nicht mehr los. Sie lebte fortan mit einer inneren Unruhe. Und machte sich auf den Weg. Und da war immer diese fast gehetzte Suche nach dem Mann.

Abaris kam viel konventioneller – und eigentlich auch männertypisch – an Magie und Hexerei: »Dahinter stand mein Wunsch nach Macht«, erinnert sich der Mittfünfziger. Zunächst las er ein Yogabuch, dann fand er ein Buch über Magie auf dem Speicher. »Ich verstand nichts«, sagt er heute. Ein notorisch betrunkener Schuster schickte ihn auf den Weg.

»Die wichtigsten Dinge weiß man eh nicht«, sagte der lebenskluge Mann. »Man muß eine Art abwartende Haltung einnehmen. Dann erkennst du die Energie, die hinter all den Dingen steckt.«

Abaris las mehr und mehr. Und eines Tages traf er Inea. Sofort war ihr klar, daß sie diesen Mann, der damals sein geheimnisvolles Tun auch in seiner düsteren Kleidung nach außen signalisierte, mit ihrer Suche immer gemeint hatte. Ihm muß es ähnlich ergangen sein. Fortan waren sie ein Paar. Beide leben seither in dem Gefühl, einander perfekt zu ergänzen. Sie das chaotische Weib, er der ordnende Mann, sagt er.

Gemeinsam war ihnen anfangs nur die Faszination alles Magischen. Sie zelebrierten Rituale, experimentierten mit Drogen. Am Wochenende krochen sie durchs Unterholz, stundenlang und unermüdlich. Sie suchten nach den klassischen Hexendrogen: Fliegenpilz, Schierling und Bella-donna. Nach alten Rezepten kochten sie Hexensalben und trockneten die Pilze im Ofen, pulverisierten sie, fummelten das Pulver in Kapseln und schluckten sie – immer auf der Suche nach Trance- und Körperaustrittserfahrungen.

Sie probierten mit Kombinationen und Mengen herum. Inzwischen wissen sie: »Du mußt eine ganze Menge Flie-genpilz futtern, damit es irgendeinen Effekt hat.« Wie das so ist: »Magie ist das Gegenteil von Arbeit«, lacht Inea heute. Erst allmählich, als die Übungen leichter und weniger kompliziert wurden, erstarkte ihr Zugang zur Magie.

Sie ließen nichts aus: Sie arbeiteten auch mit Schwarzer Magie, mit Voodoo-Puppen und Änderungszauber. »Es funktioniert«, sagt Inea heute. Inzwischen greift sie aller-dings mit ihren magischen Mitteln nur noch dann ein, »wenn ich jemandem helfen kann«.

Im Laufe der Jahre sei ihr Überblick immer größer gewor-den. Und auch ihre Möglichkeiten zur Magie änderten sich: »Früher brauchten wir noch Fotos oder mußten eine Puppe von jemandem haben. Inzwischen funktioniert das rein mental.«

Häufig griffen sie gar nicht mehr ein, erzählt Abaris: »Immer wenn du irgend etwas gerichtet hast, ist wieder etwas anderes schlecht«, sagt Inea. Soll sie beispielsweise eine bettlägerige Frau durch Zauber heilen? »Wer weiß«, zweifelt Inea. »Womöglich heile ich sie, nur damit sie unter das nächste Auto läuft.«

Manchmal aktiviert das Paar seine Energien auch in sei-nem geheimen Hexenkonvent. »Das ist nicht schwierig, wenn sich alle vertrauen«, sagt Hohepriesterin Inea. Und zitiert ein Beispiel, wie ein Coven Energie freisetzen kann, um durch gemeinsame mentale Arbeit etwas zu verändern:

Alle Mitglieder des Covens fassen sich an der Hand, laufen gemeinsam im Kreis, die Trommel diktiert den Rhythmus. Wenn Kreislauf und Trommel richtig stark etabliert sind, ändert die Hohepriesterin den Rhythmus. Auf ein Zeichen lassen alle ihre Energien mental davonfliegen. »Ganz einfach«, sagt Inea. »Und sehr effektvoll. Wer's nicht glaubt, sollte es mal probieren.«

Auch Körperaustritte funktionieren für die beiden schon längst mühelos. Sie können sich mental in Trance versetzen – »und dann auf die Reise gehen«, sagt Abaris. Die Seele kann fliegen. Und sie fliegt, wohin sie möchte, durch Zeit und Raum. »Jeder Mensch hat vermutlich eine innere Landschaft«, erzählt Inea. »Meine ist in den Hochebenen von Tibet. Ich war in meinem ganzen Leben noch nicht dort. Aber ich weiß, wie es dort aussieht.«

Magische Systeme wie Crowleys schwarzmagische Anleitungen – für Inea und Abaris »Kinkerlitzchen. Echte Magie ist dagegen wie ein Messer.« Für den moderneren Wicca-Kult, wie ihn Zigtausende praktizieren, haben die beiden nur Verachtung übrig. »Allein schon die Rituale«, stöhnt Abaris. »Da fahrn die Hunderte von Kilometern an einen heiligen Platz, womöglich mit dem Auto. Bei diesen künstlichen Ritualen kommt ganz selten was raus.«

Dann lieber schreien und tanzen, und zwar dann, wenn der Zeitpunkt richtig für einen selber ist – und nicht streng nach den Jahreszeiten: »Dann kommt wenigstens was raus dabei.« Wicca, sagen beide inzwischen abfällig, sei ein künstlicher Kult.

Ungleich Vatan, meinen die beiden. Wenn sie allerdings über ihren Werdegang sprechen, kommt irgendwann leichtes Unbehagen auf. »Wir sind fasziniert von den Germanen«, sagen Inea und Abaris. Und: »Es ist einfacher, da zu sein, wo die Wurzeln sind, dann kannst du Verantwortung übernehmen.« Deutschland den deutschen Hexen? Oder tatsächlich ein bahnbrechendes magisches System?

»Irgendwann kam der Punkt, daß wir dasaßen und wußten: Wir sitzen seit Jahrmillionen da. Wir sind unsterblich. In diesem Augenblick bist du göttlich.« Dieser Energie, sinniert Inea, die das ganze Leben durchzieht, »mußt du dir immer bewußt sein. Mein ganzer Tagesablauf ist inzwischen von Bewußtheit durchzogen. Sogar im Büro. Dauernd spinne ich die magische Energie.«

Zum Beispiel wenn sie gedankenverloren auf ihrem Balkon sitzt. Da kann es passieren, daß eine Ameise vorbeikrabbelt. »Ich frage mich: Was ist das für eine Seele in dieser Kreatur? Darüber kann ich lange nachdenken. Ich nehme Kontakt auf mit der Ameise. Und die bleibt plötzlich ganz ruhig sitzen.« Krabbelt minutenlang nicht weiter, nimmt ebenfalls Kontakt auf mit der dunklen, schönen Frau. »Im Grunde«, sagt Inea, »ist mein ganzes Leben magisch geworden.«

Schwarzmagier oder Wie man einen Ehemann loswerden kann

Magie ist Macht. Magie ist Heilen. Magie ist Verändern. Und böse. Dunkle und unheimliche Assoziationen ruft das Wort vermutlich bei den meisten Menschen hervor. Es evoziert Angst, Respekt – und Neugierde. Die dunklen Kräfte des Satans sind faszinierend. Die Möglichkeit, mittels üblen Zaubers seinem Nächsten eins auszuwischen, verlockend. Die Vorstellung, womöglich selbst Opfer luziferischen Übels zu werden, schockierend.

Von den schwarzmagischen Hexen geht vermutlich auch deshalb eine so große Faszination aus, weil nach christlicher Vorstellung niemand dem Leibhaftigen so nahestand wie die ihm hörigen Hexen. Er verlieh ihnen, glaubten Volk und Klerus, die unglaublichsten Fähigkeiten. Vielleicht denken wir heute nicht mehr, daß der Teufel die Hexen mit der Macht der Magie ausstattet (und sie dafür auf den Blocksberg ruft). Aber es gruselt uns dennoch, wenn wir von Schwarzer Magie hören.

Heilen und helfen, weise die eigene Macht benutzen – das ist Magie. Aber auch totzaubern, Krankheiten herbeiwünschen, dunkle Kräfte nutzen, um die Welt zu verändern. Hexen, die Liebhaber herbeizaubern können, die den unliebsamen Ehemann beseitigen, haben Zulauf. So wie die neuen weisen Frauen Anklang finden, boomt auch die Schwarze Magie.

Okkultismus und Satanismus haben Hoch-Zeit bei Jugendlichen, ergab eine Umfrage Anfang der neunziger Jahre. Mehr als zweihunderttausend Schüler zwischen zehn und fünfzehn Jahren haben schon Erfahrungen mit dem Okkulten gemacht. Da werden Gläser gerückt und Pendel geschwungen, Tarotkarten ausgelegt und Runen geworfen. In geheimen Sitzungen lassen die Kinder Gläser über den Tisch rutschen und rufen dunkle Geister, denen sie Fragen über ihre eigene Zukunft stellen. Vermehrt finden sich Relikte schwarzer Messen auf Friedhöfen, rätselt die Polizei über rituell gemeuchelte Hunde, über verstümmelte Kadaver von Katzen.

Im Januar 1994 mußte sich ein thüringisches Gericht mit den tragischen Folgen von Satanismus beschäftigen. Drei Siebzehnjährige aus der Kleinstadt Sondershausen waren angeklagt – und wurden später für schuldig befunden –, einen Mitschüler umgebracht zu haben. Einer der Angeklagten hatte sogar freimütig in der Schülerzeitung seines Gymnasiums kundgetan: »Wir glauben an Luzifer, an das

Böse, an den Tod, an das Blut.« Und einen seiner Mitschüler, den fünfzehnjährigen Sandro B., warnte er im selben Pamphlet davor, sich der Gruppe zu nähern – sonst würde ihm ein Unglück zustoßen: »Im tiefen Wald, da hört dich niemand schreien.« Tatsächlich hat niemand Sandro gehört, der ihm hätte helfen können, als die jungen Satansanbeter ihn in einem Bungalow auf dem Teufelsberg nahe Sondershausen umbrachten. Sie legten ihrem Opfer Stromkabel um den Hals und zogen zu. Anschließend vergruben sie die Leiche. Die Täter erhielten Jugendstrafen zwischen sechs und acht Jahren. Und sind, so der *Spiegel,* in der Jugendbewegung zu regelrechten Idolen aufgestiegen. Ihre Kontakte managen sie hinter Gittern, scheint es, mühelos. Ihre Anhänger verbrüdern sich unter anderem mit Rechtsradikalen zum totalen Bekenntnis des Bösen. Ihr Motto: »Recreate Auschwitz!«

Aber nicht nur Kinder erliegen der Faszination des Bösen: Im April 1994 mußte sich vor der Jugendschutzkammer des Landgerichts Nürnberg ein einunddreißigjähriger Arbeiter verantworten, weil er bei okkulten Handlungen die zehn und dreizehn Jahre alten Kinder seiner Lebensgefährtin gequält hatte. Er hatte ihnen mit einer Kanüle Blut abgezapft, das er für Rituale brauchte, sagten die Kinder aus. Außerdem habe er Hamstern und Mäusen die Kehle durchgeschnitten, um mit dem Blut der Tiere einen magischen Kreis zu zeichnen.

Immer wieder kamen während der Recherchen zu diesem Buch die abenteuerlichsten Geschichten hoch von Schwarzer Magie und Schadenzauber. So hatten Bewohner eines Münchner Villenviertels Angst vor ihrer Nachbarin. In deren Garten fand sich nämlich nicht nur allerlei totes Getier, sondern dumpfes Trommeln und laute Schreie drangen von dort herüber. Als sich die Nachbarn beschwerten, sah sie die Frau mit einem Blick an, der den braven Bürgermenschen das Blut in den Adern gefrieren ließ. Sie werde ihnen alles mögliche Unheil anhexen, verkündete die Frau. Und hatte fortan Ruhe.

Ein Münchner Masseur, nennen wir ihn Hermann, erzählt die Geschichte seines Freundes, der in die Fänge eines Schwarzmagiers geriet: Die Männer hatten sich im Büro kennengelernt, Hermann hielt sich von dem dunklen Mann, von dem eine unheimliche Aura ausging, bewußt fern. Sein Freund fühlte sich dagegen wie magisch angezogen. Was die beiden Männer miteinander unternahmen, war Hermann nie ganz klar. Nur daß es ungeheure, dunkle Dinge gewesen sein müssen. Eines Tages, erinnert sich der Masseur, rastete sein Freund aus: »Er schrie, tobte wie besessen, entwickelte übermenschliche Kraft.« Von da an war der Freund nicht wiederzuerkennen. »Es war, als ob jemand ein dunkles Tuch über ihn geworfen hätte.« Die Anfälle häuften sich, wurden schlimmer und schlimmer. Eines Tages erschlug der Mann im Jähzorn seine Frau mit dem Hammer. Anschließend kam er in psychiatrische Behandlung. »Solcher Jähzorn«, glaubt Hermann, »kann nur etwas mit Schwarzer Magie zu tun haben.« Sein Fazit: »Diesen Kräften«, glaubt der Mann, »haben wir nichts zu entgegnen.«

Scharlatane und die Wunder der Technik

Sie sind die Macher in unserer Gesellschaft. Belastbar, agil, entscheidungsfreudig. Aber irgendwann geht selbst der fitteste Manager in die Knie. Auch hier kann, Wunder über Wunder, das Hexen helfen. Manager können neuerdings mit magischen Mitteln wieder für ihren beinharten Berufsalltag gestählt werden. Seit Anfang der neunziger Jahre boomen in den USA und Großbritannien spezielle »New-Age-Programme«, auch in Deutschland werden sie teils schon angeboten.

Da wird der Nadelstreifenanzug mit dem Druidengewand vertauscht. Da gehen Büromenschen in die freie Wildbahn zum Übernachten und erfahren »wie nebenbei« Magie, die ihnen ein Meister vermittelt. Zurück zu ihrer eigenen Macht sollen die Knechte der Zivilisation finden. Die Männer, die die Wirtschaft lenken, müßten auch ihre Schattenseiten kennenlernen. Das gibt Kraft und Persönlichkeit.

Frauen wie Luisa Francia würde dies vermutlich ein lautes Lachen entlocken. Aber was ist schon Magie? Die Grenzen zur Scharlatanerie, zum reinen Betrug, sind fließend. Und so bloßen Auges im ausgehenden 20. Jahrhundert auch nicht mehr zu erkennen.

Der Hilfe des sechsten und siebten Buchs Mose, der Kabbala oder faustischer Anleitungen zur Dämonenbeschwörung bedarf es heute schon gar nicht mehr. Tonbandgeräte und Videokameras stehen zur Verfügung, um die Stimmen und Gestalten aus dem Jenseits zu materialisieren. Das Medium spricht per Kassette zu uns. »In einem Raum, in den kein Geräusch von draußen eindringt, wird ein Tonbandgerät eingeschaltet«, schreibt Anita Höhne in ihrem *Lexikon des Übersinnlichen*. »Natürlich wird vorher sichergestellt, daß das Band unbenutzt ist. Ringsherum Stille. Doch beim Rückspulen sind manchmal Wörter oder Satzteile zu hören, oft sehr schwach, auch vom Inhalt her sehr schwer verständlich. Für die Medien handelt es sich um Stimmen aus dem Jenseits.« Umstritten, räumt Anita Höhne ein, sei dagegen »die Auslegung der oft rätselhaften Wörter«.

Sphärische Musik, die von dubiosen Medien gechannelt wurde, tönt von der CD. Mineralienhandlungen haben Umsatz, jedes Sternzeichen hat schließlich seinen eigenen Kraftstein. Und warum eigentlich sich selbst die Mühe machen und nach einem Stein suchen (der einem dann womöglich noch was zu sagen hat), wenn doch das Esoterik-Buch genau vorgibt, welcher Stein zu welcher Aura und zu welchem Chakra paßt. Was macht es da schon, daß die Steine – zumeist importierte Massenware – ziemlich teuer sind? Genauso übrigens wie die Aurawässerchen, die uns in Einklang mit uns selbst bringen sollen, die unsere Chakren verstärken.

In Abendkursen können wir Reiki, T'ai Chi und Fußreflexzonenmassage erlernen. Wir lesen von Voodoo und Körperaustrittserfahrungen, gehen ins Osho-Center und zur Kundalini-Meditation. Von jedem ein bißchen was. Und ein Guru muß es schließlich schon sein, der uns auf unserem Weg begleitet. Der Markt ist überflutet von Büchern zu Magie und Heilen, und auch wir tragen unser Scherflein dazu bei. Doch solange wir gesund sind, ist wenigstens kein Schaden angerichtet.

Anders verhält es sich allerdings im Falle der Geistheilerin Uriella. Im Januar 1994 urteilt der Baden-Württembergische Verwaltungsgerichtshof, daß Geistheilerin Uriella alias Erika Bertschinger von ihrer Heilpraktikererlaubnis keinen Gebrauch mehr machen darf. »Der VGH betonte auch«, schrieb die *Süddeutsche Zeitung* zur beamtendeutschen Urteilsbegründung, »daß das Geistheilen als erlaubnispflichtige Ausübung der Heilkunde zu gelten hat – unabhängig davon, ob es eine ernstzunehmende Methode sei.« Von Uriella und ihrem Orden »Fiat Lux« ginge eine Gefahr für die Volksgesundheit aus. Uriella ist nämlich davon überzeugt – und vermittelt dies glaubhaft auch ihren

Schäfchen –, daß sie alle Krankheiten, von Aids bis Zungenkrebs, ohne jede Fehldiagnose erkennen und heilen könne. Bei körperlich anwesenden Patienten legt sie die Hände auf, bei abwesenden berührt sie die Fotografien, wobei ein dubioser »Athrumstrahl« durch sie und den Kranken fließe. Als schließlich mehrere »Fiat-Lux«-Anhänger kurz hintereinander starben, griffen die Ordnungshüter ein. Die Opfer von »Fiat Lux« hatten völlig auf Uriella vertraut, waren nicht mehr zum Arzt gegangen, hatten jede medizinische Hilfe verweigert.

Ist die Not groß genug, wenden sich sogar Staatsmänner an Geistheilerinnen und Hexen. Bekanntestes Beispiel ist der frühere Kremlführer Leonid Breschnew. Für diverse Zipperlein pflegte er sich an Wunderheilerin Dschuna (übersetzt heißt ihr Name: Dämon) zu wenden. Damit auch die westliche Menschheit in den Genuß ihrer übersinnlichen Fähigkeiten kommen konnte, hat sie schon längst eine »Dschuna Corp.« gegründet. Besondere Fähigkeit der Dame: eine »kontaktlose urologische Massage«, mit der sie Impotenzen heilt. Ist das Scharlatanerie? Immerhin wurde der dunkelhaarigen Frau 1989 in Athen die Ehrendoktorwürde verliehen. Und ein großer deutscher Elektrogerätehersteller stattete die wundertätige Georgierin mit dem Prototyp eines Diagnosegerätes für Biomagnetismus aus. Dschuna behauptet nämlich, die Magnetfelder des menschlichen Körpers erspüren zu können.

Ein anderes Beispiel: Am 6. Juli 1990 wurde in Boston/USA ein Ehepaar wegen Totschlags für schuldig befunden. Die beiden hatten der Gemeinschaft der Christlichen Wissenschaft angehört, hatten ihren zweieinhalbjährigen, an Darmverschluß erkrankten Sohn »gesundbeten« wollen. Fünf Tage lang litt das kleine Kind Höllenqualen, bis es starb.

Wann fangen die guten Einflüsse der Magie an, wo hören sie auf? Wann schlägt Weiße in Schwarze Zauberei um? Wann haben wir es schlicht mit Dummheit zu tun? Oder mit Geschäftemacherei?

Wer in Anita Höhnes *Lexikon des Übersinnlichen* und ähnlichen Büchern nachschlägt, findet allerhand dubiose und fremdklingende Heil- und Zauberpraktiken. Fernheilungen, bei denen die Anwesenheit des Heilers noch nicht einmal vonnöten ist. Ein Arbeitskreis beschäftigt sich noch immer mit Geistheiler Bruno Gröning. Die Anhänger des legendären Mannes, der in den fünfziger Jahren Scharen von Menschen in seinen Bann zog, glauben, daß dessen Kraft noch heute nachwirkt.

Kräfte aus dem Jenseits sollen auch beim sogenannten automatischen Schreiben wirken: Demzufolge diktiert ein Geist einem Medium, das in Trance verfallen ist. Ruckartig soll sich dessen Hand bewegen, aufs Blatt kritzeln, was das Wesen aus einer anderen Sphäre durchgibt. Zum Beispiel, schreibt Anita Höhne, »tröstende Worte von Verstorbenen«.

Wo aber liegt bei alldem die Grenze zur wahren Magie? Wenn man den Unterschied auch manchmal nicht zu erkennen glaubt, steht eines doch ganz sicher fest: Es ist zumindest ein preislicher. Denn während Hexen in der Regel nicht darauf aus sind, ihren Reichtum zu mehren, ist man bei etlichen HeilpraktikerInnen mit absonderlichen Methoden ruck, zuck einen Tausender und mehr los. Ob er sich lohnt – das steht dann wohl in den Sternen.

Die Abgrenzung ist schwierig: »Wer sich mit Magie beschäftigt, kann gleich die Hoffnung fahrenlassen, Gut und Böse voneinander zu trennen. Weiß ist gut, Schwarz ist böse?« fragt Luisa Francia spöttisch. »Ich war zu lange und zu oft in Afrika, um diesen Schwachsinn zu fressen.

In der Nacht haben die Pflanzen ihre größte Kraft, reinigt sich die Luft, beginnt die Seele zu atmen.«
Der Unterschied besteht in der Verantwortung, die die Hexe übernimmt. »Wahre Magie arbeitet mit der Eigenverantwortung, mit der Lust am Austausch, am Gestalten«, sagt Luisa Francia. »Magie ist ein schöpferischer Prozeß, der nie wirklich zu Ende geht, manchmal kippen die Kräfte, denn gut gemeint ist halt das Gegenteil von Kunst.«

Sandra's Magic Laden – ein Supermarkt für Hexen

Ein schmaler, schwarzer Rock, rabenschwarzes Haar, dunkle, funkelnde Augen in einem hageren Gesicht. Und eine heisere, rauchige Stimme mit einem leicht fremdländischen Akzent. Das ist Sandra, Hexe in München. Um ihren Hals trägt sie Dutzende von Ketten mit Heilsteinen und Pentagrammen. Die langen Fingernägel an knochigen Händen sind teils schwarz lackiert, beständig glimmt eine Zigarette zwischen den Fingern. Das Gesicht ist sorgfältig zurechtgemacht, das Make-up perfekt verteilt. Auf der langen Nase thront eine schicke Armani-Brille.
Tag für Tag wenden sich hilfesuchende Frauen und Männer mit Briefen an Sandra. Sie soll helfen bei Nachbarschaftsstreitigkeiten, Schulproblemen, Krankheit und Untreue des Ehegesponses. Ihre Bücher gehen weg wie warme Semmeln. Alle zwei Monate verläßt sie ihr Münchner Domizil und jettet nach Los Angeles. Auch Amerikaner brauchen Hilfe von Hexen.
»Sandra's Magic Laden« verheißt das Schild des kleinen Geschäfts, das unauffällig eingeklemmt zwischen herun-

tergekommenen Wohnhäusern in München-Sendling zu finden ist. Ende 1994 hat der Hexenladen eröffnet.

Per Fax flatterten die Einladungen zu Pressevorführungen in die Redaktionen. Womöglich hat Sandra eine echte Marktlücke entdeckt. Denn wer Zauberei, wer Schwarze Magie betreiben will, muß Utensilien haben: Öle, Wurzeln, Bücher. »Viele Schwarzmagier kaufen bei mir ein«, sagt Sandra. Für sie kann die attraktive Hexe alle möglichen hexischen Werkzeuge besorgen. Mehrere eindrucksvolle Versandkataloge hat sie in ihrem Laden vorrätig, aus denen sie für Interessenten allerlei Hexenzeug bestellen kann. Die Zaubermittel kommen aus Übersee. Denn in Deutschland, sagt Sandra, sähe es mit dem Markt für Magisches noch ziemlich finster und ärmlich aus.

Die indianischen Öle tragen klangvolle Namen: »Protection« schützt vor bösen Einflüssen. »Come to me« lockt den potentiellen Liebhaber. »Love me« läßt den Unwilligen am Ende dahinschmachten. Liebes- und Glückskerzen in bunten Gläsern helfen persönlichen Wünschen auf die Beine. Ein flaschengroßer schwarzer Penis in Kerzenform bringt Impotenz über den treulosen Ehemann. Ein furchterregendes Wachsgebilde als Totenkopf bannt einerseits den Zauber Schwarzer Magie, verhilft ihr aber andererseits erst recht zur Geltung, erklärt Hexe Sandra.

Sie hilft darüber hinaus ihren Kundinnen und Kunden in Liebesfragen und bei Problemen des Alltags. Zwischen zwei- und dreihundert Mark verlangt sie pro Sitzung. Ein stolzer Preis, aber schließlich, sagt die Hexe, »geht die Hälfte ja sofort ans Finanzamt«. Darüber hinaus kreiert Sandra selbst magische Mittelchen nach geheimem, eigenem Rezept: Sandra's Magic Products.

Im Laufe ihres hexischen Lebens hat sich Sandra ihre eigene magische Ethik entwickelt. »Kleine Kinder dürfen bei mir nicht in den Laden«, sagt sie. »Es ist einfach nicht gut, wenn sie die furchterregenden Utensilien sehen. Dazu sind sie noch zu unschuldig.« Beratungen erteilt sie erst für Kunden ab fünfundzwanzig Jahren. Denn »jeder muß die Verantwortung für sein eigenes Tun übernehmen können, wer mit Magie zu tun hat, muß wissen, worauf er sich einläßt«. Das setze einfach eine gewisse Reife voraus. Auch hilft sie bei der Partnerzusammenführung nur dann, »wenn beide frei sind, keine anderen Beziehungen im Weg stehen«. Kommen ihr moralische Bedenken, lehnt sie Kunden ab. »Am Schluß entscheide immer ich, was gehext wird.«

Magie – das ist für Sandra eine Frage von Macht. Vor allem Schwarze Magie. Sie hat von der Kabbala gelernt, lehnt sich an Crowleys klassische Magie an, hat Rituale von Navajo-Indianern und Apachen übernommen, drei Jahre in Afrika gelebt und sich dort von lokaler Zauberei inspirieren lassen. Mit Voodoo kennt sie sich aus, hat alte russische Hexenbücher studiert. Sie sei einfach, sagt sie, eine uralte Hexe: »Ich wurde in einem früheren Leben auf dem Scheiterhaufen verbrannt, ich kann das visualisieren.« Für sie steht fest: »Ich kann hexen. Ich hab' es ausprobiert – und jede Menge davon.«

Töten, sagt sie, würde sie in der Regel nicht. Aber sie hilft schon mal nach, daß einer zur Vernunft kommt, indem er einen kleineren Unfall erleidet. So habe sich einmal ein Mann unsterblich in sie verliebt und sie förmlich belagert, berichtet sie. »Der Mann war nicht mehr loszubringen.« Er schlief lästigerweise vor ihrer Haustür, bombardierte sie mit Briefen und Telefonaten. Irgendwann riß Sandra der Geduldsfaden. »Ich habe gemacht, daß er einen Autounfall hatte. Totalschaden. Er hatte bloß einen Beinbruch, so habe ich das gewollt.« Anschließend rief sie den

Mann an und teilte ihm lapidar mit: »Dies war eine Warnung, wenn du nicht aufhörst, kommt es noch schlimmer.« Der Liebeskranke rief nie mehr an.

Schwarze Magie, sagt Sandra, ist eben gefährlich. Und zwar nicht nur für den Behexten, sondern für den Hexer selbst. Sie hat oft am eigenen Leib gespürt, daß sie Zielscheibe schwarzmagischer Aktivitäten war. »Es gibt viele Neider. Und die Konkurrenz schläft nicht«, sagt sie. Das Gewerbe der Hexen ist hart. Doch sie kann Schwarze Magie nicht nur an-, sondern auch abwenden. »Wenn mich jemand schwarzmagisch angreift, wehre ich mich«, sagt sie dunkel.

Nur: Beim Bann beispielsweise kommt es auf kleinste Details an. Jedes Wort, jede Geste muß stimmen. »Da darf man keine Fehler machen, sonst fällt es auf mich zurück«, sagt sie. »Wenn man Schwarze Magie beherrscht, dann muß man sie total beherrschen. Dann hat man wirkliche Macht.« Ein harter, langer Weg: »Man muß viel probieren, sehr viel lernen, man muß sehr viel dafür tun.«

Sandra lehnt sich gern an der Magie von Crowley an. »Das ist die gefährlichste«, weiß sie. »Denn man arbeitet mit hohen astralen Kräften.« Niedrige Kräfte, Tote oder Geister würde sie nie anrufen. Das ist ihr zuwenig. »Das ist ja bloß niedrige Magie.«

Menstruation –
der rote Faden ins
magische Innere

Der Glanz der Spiegel wird durch den Blick einer Menstruierenden matt; die Schärfe der Rasiermesser wird abgestumpft; das polierte Elfenbein verliert sein schönes Aussehen; das Eisen wird schnell vom Rost verzehrt; auch das damit in Berührung gekommene Messing wird mit einem scharfen Gift von abscheulichem Geruche und mit Grünspan bedeckt; durch seinen Genuß werden die Hunde toll und der von ihnen Gebissene mit einem unheilbaren Gifte angesteckt; die Bienenstöcke sterben aus, und bei einer Berührung ihrer Körbe entfliehen die Bienen; Leinwand, damit gekocht, wird schwarz, trächtige Stuten abortieren infolge seiner Berührung, die Eselinnen werden so viele Jahre nicht trächtig, als sie mit diesem Blute benetzte Gerstenkörner gefressen haben.«

Männerphantasien zum Thema Menstruationsblut. In diesem Fall von Heinrich Cornelius Agrippa von Nettesheim 1533 zu Papier gebracht. Tod und Verwüstung – das also sind die Konsequenzen des Blutes der Frauen, wenn es erst mal seine magische Kraft entfaltet. Kann es wirklich solchen Schaden anrichten?

Hexen und das Monatsblut der Frauen – das sei eine Zaubermischung von allerfürchterlichster Kraft, schrieb Herr von Nettesheim. Kaum ein Kraut sei dagegen gewachsen, warnte der »Universalgelehrte der Renaissance«. Besonders fürchtete er sich vor Blutzauber während einer Mond- oder Sonnenfinsternis. Das Zusammenspiel von soviel Naturgewalt kann ja nichts als Ärger bringen ...

Schlotterte er zu Recht? Die Drachin, Symboltier der Menstruation, ist furchtbar und fruchtbar zugleich, schreibt Luisa Francia. Sie »speit Feuer aus ihren Lippen, und ihr Blut ist mächtig und gefürchtet, aber auch heilsam«. Die magische Kraft des Mensesblutes, heute wegtamponiert, war einstmals unumstritten. Es gab einmal Zeiten, in denen Frauenblut unter Äcker gepflügt wurde, um eine gute Ernte zu erzielen. Das waren Zeiten, in denen Frauen besonders geachtet wurden, wenn sie bluteten. Geschützt in abgeschiedenen Menstruationshütten, folgten sie mit Visionen und Orakeln dem roten Faden ins Innere ihres Labyrinths. Später wurde genau diese visionäre Kraft der menstruierenden Frau verfolgt.

»Magie ist eine natürliche Kraft der Frau«, schreiben Penelope Shuttle und Peter Redgrove in *Die weise Wunde Menstruation*. »In ihr drückt sich die subjektive Erfahrung des Menstrualzyklus aus ... Mit Hilfe der Magie konnten die Frauen ihren Zyklus strukturieren und erkennen. Aufgrund dieser besonderen weiblichen Realität, in der die Frauen sich selbst verwirklichen und ihre wahren Kräfte entfalten konnten, wurden sie immer wieder beschimpft und mißhandelt.«

Shuttle und Redgrove gehen noch weiter. Sie glauben nicht, daß es bei Mißhandlungen, bei Schlägen und Beschimpfungen geblieben ist. Sie gehen davon aus, daß es sich bei den systematischen Verbrennungen im ausgehenden Mittelalter von zu Hexen stigmatisierten Frauen um regelrechte Menstrualmorde gehandelt hat.

Die Tradition, die dahin führte, ist lang. Im 1. Jahrhundert nach Christus behauptete Plinius, Blut sei »Unflat, dem kein Gift auf Erden gleichen mag, schädlicher und strenger« (zitiert nach Jutta Voss). Mediziner fachsimpelten, dem Mensesblut entströme giftiger Dampf, der durch den Unterleib, aber auch durch die Augen entweiche. Albertus Magnus meinte an der Wende vom 12. zum 13. Jahrhundert zu wissen, daß daher der böse Blick käme, der tödliche Blick.

Tödlich wurde der angeblich böse Blick vor allem für ihre vermeintlichen Verursacherinnen, die menstruierenden Frauen. Sie büßten dafür tausendfach auf dem Scheiterhaufen.

Inzwischen gilt die Menstruation höchstens noch als »monatliche Blödigkeit«, als immer wiederkehrender Beweis des von Männern konstruierten Penisneids der Frauen nach Sigmund Freud. Blut ist unrein, unfein. Aber dafür wird heute nicht mehr gestorben.

Das ist ja sehr erfreulich. Besser immerhin als die brachialen Methoden der mittelalterlichen Herren. Doch den heutigen Hexen genügt das beileibe nicht. Sie haben die magische Macht des Blutes, des Manas, für sich zurückerobert. Sie zelebrieren wieder das Wachsen und Schwinden des Mondes als Symbol des weiblichen Zyklus, als Symbol des Vergehens und Werdens schlechthin.

Sie verbreiten die frohe Kunde von der monatlichen Zauberkraft. Von der Entfremdung der Frauen von ihrer blutigen Magie und von der Zurückeroberung der Voll-Mächtigkeit handelt das folgende Kapitel.

Blut und Träume

Tief verborgen im Labyrinth ist die Kraft. Der Bauch, in den die Intuition hineinführt. »Blut ist unsere Spur«, schreibt Luisa Francia in *Drachenzeit*.

»Wenn wir diesem roten Faden ins Labyrinth folgen, begegnen wir unweigerlich unserer Macht.« Die Blutspur der Frauen. Hunderttausende von Jahren alt, immer frisch. Ritualblut, heiliges Blut, heilendes Blut, geneidet, gefürchtet und diffamiert, zutiefst magisches, manahaltiges Blut.

Von Männern imitiert: Siegfried, der sich mit dem Blut der Drachin vor der Sterblichkeit schützen will. Attis, der phrygische Hirtengott, der sich entmannt und – weil er doch keine Frau werden kann – an seiner Mannlosigkeit verblutet. Grausame Initiationsrituale reißen jungen Männern klaffende Wunden, um das Blut der Menarche nachzuahmen, den Übertritt zu verdeutlichen. In ihrem Buch *Das Schwarzmond-Tabu* beschreibt Jutta Voss, wie das in Neuguinea vor sich geht: Dem Knaben wird bei Initiationsriten an einem Bach »ein Bündel Schilf in die Nasenlöcher gestoßen, bis das ›weibliche Blut‹, der Rest des mütterlichen Geistes, in den Bach hineinfließt und weggewaschen wird. Der Penis wird ihm ebenfalls entweder außen aufgeritzt oder innen mit einem Holz, das mit Salz eingerieben wurde, durch Reibung zum Bluten gebracht. Parallel dazu wird die Zunge aufgeritzt. Dieser durch die Nase, den Mund und den Penis verursachte Blutfluß wird als Menstruation bezeichnet« (S. 169).

»In dem Maß«, schreibt Luisa Francia in *Drachenzeit*, »wie der weibliche Bauch mit dem Menstruationsblut zur Obszönität, zum Tabu erklärt wurde, wuchsen neue Mythen, die das Blut in ätherische Höhen hoben, damit es von Männern ertragen werden konnte.« Jesus, geopfert (von) seinem patriarchalischen Vater, der den matriarchalischen Zyklus außer Kraft setzt, ist kein traditioneller Einjahreskönig, »Repräsentant des männlichen schöpferischen Impulses« (Voss, S. 127), der sich nach der rituellen Heiligen Hochzeit symbolisch opfern mußte, um dem Jüngeren Platz zu machen, »den Gang der weiteren Schöpfung in Bewegung zu setzen und die Fruchtbarkeit des Landes und der Frau zu garantieren« (ebenda). Damit wird nicht nur einfach eine Erbfolge geändert. Voss schreibt: »Nach diesem Gleichnis ist der Vater-Gott nicht der ›Schöpfer Himmels und der Erden‹, sondern der, der die Regenerationsgesetze des Kosmos gerade nicht einhält. Er ist«, folgert die ehemalige Theologin bitter, »ein Anti-Schöpfer ... Eine Kirche mit diesem (!) mythischen Fehler ist eigentlich verloren.« Eine Kirche, die Jesus mißbraucht. Mutter Kirche, die nicht menstruiert und doch das Werden und Vergehen für sich in Anspruch nimmt.

Vergehen. Menschen verbluten auf den Schlachtfeldern der mehr oder weniger heiligen Kriege. Geistliche huldigen in Blutopfern ihrem gierigen Gott. Weil patriarchalische Glaubensmuster Blut vergießen, aber nicht Leben geben können, gerinnt ihre Transzendenz, erstarrt Kirche, gleich, welcher Lehre, zu einem leblosen Machtapparat. Voller Haß stellt er den wahren Gebieterinnen über Leben und Tod, den Wissenden um den Gang der Welt, nach. Den Frauen, die um ihre Fruchtbarkeit wissen, ohne sich ihr untertan zu machen. Frauen, die den Rhythmus ihres Körpers kennen wie den des Mondes. Menstruierenden wird verboten, die dem jeweiligen patriarchalischen Gott geweihten Monumente zu betreten.

»Die Vollmacht der Frau wird ›wegritualisiert‹, und das segenbringende männliche Blut wird rituell gefeiert«, erklärt Jutta Voss den Trick und zitiert die Gesetze, die Männer im 4. Jahrhundert vor unserer Zeitrechnung eigens zu diesem Zweck erfunden haben: »Unrein wird die Frau durch die Geburt. Wird ein Sohn geboren, ist sie sieben Tage unrein und muß 33 Tage isoliert werden; wird eine Tochter geboren, ist sie 14 Tage unrein und muß 66 Tage isoliert werden, das heißt, sie muß im Blut ihrer Reinigung bleiben. Unrein macht der Blutfluß der Frau. Während der Menstruation ist die Frau sieben Tage unrein. Jeder, der sie anrührt, und alles, was sie berührt, wird unrein. Ein Mann, der mit einer menstruierenden Frau schläft, wird sieben Tage unrein.«

Die Tradition lebt noch immer. Zwar gelten heute Mann und Frau als gleich, und auch Menstruierende dürfen die zumeist leeren Kirchen betreten. Doch der Fluch aller Päpste über Verhütungsmittel erneuert den Fluch über das heilige Blut der Frauen: Schwangere bluten nicht.

Frauen vergehen vor Lust, wenn sie ihrer Sexualität vogelfrei und folgenlos frönen können – also immer während der Menstruation. Viele vergehen vor Scham oder Schmerz, wenn sie ihre Zeit haben, weil der Ekel, mit dem Männer aller Länder diese vollmächtigen Frauen belegen, auf sie abgefärbt hat. Sie ducken sich, decken sich ein mit allerhand Sterilem, um nur ja nicht aufzufallen an ihren verpönten Tagen. Schon gar nicht durch ihren Duft, den Männer zu genießen verlernt haben.

Vergessen sind die Zeiten, als Frauenblut als Heilmittel geehrt und gebraucht wurde. Als blutbefleckte Tücher nicht den zerstörerischen Triumph der Männer über die Lust der Jung-Frau anzeigten, sondern eine Trophäe der mächtigen Frau waren.

Lange vorbei sind die Zeiten, als Frauen die Ruhe der Menstruationshütten genossen, um die dunklen, verborgenen Seiten der Natur zu erleben. Verdrängt ist das Wissen um die Bedeutung der Orakel menstruierender Frauen, die tiefe Intuition, die aus ihren Träumen spricht. Aus Menstruationsblut schuf die Göttin Tiamat einst die

Erde. Das rote Meer ist ihr Zentrum: »die Gebärmutter mit dem Menstruationsblut«, schreibt Luisa Francia in *Drachenblut*.

Negiert und belächelt wird die symbolische Gleichheit vom weiblichen Kreislauf von Fruchtbarkeit und Unfruchtbarkeit mit dem Zyklus von Schwarzmond und Vollmond. Heute wissen nur noch die wenigsten, wie voll gerade der Mond ist und ob ihre Menstruation in irgendeinem Zusammenhang damit steht. Dabei belegt die semantische Nähe von Mond und Menses in etlichen Sprachen den (zumindest symbolischen) Zusammenhang. In Frankreich heißt die Periode »moment de la lune«, auf kongolesisch bezeichnet »jonde« Mond und Menstruation, bei den Maori hat »mata mamara« diese Doppelbedeutung (die Beispiele entnahmen wir Esther Hardings Buch *Frauenmysterien*). Vergessen – heute überstrahlt die Sonne alles.

Seit die Sonne, Symbol des herrschenden Mannes, verherrlicht wird, die Ordnung der Mondin nichts mehr gilt, das dreizehn Monate dauernde Mondjahr abgeschafft ist, die dreizehnte Fee keinen Platz mehr am Tisch des Sonnenkönigs hat, seit das Dunkle, Blutige, abgespalten als Böses, ein Schattendasein fristet, weibliche Kraft als Hysterie tabuisiert, zum »prämenstruellen Syndrom« umdefiniert und die Geheimnisse des Labyrinths zur Jahrmarktsbelustigung eines Irrgartens verkommen sind, liegt der Bannfluch auf der Menstruation. Seit Männer sich als Schöpfer aufspielen, seit sie vermochten, Frauen ihrem destruktiven »Schwarzmond-Tabu« zu unterwerfen, weibliche Symbole, die unbezähmbare, ungestüme Wildsau, die fruchtbar-schleimige Kröte oder den beweglichen Hasen, der für die Nacht steht, zu entehren, seit sie sich weigern, als Einjahreskönige ein Teil des natürlichen Zyklus von Werden und Sterben zu sein, wagen immer weniger Frauen, dem roten Faden ins Labyrinth ihres Wesens zu folgen.

Schmerzhaft verheddert in die Bänder, die sie dennoch hartnäckig an ihre Natur binden, krampfhaft bemüht, dem Geruch des Blutes zu entgehen, der immer wieder daran erinnert, daß sie mit der Erde verbunden ist, mit ihrer Regel Bewußtsein über die Gattung gebracht und damit die Menschheit vom Tierreich getrennt hat – ohne Erfolg (Angelika Aliti, S. 202 f.). Gereizte Versuche, aus der weiblichen Haut zu fahren, Monat für Monat. Attis andersherum: Auch Entfrauung kann eine blutige Angelegenheit sein, die mitunter zum Tode führt. Bis zuletzt besteht jedoch die Möglichkeit, den Faden aufzunehmen und endlich »die Sau rauszulassen«.

Magie weist den Weg ins Innere des Labyrinths. »Magie«, so schreiben Penelope Shuttle und Peter Redgrove in *Die weise Wunde Menstruation,* »ist die spielerische Methode, das innere Bewußtsein zu erforschen.« In Träumen und Trancen tauchen subversive Bilder auf. Bilder von ausschweifenden sexuellen Erfahrungen, die herzlich wenig mit dem Ehemann im Bett nebenan zu tun haben.

Mit Hilfe der Hexensalbe, die auch hormonreiches Menstrualblut, genannt Hasen- oder Babyfett, enthält, empfingen die Frauen lüsterne Visionen in Verbindung mit Böcken und anderen Gehörnten – Symbole, so Shuttle und Redgrove, für Gebärmutter und Eileiter. Psychologische Tests beweisen, daß auch Jahrhunderte nach der Vernichtung der europäischen Hexen Frauen besonders während ihrer Menstruation archetypisch, weiblich, subversiv träumen.

Das »prämenstruelle Syndrom« und andere Menstruationsbeschwerden, unter denen so viele Frauen leiden, interpretiert Jutta Voss als dumpfes Erinnern der früheren Vollmächtigkeit der Frau, als ihr Symboltier noch die unbezwingbare Wildsau war. Wenn Frauen ihre Zeit bekommen, Männer über plötzlichen Eigensinn, Unberechenbarkeit oder Kratzbürstigkeit ihrer ansonsten recht handzahmen Gefährtin jammern, tauchen Schemen des wüsten Tieres wieder auf.

Und daran ändert auch das fiese Schneiderlein nichts, das weiland die Wildsau in einer Kapelle eingesperrt, mit bübischer List und Tücke die Macht der Frau gebrochen hat (vgl. Jutta Voss). Denn sie ist unbezwingbar: Auch heute noch lauert in jeder menstruierenden Frau die »Wildsau«. Ihre Widerborstigkeit muß nicht mehr weggesperrt werden. Die alte Hexe wird – ganz unblutig – pathologisiert. Und mit allerhand Medikamenten wird versucht, die lästige Widerborstigkeit »wegzumachen«.

Dennoch: Die Anarchie lebt. Die Macht des Blutes ist ungebrochen. Es gilt sie wiederzuentdecken, zu integrieren in das bewußte Leben. Eine, die sich aufmachte ins Innere des Labyrinthes, ist die hawaiianische Psychotherapeutin Rosemary Rodewald. Acht Frauen, die unter teils extremen Zyklusstörungen litten, gingen mit ihr an Bord eines imaginären silbernen Raumschiffes. Gemeinsam schwebten sie in tiefer Trance durch Raum und Zeit. Die Seelenreise, die Tour ins geheimnisvolle Unbewußte, die Fahrt zum Mittelpunkt des Leibes beschreibt Rosemary Rodewald in ihrem (leider vergriffenen) Buch *Magie, Heilen und Menstruation*.

Heftige Schmerzen, erhebliche Blutungen, riesige Blutgerinnsel, ausbleibender Eisprung, schwere depressive Verstimmungen – die acht Frauen litten Monat für Monat. Sechs erreichten mit der magischen Hilfe von Rosemary Rodewald ihr Ziel, künftig problemlos zu menstruieren, zwei verließen das therapeutische Setting, das silberne Raumschiff, unterwegs, weil sie sich nicht zu einem selbstbestimmten Leben als erwachsene Frauen durchringen mochten.

Rosemary Rodewald vermittelte ihnen genaue Kenntnisse über ihre weiblichen Organe, wie es zu einer Menstruation überhaupt kommt, was dabei im Körper geschieht. In Hypnose folgten die Frauen dem roten Faden in die Mitte ihres Labyrinths, vertieften sie sich in ihr Innen, sie nahmen Kontakt mit ihrem »inneren Selbst« auf. Sie empfingen die Botschaften ihres wirklichen weiblichen Wollens, zuerst vielleicht zögerlich, dann gaben sich die meisten hin. »Die Magie«, erklärt Rosemary Rodewald, »liegt in der Bereitwilligkeit, ihren (der inneren Stimme) Botschaften zuzuhören und zu vertrauen.«

Was da tönte von Lust auf Liebe und Sexualität. Was da Zeit, allein zu sein, einklagte. Was da wimmerte vor Angst, als Frau in dieser Welt zu leben. Was da ächzte vor Zerrissenheit zwischen der lebenspendenden und der formen- oder gedankengebärenden Fruchtbarkeit.

Eine neue Welt, die Zuflucht bot, wenn Altbekanntes einstürzte. Die Farbe strahlte, wenn der Abstieg durch das Dunkel hindurchgeführt hatte. Je tiefer die Frauen sich ihrem vor Energie beinahe berstenden Innersten näherten, um so eindeutiger färbten sich ihre Bilder. Ganze farbige Universen offenbarten sich den versunkenen Frauen. Universale Energiefelder, die die ganze Welt umspannten und vorbei an Kopf und Kragen munter mit dem inneren Selbst parlierten. Vorbei an aller Vorsicht Ratschläge erteilten, die ein neues Glück verhießen. Und Kraft.

»Ich bin die Träumerin. / Ich allein erschaffe euch. / Ich kann euch verändern und euch zähmen. / Ich kann euch rot färben, / wenn das mein Wunsch ist«, lautet eine der Zauberformeln, mit denen die Frauen tiefer und tiefer in sich eindrangen.

Vorbei das wunschlose Unglück. Hoffentlich. Denn wünschen, eindeutig und mutig – das war eine Bedingung, daß die Magie wirkte. Wenn alte Gedankengebäude die Frauen gefangenhielten in den Sensationen einer grauenvollen Menstruation, eines qualvollen Frauseins, mußte zunächst dieses Gefängnis eingerissen werden.

Spätestens an diesem Punkt ist Magie nicht mehr nur die spielerische Art, sich selbst auf die Schliche zu kommen. Jetzt gilt es, den Mut der Wildsau aufzubringen und das zu enge, aber doch haltgebende Korsett abzulegen. Jetzt heißt es, das kleine Mädchen in sich zu verabschieden, das sich von Papa und Mama sagen läßt, wie es zu leben, was es zu fühlen und zu fürchten hat, wenn es keine Verantwortung für sich selbst übernehmen will.

So war es auch Zeit für zwei Frauen, das silberne Raumschiff zu verlassen. Die monatliche Zerreißprobe, die ihnen ihre Menstruationen bedeuteten, schien ihnen ungleich einfacher erträglich denn als wirklich Erwachsene zu leben. Ihre Angst ist verständlich. Es geht immerhin um die Rückgewinnung einer Macht, die zwar ganz die eigene ist, aber dennoch nie gelebt und gekannt wurde. Immer nur geträumt, geahnt, gewünscht, manchmal, wenn es weh tat anzuecken, auch verflucht. Dann, so Rosemary Rodewald, »habt Ihr die Verpackung«, die Eltern, Lehrer, Ärzte über euch gestülpt haben, »gebilligt und zu einem Teil eurer selbst gemacht. Eure Macht«, so die Psychotherapeutin weiter, »gewinnt ihr wieder, indem ihr euren Glauben verändert, indem ihr alle eure Vorstellungen überprüft, bedenkenlos, schonungslos, ohne Bedauern, und diejenigen hinauswerft, die euch festnagelten, ängstlich und schmerzgequält, hinter massiven Bergen unter dem Deckmantel von Religion, Erziehung, Familie und Vaterland einschlossen.«

Frauen, denen es gelingt, sich nach und nach von Sentimentalitäten und den von außen aufgestülpten Einschätzungen und Forderungen zu befreien, so Rosemary Rodewalds Versprechen an die mutigen Reisenden, wird »euch die persönliche Macht, die ihr schon immer haben wolltet,« zuteil. Auch die Macht, das Frausein genußvoll zu erleben, ohne Schmerzen zu bluten.

Sechs Prinzipien vermittelte Rosemary Rodewald den Frauen, mit denen sie sich selbst heilen lernen können, eine Art »Gebrauchsanweisung« für Magierinnen des eigenen Selbst, eine Anleitung, wie auch anderen zu helfen ist. Durfte sie das? »Als ich die Prinzipien zur Herstellung magischer Codes nachträglich prüfte, wußte ich, daß ich Barrieren durchbrochen hatte, die lange das älteste aller Geheimnisse umgeben hatten.«

Nicht durch ihr Universitätsstudium oder schlaue Bücher, sondern aus ihrem eigenen verborgenen Wissen hatte sie mit der Technik der Trance und Selbsthypnose jenes verschüttete und von der Ausrottung bedrohte Wissen zutage gefördert, »um dessentwillen acht Millionen Hexen verbrannt worden waren«.

»Das erste Prinzip besagt, daß ihr eure Geheimnisse des Heilens mit einer Aura, etwas Mystischem, einem Hauch von unenthüllbarem Wissen umgeben müßt.« Wie der heldenhafte Jüngling im Märchen, so soll eine jede, die in sich die Heilkräfte entfesseln will, zunächst Prüfungen bestehen. Bei Ritualen, die Frauen zur Heilung anwenden, sollen sich Rosemary Rodewald zufolge tatsächlich gesundmachende Vorgänge mit schmückendem Beiwerk zur Unkenntlichkeit vermischen. Das Geheimnisvolle ist wichtiger Bestandteil des Heilens. Nur die Besitzerin der Heilkraft soll entwirren können, was wesentlich ist, was unwesentlich.

»Das zweite Prinzip bei der Herstellung magischer Formeln heißt Visualisierung, Vorstellungskraft, die Fähigkeit, sich ein Ergebnis so vollständig wie möglich bildlich denken zu können, mit den allerfeinsten Einzelheiten.« Das Bild nicht mehr vor sich haben, sondern Teil des Bildes sein. Es beginnt sich zu bewegen, die Farben werden intensiver, Gerüche wehen heran, Geräusche nerven oder betören. Keine Schönfärberei, sondern starke Visionen von einer gewünschten Realität. Frauen, die sich wünschten, ihre Weiblichkeit anzunehmen, sollten sich genaue Bilder machen, wie schön, vergnügt, furios, lebendig, genußfähig, lebenstüchtig, liebenswert, schlau, mutig sie als befreite Frauen sein würden. Wer sich fünf blutige Tage lang aus dem Leben heraushält, sich aber frei fließende Energie auch in dieser Zeit wünscht, wird sich vorstellen, wie sie tanzt, lacht, rennt, reist, liebt. Solche Frauen sollten ihre Anatomie genau kennen. Luisa Francia schlägt in *Drachenblut* eine Menstruationstrance vor, bei der Frauen, »die es ganz genau wissen wollen«, sich vorstellen, daß sie auf wenige Millimeter zusammenschrumpfen und dann durch die Vagina in die Gebärmutter stiefeln, dort das Blut von den Wänden tropfen sehen, die verschiedenen Rotfärbungen in ihrem Leib erfahren und von der Gebärmutter weiter in die Ovarien klettern. Wenn sie genug gesehen haben, können sie sich mit einem Schwall Blut herausschwemmen lassen.

»Hypnose. Hymnen. Zaubertränke ... In einen anderen Bewußtseinszustand zu gelangen ist das dritte notwendige Prinzip der Magie.« Das Alltagswissen – was »vernünftig« ist, was opportun – steht der inneren Weisheit oftmals unversöhnlich gegenüber. Bevor die beiden miteinander versöhnt werden können, muß zuerst der Schreihals, der ständig die herrschende Lehre ausposaunt, mundtot gemacht werden. Schleichwege führen zur inneren Stimme. Stell dir vor, auch du besteigst das silberne Raumschiff, hebst ab. Schwerelos bist du, tief entspannt. Stell dir vor, du fährst mit einem Fahrstuhl bis in die tiefste Trance hinein. Träum dich in Hypnose. Benenne zuvor die Bedingungen, unter denen du wieder an die Oberfläche kommen willst. In einem tief entspannten, aber noch bewußten Zustand kannst du mit Hilfe von Bio-Feedback, das sind unbewußte körperliche Reaktionen, wie sie die Bewegung eines Pendels anzeigt, Botschaften erhalten, die die Zensurbehörden deines objektiven Bewußtseins unerkannt passiert haben.

Das vierte Prinzip: »Um die Formel herzustellen, aus der die Magie fließt, schreibt die Worte zuerst auf Pergamentpapier, das sich selber vernichtet, mit unsichtbarer Tinte.« Die Formel birgt den Wunsch. Damit er sich erfüllen kann, muß er in äußerst prägnanter, eindeutiger Form ausgedrückt und aufgeschrieben werden. Zum Beispiel so:

Von jetzt an und für allezeit
Werde ich meinen Eisprung genau
Alle 29 ½ Tage haben,
Wenn die Mondin voll wird.
Und genau alle 29 ½ Tage,
Wenn die Mondin zu schwinden beginnt,
Werde ich menstruieren.
Von jetzt an und für allezeit
Wird meine Menstruation angenehm sein
Und wohltuend.

Und ich werde frei sein, all das zu unternehmen,
Was ich schon immer unternehmen wollte
Bei allen meinen Menstruationen.

»Das fünfte Prinzip ist ein zweifaches: dreimal die Formel wiederholen und sie darauf entschwinden lassen.« Zu wissen, wohin die Reise gehen soll, ist unverzichtbar, wenn Wünsche (magisch) in Erfüllung gehen sollen. Denn: »Was ihr denkt, stellt ihr her. Gedanken haben eine elektromagnetische Qualität, und als solche ziehen sie eure Erfahrungen an, schaffen die Ereignisse, die eure Erfahrungen umgeben, und stellen eure Beziehungen zu anderen her.« Aber nicht stures Wiederkäuen von und diszipliniertes Festhalten an einmal gefundenen Zielen führt letztlich zum Erfolg, sondern: den Wunsch der Welt anvertrauen – und dann loslassen, vergessen, vertrauen, gewinnen wie der Narr.

»Das letzte Prinzip ist das Prinzip der Einheit. Nicht drei Wünsche habt ihr frei, sondern genau einen: Auch nur ein zusätzliches Ziel wird eure Fähigkeit der Visualisierung verwässern, die Macht eures Geistes, euch voll zu konzentrieren, abschwächen.« Was darf es denn sein? Schmerzfreiheit? Nie wieder ein Gefühl von gespannter Gereiztheit, Aufgedunsenheit, Mißmut? Schwangerschaft oder Verhütung? Eisprung bei Vollmond und Blutung zum Schwarzmond, so wie bei unseren Ahninnen? Oder lieber umgekehrt?

»Du mußt schon ein echtes Kraftbündel sein, wenn du mit dieser Konstellation [Menstruation bei Vollmond] lustvoll und für dich befriedigend arbeiten kannst«, meint Luisa Francia. Dann wirkt die Kraft der Menstruation nach außen. Schiere Macht bricht sich Bahn. Wer dem nicht gewachsen ist, könnte mit Erschöpfung und Depression auf die lunare Bestrahlung der Menses reagieren. »Dann kannst du lernen, wie du Energie umwandelst von einer Depression in einen Schrei«, tröstet Luisa Francia. Wenn es gelingt, Mond und Menses kraftvoll zu nutzen, schwingen sich hexische Frauen zu Höchstform auf. »In dieser Zeit wird höchst wirkungsvolle Magie gewirkt ... Denn der Vulkan bricht aus, und das Feuer braucht Kontrolle und Richtung.« Phoenix, der wundervolle Vogel, der aus der Asche emporsteigt, symbolisiert diese aufregende Form von Menstruation.

Die sanfteste Blutung dürften Frauen Luisa Francia zufolge an Neumond erleben. Sie entspricht dem Zyklus von Frauen, die unter freiem Himmel leben und Nacht für Nacht dem Licht des Mondes ausgesetzt sind. Ihre Kraft geht von außen nach innen, sie verheißt starke heilende Kräfte, Kräfte der Besinnung.

Doch für Männer, die die geheimen, intuitiven Kräfte der Frauen fürchten, ist auch das schauerlich: »Neumond verkörpert den Sog nach innen, das schwarze Loch, das Energie schluckt und zugleich alle Kräfte in sich birgt. Neumond, der schwarze Mond«, heißt es in *Drachenblut,* »ist die dunkle, beängstigende, geheimnisvolle Kraft der Tiefe. In dieser Zeit kommen Ängste, Erinnerungen, Erlebnisse hoch, die Verarbeitung brauchen. Es ist eine gute Zeit abzurechnen.« Die Kröte ist das Symboltier dieser Blutung »mit all ihrem Wissen, ihrem Schleim, ihrer Fähigkeit, ganz bei sich zu sein, ihrer unberührbaren (giftigen) Lust«.

Die Menstruation bei zunehmendem Mond, schreibt Luisa Francia, verkörpert das Wachstum, »die Zeit des Lernens, des Aufhorchens und Einfühlens«. Neue Prozesse kommen in Gang, neue Erfahrungen und Erlebnisse stehen an. »Es ist die Morgenröte, vielleicht die konzentrative, meditative Sammlung, die Veränderungen vorausgeht.« Das Symboltier ist der Rabe.

Als Bär kommt die Blutung bei abnehmendem Mond daher. Gewaltig, tief und mütterlich sei die Kraft der Ge-Bär-Mutter, heißt es in *Drachenblut*. »Bei abnehmendem Mond ist das Feuer kleiner geworden, hat anderes genährt, jetzt kommt die Zeit der Verwirklichung. Aus Ideen und Impulsen«, so Luisa Francia weiter, »webst du ein Netz, fertigst Erfahrenes und Gelehrtes.«

Menstruation ist die Zeit der Veränderung. Vielleicht auch in sich selbst. Verkorkste, unbewußte Rituale, die Frauen auf Schmerz und Leid programmieren, können bewußtgemacht, erkannt und abgeschafft werden. Wo vorsichtshalber alle Termine abgesagt wurden, weil Menstruation mit ihrer notorischen Migräne ja doch handlungsunfähig macht, könnte statt dessen ein Fest mit Freundinnen, ein Schmaus, ein Tanz oder irgendein anderes Ritual, vielleicht ein Spaziergang in ein selbst angelegtes Labyrinth, stattfinden. Frauen könnten sich mit ihren persönlichen Kraftgegenständen umgeben, mit roten und gelben Fäden Menstruationszauber wirken. Oder an die Tradition der Menstruationshütten anknüpfen. Wenn eine Frau ihre Schwelle mit Menstruationsblut gegen unliebsame Besucher imprägniert, ist sie noch besser geschützt, als wenn sie darauf spuckt.

Das liegt an dem berüchtigten Mana, der magischen Kraft, die dem Menstruationsblut innewohnt. Die meisten haben vergessen, mit dieser Macht zu arbeiten. Luisa Francia warnt deshalb alle, die mal so eben Blutrituale feiern wollen: »Mens-Blut ist Abwehrzauber und starke Energie. Bemalung mit Blut verändert jedes Ritual (nur Frauen, die sich gut kennen oder spontanes Vertrauen zueinander haben, sollen Blut-Feste miteinander feiern, da wird viel Energie frei, und damit mußt du umgehen lernen)« (*Drachenblut,* S. 72).

Wer dem roten Faden in die labyrinthische Leere des Bauches gefolgt ist, gelernt hat, mit den Kräften des magischen Blutes umzugehen, ist nicht mehr krank. Sie ist wenigstens in diesem Ausschnitt in einem ganzheitlichen Sinn heil und entdeckt in sich die Kraft zu heilen. »Die Menstruationszeit«, schreibt die amerikanische Heilerin Susun Weed, »ist in der Tradition der weisen Frau die Zeit der Visionen. Frauen, die auf ihre Visionen achten, finden zur Kraft der Schamaninnen, Hexen, Medizinfrauen.« Die weise Frau, eine Frau mit »blutiger Hand, blutigem Schenkel, eine Frau, die gebiert, die auf die andere Seite der Dinge sehen kann«. Die »Frau, die blutet und blutet. Und nicht stirbt.«

Die Macht des Blutmysteriums, erklärt Susun Weed, »erinnert uns daran, daß Leben und Heilung von der Frau kommen und zur Frau zurückkehren«. Die Einheit mit der Erde, deren sich besonders menstruierende Frauen bewußt werden können, ihre hellseherischen und telepathischen Fähigkeiten, ihre Kunst, mit Feen, Elfen, Drachen und Einhörnern, aber auch mit Steinen, Tieren und Pflanzen in Verbindung zu treten, ihre besondere Wachheit der fünf Sinne, bleibt in der Zeit nach dem Blutfluß erhalten. Die weise Alte braucht nicht allmonatlich an das Geheimnis des Blutes erinnert zu werden. Es wohnt ihr inne, orakelt Susun Weed.

Machen wir uns auf die Suche. Nehmen wir den roten Faden auf, und folgen wir ihm. Wer seine Wohnung mit Blut für einige Tage versiegelt, hat eine Menstruationshütte. Raum für Träume und Trancen. Wer so Türen verschließt, entdeckt in sich ganze fruchtbare Kontinente, befreit die Wildsau aus der Kapelle, findet den Mittelpunkt des Labyrinths. Entfesselt die Kraft. Denn dort lauert kein fürchterlicher Minotaurus. Da wohnt die Macht.

Endlich.

Attis und die Fruchtbarkeit der Kröte

Die Kröte spricht, und wenn sie redet, sagt sie wahr. Sie orakelt die Zukunft, und was sie ihren Zuhörerinnen ins Ohr sagt, wirkt wie ein schleichendes Gift: Die Botschaft dringt erst langsam, dann aber unaufhaltsam vom Ohr ins Herz. Setzt sich dort fest, dringt ins Hirn und wird Wahrheit. Zwei Stunden mit der Hamburger Hexe Attis verfliegen schnell. Doch das Gewicht der Begegnung offenbart sich erst allmählich.

Massig, behäbig liegt sie da, olivfarbener, direkter Blick, auch der Pullover in der Farbe der Kröte, hastet sie durch die Sätze, die ihren Lebensweg, ihre Hoffnungen beschreiben. Wer sich in den Strudel hineintraut, wird mitgerissen in ein uneingegrenztes Kraftfeld, voller Widersprüche, voller Lebens- und Todesenergien, voller Magie. Die Frau ist nicht angekommen, wohin sie sich sehnen mag. Sie gurkt nicht behende auf ihrem Besen über die irdischen Niederungen mit einem neckischen Grinsen über die vertrackte Männerwelt. Die Krötenfrau – Symbol vollmächtigen Frauseins, von feuchter Fruchtbarkeit. Die Zaunreiterin – Attis sitzt auf einem Zaun, manchmal komfortabel, mitunter lustvoll, immer in Gefahr, umzukommen bei ihren Grenzgängen.

»Ich verstehe mich im Sinne der ursprünglichen Bedeutung des alten Wortes Hagazussa, die Zaunreiterin, die zwischen zwei Welten sitzt, der logisch-rationalen und der magisch-mystischen«, erklärte Attis sich 1990 im *taz*-Interview. Auf dem Zaun zwischen diesen Welten hat sie zeitlebens gehockt.

»Ich war immer fremd auf der Erde. Von den Kindern bin ich gemieden worden. Nachts hatte ich seltsame Träume. Heute weiß ich, daß ich damals aus meinem Körper herausgegangen bin.« Nicht nur Gefühle von Isolation durchlebte das Kind, auch schwere Krankheiten, in denen sich seine Todesenergie offenbarte: »Als Kind war ich eine Zeitlang gelähmt. Niemand wußte, was das für eine Krankheit ist. Irgendwann verschwand sie wieder von selbst.« Die Auseinandersetzung mit dem Hier und der Anderswelt hatte das knabenhafte Mädchen Silke immer wieder an den Rand des Erträglichen gebracht.

In der Pubertät wurde es gefährlich. »Damals mußte ich die Verbindung zu den anderen Welten zumachen«, erzählt Attis. »Ich habe mich erst mal naturwissenschaftlich orientiert und bin eine Einserschülerin geworden.« Mit siebzehn macht Silke Abitur, folgt dann dem Weg des preußischen Vaters, der als Lehrer in den Naturwissenschaften das logisch-rationale Weltbild in Reinkultur vertritt. Und damit das männliche Ideal von der Naturbeherrschung.

Abweichungen vom patriarchalischen Ideal wurden streng bestraft. »Meine Schwärmerei für Mädchen hat meine Mutter mir verboten, als ich so zwölf oder dreizehn Jahre alt war.« Nicht nur die Verbindung zu den mystischen Welten, auch der Zugang zu ihrer eigenen Sexualität blieb ihr versperrt.

Silke hatte lange wie ein Mann gelebt: »Als junge Frau bin ich Motorrad gefahren, richtig schwere Maschinen, und war sehnig-schlank.« Ein echter Macho sei sie gewesen, bis sie ihre Liebe zu den Frauen zu leben begann, ihre Spiritualität entdeckte und darüber auch ihrem Körper gestatten konnte, das Geschlecht deutlich sichtbar zu zeigen, in das er geboren worden war. »Früher, als ich noch versuchte, Männer zu lieben, wurde ich häufig für einen Mann gehalten. Nachdem mein Blick auf die Göttin gefallen war, wurde ich dicker und dicker, bekam einen großen Busen. Zu Anfang hat mir das große Schwierigkeiten gemacht«, bekennt Attis. »Doch langsam bin ich in den Frauenkörper hineingewachsen.« Die Frauen in der autonomen Szene »fahren auf meine weiblichen Formen ab«. Attis selbst räumt ein, daß sie der Gesellschaft, die flache Bäuche und Brüste, schmale Hüften und Schenkel verherrlicht, noch nicht ganz entwachsen ist. Immer wieder nimmt sie Maß an ihrer Umgebung, bemerkt, daß sie nicht mehr hineinpaßt in die Konfektionsgrößen der Normalität – und leidet darunter. Nicht mehr lange, vielleicht.

»Ich erlebe Männer als Abzocker«, sagt Attis Jahre nach ihrem letzten Versuch, einen Mann zu lieben, und liefert gleich einen Beleg: »Die Wicca-Männer haben den Supertrick gefunden, weibliche Energien und weibliches Wissen für sich zu nutzen. Sie lassen sich im Hexencoven initiieren, und dann schwingen sie sich gleich wieder zu Wortführern auf. Genau so«, meint die Hexe, »ist das Patriarchat einmal entstanden: Frauen haben Männer in ihre geheimsten Räume gelassen.«

Nicht Attis. Wie die Frauen in den historischen Matriarchaten hütet auch sie ihr Blut. »Ich meine, Frauen sollten ihre Menstruation nicht mit Männern teilen.« Für Attis ist das selbstverständlich, weil sie sich längst rückbesonnen hat auf weibliche Traditionen und zudem in einem nahezu männerfreien Raum lebt. Heute sind es vor allem Männer, die das einstmals heilige Blut tabuisieren, als unrein verabscheuen. Daß der Rückzug in kollektive

Menstruationsräume während matriarchalischer Zeiten ein Privileg der Frauen war, keine Strafe, ist verschüttet. »Immer haben Männer versucht, die Menstruation zu imitieren, wenn sie sich blutigen Initiationsritualen unterzogen haben.« Sehnsucht nach der Weiblichkeit im ursprünglichen Sinne verspürte auch der Jüngling Attis in der Mythologie. Er entmannte sich, um als Frau zu leben, und starb. Attis, der Name des Jünglings, der zur Frau werden wollte. Silke nahm ihn an. Später.

Dreizehn Semester absolvierte Silke erfolgreich an der Universität. Mit ihren Fächern Biologie, Chemie und Physik wollte sie nicht das Erbe ihres schon verstorbenen Vaters antreten. Entscheidend war für sie die Vorstellung, so Erkenntnisse über ihre Verbündete, die Natur, zu gewinnen, in Kontakt zu kommen mit all den geheimnisvollen Kräften. »Aber das Studium hat mich kaputtgemacht, alles war zerstückelt, alles war tot. Und kurz vor dem Examen habe ich es hingeknallt.« Der Elfenbeinturm stürzte ein, für die Studentin ging es um Leben oder Tod. Das war 1976.

»Es hat an Halloween angefangen: Ich glitt in eine extreme Depression mit psychotischen Zuständen. Ich wollte meine Mutter umbringen und mich.« Silkes Glück: Anstatt der Tortur der Psychiatrie unterworfen zu werden, wurde sie von einem sehenden Arzt zu einer Psychoanalytikerin vermittelt, die sich nicht am Macho Freud, sondern an C. G. Jung orientiert. »Ich kam in die Praxis, und da ging sie mir entgegen: schwarz gekleidet, eine Katze auf der Schulter, eine andere war um ihre Beine herum. Oh, jetzt bist du bei einer Hexe gelandet«, durchfuhr es die verstörte Patientin. Sie blieb dennoch. Denn »mehr als sterben kannst du nicht«.

Silke starb nicht, sie gebar sich in ihre neue Identität hinein. Die Hexe »hatte mich aus der tödlichen Schiene befreit. Vorher habe ich immer nur vor mich hin vegetiert.« Jetzt kam Silke in Berührung mit Magischem, Astrologie und Spiritualität. Und mit der wilden Hamburger Frauenszene. Schluß mit der Maskerade. Silke bekannte sich zu ihrer Liebe zu Frauen. Heute beruft sie sich auf matriarchalische Kulturen, in denen lesbische Liebe niemals tabu war. »Ich will heute nicht als Mitglied einer Minderheit toleriert werden. Die sollen begreifen, daß das, was ich lebe, jahrtausendelang normal war.«

Fasziniert von den Häutungen, die sie selbst erfahren hatte, nahm sie das Studium der Psychologie auf. Doch auch dabei stieß sie auf eine Männerwelt, auf normierte Vorstellungen von einem linearen Entwicklungsprozeß, von genormten Vorstellungen, was krank und gesund ist. Das Gefühl, an einem Ort anzukommen, wo sie hingehört, hatte Silke 1980, sechsundzwanzigjährig.

Ihre damalige Geliebte, die sich für alles Magische interessierte, schleppte sie mit in den Westerwald. Vogelwilde Landfrauen hatten einen Hexenworkshop angeboten. Sie arbeiteten mit Jahreskreisfesten, mit Tarot, Astrologie, Orakelbrettern und wußten schon über die Heilwirkung von Aromen und Edelsteinen. Die Frauen trugen nur selbstgefertigte, naturbelassene Kleidung, sie ernährten sich makrobiotisch und können heute mit Fug und Recht als Trendsetterinnen für ein ökologisches Leben bezeichnet werden. »Eine völlig verrückte und magische Welt.«

Eine erneute Umbruchzeit rüttelte Silkes Leben durcheinander, zurecht. Als sie mit einem Orakelbrett nach ihrem weiteren Werden forschte, erschien ihr neuer Name: Am Rand des runden Orakelbretts sind die Buchstaben des Alphabets aufgemalt, dazu die Worte »Ja« und »Nein«. In die Mitte des Brettes wird ein Tellerchen oder

Glas gestellt, auf das diejenigen, die das Orakel befragen, einen Finger legen. Nach einer Weile beginnt das Glas zu den Buchstaben zu wandern, es bilden sich Worte, ganze Sätze, Botschaften. »Als ›Attis‹ auf dem Brett erschien, war ich gar nicht besonders berührt, er sagte mir nichts. Ich fing aber mit der Zeit an, ihn zu mögen. Der Name hatte eine Anziehungskraft auf mich, und nach einigen Jahren nannte ich mich nur noch so. Erst viele Jahre später erfuhr ich, daß es diesen Namen in der Mythologie gibt und welche Bedeutung damit verbunden ist.«

Attis entmannte sich und starb. Silke entmannte sich – und lebt. Die männliche Frau hatte unter ihrem Blut gelitten, monatelang hatte sie überhaupt nicht menstruiert. »Seit ich Hexe bin«, schwärmt sie nun, »habe ich eine völlig tolle Menstruation.« Statt Schmerzen erlebt sie nun Kraft ohne Ende. Mensesblut, weiß sie, ist die magischste Flüssigkeit neben Speichel. Und Attis arbeitet mit ihrem Blut. »Wo ich mich mit der Erde verbinden will, vergrabe ich mein Blut. Wo ich meine Kraft leben will, wo ich Plätze für Frauen zurückerobern will, wo ich Platz für mich zurückhaben will« – alles Orte für Blutrituale. Denn »Menstruationsblut hat eine wichtige Schutz- und Kraftfunktion.« Die Zeit des Blutes steckt voller Energien, Visionen und macht hellsichtig. Blut, das ist das Symbol für die Allmacht der Frauen.

»Menstruation«, erklärt Attis, »hat was mit Tod zu tun. Das Mensesblut ermöglicht dem Leben, auch wieder zu gehen. Wenn wir nicht bluten würden, könnte nicht gestorben werden.« Genau deshalb, meint die Hamburger Hexe, unterliegt die Menstruation diesem interkulturellen Tabu: »Vom Töten und Sterben sollen wir abgeschnitten sein. Damit sollen wir nichts zu tun haben.«

Als Zaunreiterin zwischen Leben und Tod spürt Attis den

Tod in ihrem Bauch. Sie erzählt: »Als eine Freundin im Sterben lag, habe ich wahnsinnige Gebärmutterkrämpfe bekommen. Ich hatte aber erst kurz zuvor mein Blut gehabt. Es lief auch kein Blut. Aber meine Gebärmutter hat das gemacht, um die Freundin in den Tod zu begleiten. Als sie gestorben war, hielten die Krämpfe noch drei, vier Tage an, so lange, wie die Totenwache dauerte. Ich bin sehr weit mit dieser Frau mitgegangen.« Ein paar Monate später erhielt Attis erneut eine Botschaft aus dem Grenzland zwischen Dies- und Jenseits: Wieder starb eine Frau, mit der sie hexisch verbunden war.

Botschaften gehen aber auch von der blutenden Frau aus. »Spirituelle Männer spüren das sehr genau«, weiß Attis. Eine Anekdote aus dem Leben anderer Hexen dient ihr als Beleg: »Die beiden Frauen wollten mit einem buddhistischen Mönch meditieren. Der Mönch fing aber nicht an, seine Mantren zu singen. Statt daß Ruhe in ihn einkehrte, wurde er zunehmend nervös. Schließlich stand er auf, ging zu den beiden Frauen, die in der ersten Reihe saßen. Einer der beiden flüsterte er seine Frage ins Ohr: ›Menstruieren Sie?‹ Als die Frau bejahte, wurde sie aufgefordert, sich ganz nach hinten zu setzen oder, besser noch, den Raum gleich ganz zu verlassen. Das manahaltige Blut irritierte den Mönch allzusehr.«

Andere Botschaften bekommen auch weniger feinfühlige Männer zu spüren. Attis: »Wenn ich mein Blut habe, werde ich oft sehr tief zornig. Ich wehre mich dann viel heftiger, und da bin ich viel tödlicher. Da fließt echte, tödliche, klare Energie.« Seit Attis den Kult der Göttin feiert, wendet sie diese tödliche Energie seltener gegen sich selbst. Seitdem hat sie die Tür zu einem magischen Leben, vor dem sie immer die Augen hatte schließen sollen, aufgestoßen.

Tabuisiert und verteufelt, war Magie dennoch schon in Attis' Familie fest verwurzelt: Da ist die alte Tante, die verleumdete »schräge Olsch«, die allein, abgeschottet und autonom, in einer Zwölfzimmervilla lebt. Kämpferisch auf ihrem eigenen Weg und willensstark ist sie der Feindseligkeit der Außenwelt, besonders des pflichtbesessenen Bruders, begegnet, hielt stand. Hexe wurde sie nie genannt. Aber »um sie ist ein Geheimnis«, weiß Attis und bemüht sich heute, endlich Kontakt zu der steinalten Frau zu bekommen. Doch die erinnert sich nicht an ihre Nichte, will wohl nichts mehr wissen von Menschen.

Die Mutter, die mit ihren langen grauen Haaren und ihrem verwegenen Äußeren das Urbild einer Hexe bietet. Auch sie lebt seit dem Tod ihres Mannes allein in ihrem Haus am Rand eines Wäldchens, am Rand von Hamburg. »Ich bin überzeugt, daß sie etwas mit dem Krebstod meines Vaters zu tun hat«, orakelt die Krötentochter. »Zeit seines Lebens hatte sie sich als perfekte patriarchalische Ehefrau gebärdet. Nach seinem Tod unternahm sie einen Selbstmordversuch und wurde in die Psychiatrie eingeliefert. Plötzlich war sie dann gesund – und mußte allein leben.« Attis weiter: »Meine Mutter erträgt es nicht, jemanden neben sich zu haben. Und wenn ein Mann sich auf sie einläßt, wird es gefährlich.« Nachdem sie verwitwete, hatte sie noch einmal einen Freund. Doch auch der wurde, bald nachdem er ins Haus der Mutter eingezogen war, sterbenskrank. Im Krankenhaus wurde er gerade noch von seinem Zwölffingerdarmgeschwür geheilt. Da wurde ihm klar, was ihn krank gemacht hatte. »Er kriegte die Kurve und zog aus.«

Da ist die Schwester, die sich müht, als Ehefrau ihrer gesellschaftlichen Rolle gerecht zu werden, immer wieder daran scheitert und wiederholt in die Psychiatrie eingewiesen wurde. Sie hat sich (noch) nicht getraut, den Ring des Patriarchats zu sprengen und sich zu ihren Hexenanteilen zu bekennen. Da ist auch der Großvater mütterlicherseits, der an der Warthe als Fährmann den Menschen über den Fluß geholfen hat, der Großvater väterlicherseits, der sich auf »üble Männermagie« verlegt hatte, ein Freimaurer.

Und da ist sie selbst, einige Jahrhunderte zuvor, wie sie auf dem Wagen zum Verbrennen gefahren wird. Da ist diese Angst, sind diese Panikzustände, wenn sie in Orte fährt, wo weise Frauen schrecklich verfolgt und in großer Zahl vernichtet worden sind. Bei einer Rückführungstrance ist Attis sich selbst in dieser Gestalt begegnet. Alles Hysterie und Selbstsuggestion? »Das ist nicht so wichtig«, meint die Hexe, die früher selbst gern mit Reinkarnationsregressionen gearbeitet hat. »Es ist ein Unterfutter.«

Heute führt Attis die Frauen, die bei ihr Hilfe suchen, kaum noch zurück in andere Leben. »Ich mache das immer seltener, weil Reinkarnationen davon ausgehen, daß es eine lineare Zeitschiene gibt. Dabei finden alle Zeiten parallel statt. Jede Frau hat Zugang zu allen Zeiten. Immer. Alles, was war, ist als Erinnerung in unseren Zellen gespeichert.« Es kommt nur darauf an, wie das Wissen abgerufen werden kann. »In diesem Leben bin ich nicht vergewaltigt worden. Aber ich weiß, wie es ist, was es bedeutet. Jede Frau weiß es tief innen.«

»Wenn wir in Trancen oder Ritualen unsere Erinnerungsräume öffnen, ist das teils sehr bedrohlich. Aber wenn wir es uns wirklich trauen, kommen wir an unsere ursprüngliche Kraft heran.« Das versucht Attis, wenn sie anderen Frauen die Karten legt, manche, die es unbedingt wollen, in frühere Leben geleitet oder Orakel offenlegt, wenn sie ihre Horoskope erstellt und mit ihnen in Phantasiereisen oder Trancen abtaucht.

Für »Alchemilla«, ein selbstverwaltetes Ausbildungsprojekt für Heilpraktikerinnen in Hamburg, das die Selbstheilungskräfte der Frauen fördern will, bietet Attis Hexenseminare an. Die Frauen treffen sich an acht Tagen im Jahr, ausgewählt nach den alten Jahreszeitenfesten. »Das ist wichtig, weil diese Einteilung sich ja nach Kräften richtet. Wer lernt, sich mit diesen kosmischen Kräften zu verbinden, entfaltet enorm viel Magie.« Magie ist für Attis, Teile der feinstofflichen Energie, die uns umgibt, in feste Stoffe, sogenannte Wirklichkeit, umzusetzen. »Was wir denken, wird durch Magie wahr«, so Attis' Erfahrung und: »Das Leben auf der Erde funktioniert nach dem magischen Prinzip.«

Alte magische Traditionen bemüht Attis auch für ihre heutigen Rituale, viele neue hat sie selber im Laufe der Jahre entwickelt. »Ich mag Feuerrituale. Ich schreibe etwas auf, was ich loswerden will oder was sich erfüllen soll, und verbrenne den Zettel.« Sie legt sich einen Schutzkreis, aus dem heraus sie die Göttinnen anruft, umgibt sich in ihrem hellrosa gestrichenen Zimmer mit Kraftgegenständen. Sie meditiert und rezitiert rituelle Sprüche, sie tanzt und rasselt. Doch Hexe zu sein bedeutet einer Frau wie Attis nicht, in erster Linie, einem Privatvergnügen zu frönen. »Klar, Freizeit und Arbeit, das fließt bei mir ineinander.« Aber vor allem begreift sie ihre Tätigkeit hochpolitisch. Denn »es geht darum, sich mit allen anderen Frauen zu verbinden und unterdrückerische, destruktive patriarchalische Strukturen auszuhebeln – auf vielen Ebenen«.

Attis lehrt unterschiedliche Trancehaltungen, die je verschiedene Welten öffnen. Mit ihren Schülerinnen, Ver-

bündeten sucht sie Kraftplätze auf, an denen sie ihre
Rituale feiert. Nicht nur alte Steinkreise und Hünengrä-
ber sind dafür gemacht. »Wir finden unsere eigenen Plätze. Das können Quellen oder Bäume sein. Dadurch, daß
wir dort mit vielen Frauen sind und wiederkommen, werden sie zu Kraftplätzen.« Frauen, die sich für die Hexen-
kraft in sich interessieren, können bei Attis ein Einstiegs-
wochenende buchen. Dort, bei Ritualen in verborgenen
Waldstücken am Elbufer oder in Seminarräumen, erleben
die Kursteilnehmerinnen ansatzweise, was es bedeuten
kann, wenn Frauen sich verbinden.

»Die Gemeinschaftsenergie kommt wieder«, orakelt die
Kröte, »davor muß das Patriarchat zittern.« Das tut es
auch: »Meine patriarchalisch geprägte Umwelt hat Schiß
vor mir, besonders wenn ich ganz in meiner Kraft bin.«
Das ist Attis jetzt gerade nicht. Die Hexe liegt seit Halloween nahezu bewegungsunfähig – Hexenschuß, vermutlich schlimmer, ein Bandscheibenvorfall – im rosafarbe-
nen Bett. Attis verzichtet trotz herber Schmerzen auf
lindernde Medikamente. In der lieblichen, aber sparsam
möblierten Umgebung setzt sie sich den körperlichen und
seelischen Prozessen aus, sucht die Botschaft, die sich ihr
in kaum zu entschlüsselnden Bildern präsentiert. In ihre
Zweizimmerwohnung führt eine steile Treppe mit schmalen Stufen – hier ist auf Krücken kaum ein Entkommen.
Ihre Geliebte, die sich um sie kümmert, und ein Stapel
Bücher über Hexenwelten und Magie, Attis lenkt sich
nicht ab.

»Jede Nacht erlebe ich heftige Prozesse, wilde Träume,
wahnwitzige Bilder« – Auseinandersetzung mit der ständigen Überforderung, der sie sich als Helfende ausgesetzt
fühlt, Auseinandersetzung mit den Energien, die sie
selbst mobilisiert hat oder von anderen Frauen ihres

schamanischen Netzes auffängt. Krankheit als letzte Rettung vor dem totalen Burn out, Krankheit stellvertretend für andere. »Seit ich mich Hexe nenne, habe ich Probleme mit dem Rücken. Es gibt da irgendeine Kraft, mit der ich nicht umgehen kann« – mehr gibt sie nicht preis.

»Es ist ein Vorurteil, daß Hexen immer gut drauf sind«, kommentiert Attis ihren Zustand, die ausschließlich auf ihre Selbstheilungskräfte und alternative Heilmethoden vertraute und schließlich wieder auf die Beine gekommen ist. Doch zuvor ritt sie ein weiteres Mal auf dem Zaun, gewann sie nachts Einblicke in eine schaudern machende Anderswelt. Wie vor zwanzig Jahren und wie 1988, als Attis sich endgültig vom Macker in sich verabschieden mußte, begann es an Halloween.

»Ich sollte das neue Hamburger Frauenhotel von alten, üblen Energien befreien. Das mache ich, indem ich dort die Räume ausräuchere und mit meiner Rassel durch die Zimmer gehe. Da bin ich viel zu naiv rangegangen. Ich hätte mich erkundigen müssen, was das für ein Haus ist.« Inzwischen weiß Attis, welche Energien sie bei ihrem Ritual auf sich gezogen hat: Das Haus beherbergte früher einmal eine Freimaurerloge. »Ich habe die Energie von dem Männermagiebund reingekriegt, mit der ich nicht zurechtkomme. Seitdem«, so bemerkte Attis, »wenden Männer sich aggressiv gegen mich. Es sind gräßliche Kontakte.« Vielleicht nicht gräßlich genug, um allein verantwortlich zu sein für einen Bandscheibenvorfall.

Ebenfalls an diesem Halloween haben befreundete Hexen in Süddeutschland, bei denen Attis seit zwei Jahren eine schamanistische Hexenfortbildung in sich aufsaugt, Unterweltsenergien beschworen. Ohne dabeigewesen zu sein, ist Attis doch in das Fadenkreuz der gerufenen Geister geraten. Wie durch ein Medium gehen die Schwingungen durch sie hindurch, viele blieben aber auch bei ihr. Wiederholt litt Attis furchtbare Kopfschmerzen, wenn sie Botschaften aus dem Netz der Frauen aufnahm, aber nicht weiterzuleiten verstand. Nun stauen sich die Energien nicht im Hirn, jetzt sind sie ihr von dort durch das Rückenmark in die Lendenwirbel gefahren. Seit Halloween erduldet Attis die schlimmen Schmerzen, seitdem muß sie wieder und wieder in die Anderswelt schauen. Kein Entrinnen.

Das sagen ihr auch die Sterne. Urania und Neptun liegen auf der Steinziege, Attis' Sternzeichen. »Das deutet auf eine große Sprengkraft mit verrückten Energien. Das kann völlig aushebelnd wirken. Seit dieser Sternenkonstellation erlebe ich mich als Teil eines grauenhaften Alptraums. Es sind aber auch starke Befreiungsenergien vorhanden, das Gefühl, ich muß jetzt raus.« Die Todesenergien, die Attis seit ihrer Kindheit begleiten, kämpfen mit dem Leben in ihr. Doch sie stellt sich. Und begreift die Krankheit als Chance: »Aus den eigenen Krankheitserfahrungen entdecke ich Heilerfahrungen und -methoden.«

Ein Weg, gesund zu werden, ist für Attis, sich auf sich selbst zu besinnen, ihre Magie nicht nur in den Dienst verhärmter, verzweifelter oder wißbegieriger Frauen zu stellen, sondern ganz für sich zu rasseln, zu räuchern, zu tanzen, sich in Trance zu versenken. Dazu gehören auch die Seminare bei den Schiran-Frauen. Das gigantische Gelächter, das sich in die Landschaft mischt. Die riesige Kraft, die die Frauen in sich entdecken, nachdem sie die Machtspielchen, die die Atmosphäre zwischen Lesben und Heteras schon mal verpesten können, hinter sich gelassen haben. »Frauenkraft potenziert sich. Das ist die Quintessenz dessen, was dort gelehrt wird. Wow, das tut gut.«

Die Heilkunst der
weisen Frauen

Heilen, das war für die weisen Frauen und Hexen des Mittelalters eine zentrale Fähigkeit. Magie war nicht zu trennen vom Heilungsprozeß. Nicht immer entsprach das, was die Hebammen, Kräuterfrauen und Hexen darunter verstanden, dem, was Staat, Kirche und später auch die Schulmediziner für gesund hielten. Das ist bis heute so. Noch immer gehört Magie zum Handwerk der weisen Frauen. Und bei fast allen Gesprächen, die wir bei unseren Recherchen geführt haben, geschah Heilung – beabsichtigt oder nicht – im magischen Prozeß. Auch dann, wenn sich die Hexenfrauen nicht ausdrücklich als Heilerinnen verstehen.

Alternative Heilmethoden erleben einen Boom. Von Ayurveda über Homöopathie bis Zen-Meditation – jeder kennt sie, viele unterziehen sich den mehr oder weniger strikten Exerzitien. Manche gehen einen Schritt weiter und folgen ihrer inneren Stimme, vertrauen auf die Heilkräfte der Natur und vor allem auf die Selbstheilungskräfte.

HeilerInnen, wie wir sie meinen, helfen, die Selbstheilungskräfte ihrer KlientInnen oder PatientInnen zu wecken, auch wenn diese unter dauerndem Beschuß von Antibiotika, Abgasen oder Lieblosigkeit stehen bzw. standen. Diese Weisheiten waren es, die uns besonders interessiert haben. Nur einen winzigen Ausschnitt davon können wir hier wiedergeben. Die Palette dessen, was heute auf dem Gesundheits- und Esoterikmarkt angeboten wird, ist enorm groß.

Gesund und krank – das sind zwei entgegengesetzte Punkte auf einer Linie. In einem ganzheitlichen Sinn heil sein – das ist der vollkommene Kreis. Im Sein der Magierinnen kommt die Linie nicht vor. Sie ist überwunden. Auch den Kreis haben viele hinter sich gelassen. Der Kreis, der keine Entwicklungsmöglichkeiten bietet. Immer rundherum, der Anfang ist das Ende.

Die Spirale lockt auf ihren Weg. Vom Nichts ins Nichts, philosophiert die amerikanische Heil-Weise Susun Weed. Die Heilung – sagt sie rigoros – kann auch Tod bedeuten.

Krank sein. Krank am eingeschnürten Körper, leidend an einer eingeengten Seele. Korsetts, die wir uns selbst anziehen, in die wir hineingepreßt werden. Die neuen Hexen setzen dem Leiden Befreiung von Normen, ekstatisches Tanzen, Imaginationen entgegen. Und nähern sich so dem Heil-Sein.

Nicht nur für sich selbst haben sie die alten Künste wiederentdeckt. Sie knüpfen an die Tradition der heilkundigen weisen Alten an, sie geben weiter, was ihnen guttut. Egal, ob sie sich Hexen nennen, Magierinnen, Schamaninnen, Psychologinnen, Hebammen. Ganz gleich, ob sie mit dem Körper, Kräutern, Steinen, dem Atem, Handauflegen, Aromen, Essenzen oder Wasser hantieren. In den Heilerinnen lebt eine Kultur fort, die allen Wesen Verantwortung für sich überträgt und sie zugleich einbindet in ein größeres Ganzes. Ganz bei sich sein und ganz ein Teilchen sein – das ist heil.

Anstatt schneller Erfolge beim Kurieren einzelner Krankheitsbilder geht der Weg beim traditionellen Heilen nicht von Symptom zu Symptom. Das Zeichen einer Störung wird als Hinweisschild zum Kern der Inbalance genommen. Es wird als Ausdruck der Person als ganzheitliches Wesen und als Teil einer Familie, Gesellschaft, eines Universums gesehen.

Heilung bedeutet dabei nicht unbedingt, das Symptom zu beseitigen. Erkenntnis, was das Problem uns geben will, ist hingegen der Weg zur Heilung. Ein Weg, der oft tief ins Innere führen kann. Schmerzfreiheit ist dabei keineswegs garantiert. Dafür aber Veränderung. Wer sich auf die magischen Heilweisen einläßt, kann nicht bleiben, wer sie ist.

»Bei jeder schamanischen Aufgabe stößt man an einen Punkt, an dem etwas zu Bruch geht«, warnt die New Yorker Großstadtschamanin Gabrielle Roth. Wer sich auf den Weg macht, sollte das in guter Begleitung tun. Doch wer kann schon wirklich folgen?

Manchmal mag es scheinen, als gehe es mit dem Fahrstuhl zum Schafott: immer weiter hinunter. Dabei fallen immer mehr Masken, die wir alle tragen, auch um uns vor uns selbst zu verbergen. Weg damit. »Wenn du einmal geleert bist«, schreibt Gabrielle Roth weiter, »bist du bereit, deinem wahren Selbst Aufmerksamkeit zu schenken, hinter der Maske dem ›Du‹ zuzuhören und es zu betrachten.«

Nicht nur individuelle Identitäten zerbersten, ganze Welten stieben auseinander. Roth: Du bist »gezwungen, herauszufinden, wer und was du bist. Da du nicht mehr über all die Überzeugungen, Erwartungen, Ansichten, das Selbstbildnis, das von einem Lehrer oder einem System zur Verfügung gestellt wurde, verfügst, wenn deine Welt auseinanderfällt und du nur mit dir selbst zurückbleibst.« Eine schreckliche Vorstellung?

Verheißung. Die Verheißung, sich selbst auf den Grund gegangen zu sein. Die eigene Mitte gefunden zu haben und dort zu verharren, geheilt. »Das sind immer nur Momente«, erklärt die Nürnberger Heilerin Shakti. Aber immerhin: »Momente des Glücks.«

Shakti tanzt dorthin, stiftet andere an, ihr dorthin zu folgen. Gerda Buchberger aus München sucht ihre Verbündeten unter den Kräutern. Eine verbindet sich so innig mit dem homöopathischen Mittel, daß sie es gar nicht mehr einzunehmen braucht, eine andere lehrt, dem Pfad des Atems ins labyrinthische Innere zu folgen, andere legen Steine auf, arbeiten mit Aromen, den Händen, Wasser.

Die Wege sind verschieden. Aber immer wieder erklären die neuen alten Weisen: Mach dich leer, vergiß dich selbst, entdecke dich selbst und den Kosmos.

Das klingt geheimnisvoll. Das ist magisch. Und Magie trägt das Geheimnis in sich. Auch Mystisches, Brimborium und Hokuspokus darf dabeisein, meint Rosemary Rodewald (siehe das Kapitel über Menstruation). Nur die Heilerin trage das Wissen in sich, was tatsächlich heilt, was nur schmückendes, geheimnisvolles Beiwerk ist. Über einige Ingredienzien ihres Tuns haben Heilerinnen mit uns gesprochen.

Doch ihre Geheimnisse haben sie nicht gelüftet. Das, was sich zwischen Heilerinnen und Heilsuchenden vollzieht, widersetzt sich widerspenstig der Sprache. Mystisches drückt sich in Bildern aus, mag nicht in Worten gerinnen. Im Nichts sind keine Worte. Und für manches haben wir keine Worte gefunden.

Unsere Gespräche mit den Heilerinnen sollen neugierig machen, vielleicht einladen, sich selbst leer zu machen und Maske für Maske abzulegen.

Susun Weed:
Vom Nichts ins Nichts

»Ich dehne mich aus ... Ich lasse los, fliege los in den Tod, die Geburt, die Leere, die Fülle. Ich überlasse mich der Verwandlung. Ich werde Vollkommenheit. Ich bin wieder eins mit der Geliebten.« Sein, so die weise Heilerin Susun Weed, kommt aus der Leere, endet in ihr, kommt aus ihr. Zwischen zwei Toden das Leben, nur eine andere Form dazusein.

Dasein, aber wie?

Eingeschnürt in das selbstgewählte Korsett des Erfolgs. Manager des eigenen Lebens. Bemeisterer des Herzens: solange es nicht aufmuckt, solange es reibungslos funktioniert, so lange ist der Motor heil. Geht er trotz regelmäßiger Wartung und Superkraftstoff kaputt, muß er repariert, vielleicht ausgetauscht werden. Und zwar subito.

»So schnell«, schreibt Susun Weed, »daß ich nicht einmal weiß, daß ich krank oder traurig oder verwirrt bin.« Ganz schnell zum Mechaniker. Er weiß, was zu tun ist. »Tun ist wichtiger als Sein«, charakterisiert Susun Weed die wissenschaftliche Tradition des Heilens der Apparate und Maschinen.

Wenn das Tun umsonst ist, der Körper hartnäckig an seinen Mängeln, Makeln und Schmerzen festhält, droht der dunkle, leere Abgrund, das Leiden, den Körper, den Geist, die Seele zu verschlingen. Schmerz ist unvermeidlich.

»Verschwunden. Tod. Das Ende?«

»Das Ende. Lieber ein Ende als Veränderung.«

Ruhe. Es herrscht absolute Stille. Meditative Exerzitien führen mich mit fester Hand von Morgengrauen zu Morgengrauen. Makrobiotische Kost reinigt meinen Körper von schmutzigen Schlacken, schwemmt gleich den Unrat mit fort, der sich auf der Seele abgelagert hat. Keine Exzesse, bitte. Keinen Hamburger, bloß nicht. Keine Nacht übersät von den Sternen der Liebe. Nur das nicht. Das Wissen eines asketischen Gurus hilft, den Tod zu überlisten. Seine Regeln helfen, porentief rein und klar zu werden. »Wenn ich sie verletze, werde ich bestraft: Ich werde krank.« Doch die Spirale kreist in immer enger werdenden Schwüngen in immer höherem Tempo auf die tödliche Mitte zu. Warum?

Noch heroischer wird alles Schlechte vermieden, bereut, ausgemerzt. Doch Schmerz ist unvermeidbar. Immer dunkler wird der Tod, immer furchtbarer sein Schatten. »Je strikter ich mich an die Vorschriften halte, desto unbeweglicher bin ich, desto weniger Lebenskraft fließt in mir. So dreht sich die Spirale ein, schnell ein ins Reich des unvorschriftsmäßigen Todes – ich habe versagt.«

»Schmutziger Tod – Gewinner im Gleichgewichtsspiel, im Sei-gut-Spiel – der Weg allen Fleisches, Asche zu Asche. Ich habe für alle meine Sünden gebüßt, Vater. Darf ich ewig leben? Staub zu Staub, doch meine Seele stirbt nie«: die heroische Tradition des Lebens, Heilens – und Scheiterns.

Sich fallenlassen in die offenen Arme von Mutter Erde. »Tod«, so Susun Weed, »ist ein Teil der erfolgreichen Heilung in der Tradition der weisen Frau.« Nichts vermeiden. Schritt für Schritt ins Ungewisse der Spirale hinaustreten. Von der Mitte in die Weite, von der Leere in die Leere.

»Die Spirale kommt aus und endet in der Unsichtbarkeit, der großen dunklen Bauchhöhle der Göttin, dem Nichts ihrer Gebärmutter, endlos leer, endlos voll, dem Tor zum Leben, Fenster zu Transformation und Pforte in den Tod.«

Wer dem Pfad der Spirale folgt, wer dem Kreis aus zwölf Schritten den einen, den dreizehnten hinzusetzt, der aus dem Kreislauf der Gewißheit das Abenteuer der Veränderung macht, schreitet auf dem Weg der Vollkommenheit, des Heil-Seins, der Heiligkeit. Die Einheit aus Körper, Geist und Seele ist ein holographischer Resonanzkörper.

Prallvoll mit Schwingungen, Empfindungen, satt von tausenderlei Geschmäckern, neugierig auf immer neue Düfte. Beglückt und überzeugt von der Einzigartigkeit aller Wesen, aller Konstellationen, verbündet mit Mutter Erde, heil von frischen, wilden Kräutern – das ist die weise Frau.

Der Heilerin ist Krankheit nicht die Abwesenheit von Gesundheit, nicht die mörderische Invasion einer Maschine durch Bakterien, Viren. Ihr Ziel ist nicht die Immunität. Sie sucht nicht nach dem einen Grund für die Niederlage der Menschenmaschine unter ihren Feinden. Sie reißt Löcher, klaffende Tore, durch die die Verbündeten eintreten können.

»Sie sucht den dreizehnten Schritt, um das Geschenk im Schmerz zu entdecken.« Schmerz ist unvermeidlich.

»Jedes Problem, jeder Schmerz«, so Susun Weed in *Heil-Weise,* »jede Behinderung und Krankheit ist in diesem Gesundheits-Verständnis ein Loch, durch das die ganzheitliche Energie fließen kann, ein Tor, durch das Verbündete treten können, die Transformation mit sich bringen, die schützen und dich reich beschenken können, die dir fehlende Teile zu deinem Ganzen liefern. Verbündete«, so die weise Frau weiter, »die dich zur Integration durch Auflösung führen ... die dich an deine Sterblichkeit und an deine Unsterblichkeit erinnern.«

Nur nicht festhalten. Nicht am gesellschaftlichen Bild von Gesundheit als immerwährende Jugend und Fitneß.

Nicht am Dualismus von Krankheit und Gesundheit. Nicht am Gegensatz von Leben und Tod. Nicht an den herkömmlichen heroischen oder wissenschaftlichen Heilmethoden.

Loslassen. Dann enthüllt sich der Sinn der Schmerzen. Im freien Fall offenbart sich das Wesen jedes spezifischen Krankseins. Im Flug lernst du deine Schmerzen kennen. Und Lieben? Nicht deine Feinde sollst du lieben, vereinnahme sie. Liebe dich selbst. Mach die Schmerzen zu deinen Verbündeten. Sieh sie an, werde eins mit ihnen, rät Susun Weed. Dann endet das Leiden. Weed: »Schmerz ist unvermeidlich, Leiden ist freiwillig.«

Kaum zu glauben. Wer die Formel spricht: »Man gönnt sich ja sonst nichts«, wer sich für Genuß zu entschuldigen gelernt hat, für Feste zu büßen, wer helfen kann, aber keine Hilfe annehmen, schenken kann, aber keine Geschenke annehmen, hat das Leiden zu seinem Verbündeten gemacht.

Die weise Frau ist frei von Schuldgefühlen. Sie ist voll der Liebe zu sich selbst, und in ihrer Liebe zu anderen steht das Nein stark und schön neben dem Ja. Da sie sich selbst liebt, fürchtet sie sich nicht, Grenzen zu ziehen.

Ein schwieriger Weg war es dorthin. »Der innere Brunnen der Liebesbedürftigkeit und der Sehnsucht ... ist, wenn wir zum erstenmal allein hinunterschauen ohne eine andere Person, der wir für das hohle Echo die Schuld geben könnten, ein bodenloser Abgrund«, schreibt Susun Weed. Und weiter: »Mit jeder liebevollen Tat, die wir uns selbst gönnen, füllt sich diese große Leere. Langsam wird der Boden erkennbar.« Eine Ahnung entsteht, wie schön es sein könnte, dem Körper nicht erst Aufmerksamkeit zu schenken, wenn er sich der harschen Kontrolle seines Besitzers entzieht.

Den Körper nicht mehr besitzen wollen, sondern Körper sein. Geist sein. Seele sein. Ganz sein. Wer die Seele einmauert, den Körper fesselt, sich auf den Geist kapriziert – oder umgekehrt –, fordert Krankheit heraus. »Mach dir bewußt, daß du, wenn du irgendeinem Teil von dir optimale Nahrung verweigerst, dich als Ganzes verleugnest und ebenso das ganze Universum«, mahnt Susun Weed. »Die weise Frau sieht unsere Krankheit, unser Problem als Verbündete/n, denn unsere Ganzheit kommt sowohl von Krankheit als auch von Gesundheit.« Mache deinen Krebs zu deinem Verbündeten. Bekämpfe ihn nicht, sondern entdecke die Botschaft, die er dir überbringt.

»Indem wir gegen den Schmerz oder die Beeinträchtigung kämpfen, kämpfen wir paradoxerweise gegen unsere Ganzheit, unsere Vielfältigkeit und Veränderlichkeit, gegen unsere Perfektion als ein holographischer Ausdruck des Ganzen.« Kontrolliere (dich) nicht, akzeptiere, so wie die Heilerin, das Chaos, und vereinnahme deine Krankheit für dich. Frage nicht, warum. Niemals.

Die weise Frau fragt:

»Wie kann das Problem zu meinem Verbündeten werden? Wie kann mir dieser Zustand guttun?

Was soll das Problem oder der Schmerz verhindern?

Was für Nahrung beziehe ich aus meinem Schmerz/Problem?

Was für einen Teil meiner selbst enthülle ich hier?

Was für Nahrung brauche ich da?

Wie kann ich mich öffnen, um das Geschenk aus dieser Situation annehmen zu können?

Wie kann ich meine Ganzheit nähren?

Was stärkt mich, meine Gemeinschaft und Mutter Erde in dieser Situation?«

Gefangen von der Gewohnheit, uns als Versager zu verstehen, wenn die Ganzheit ihren Tribut fordert, verschließen wir die Augen vor den Wohltaten hinter der Krankheit.

Die weise Frau hilft. Sie »ruft Ganz-/Heil-/Heilig-Sein hervor, indem sie die Öffnung, das Loch erkennt, durch das die ersehnte Nahrung hereinkommen kann«, so Susun Weed. Gerade das, was wir an uns nicht mögen, was wir fürchten, verhilft der Heilung zum Durchbruch: »Trauma, Kummer, Schmerz, Krankheit und Verletzung schaffen Löcher.« Deshalb gilt auch: »Nichts ist qualvoller, als die Mauern niederzureißen, die uns von der Liebe trennen.«

Schmerzen sind unentrinnbar, aber Leiden ist freiwillig.

Shakti:
Innehalten – und lachen

Wenn Shakti den Raum betritt, kommt die Heiterkeit. Heute wenigstens. Ein ruhiges Lächeln weicht nicht aus ihrem Gesicht, auch nicht, wenn sie ernst spricht. Über Dämonen, Streß oder darüber, wie Frauen ständig an sich herummäkeln.

Vollkommen entspannt sitzt sie, weiß und hellviolett gekleidet, in ihrem weißen Ikea-Sessel und spricht darüber, wie schön das Leben ist. Daß man sich bloß entscheiden muß, ob man lieber leiden möchte oder froh sein will, sagt sie und schaut freundlich auf die Babyschühchen, die im Ficus baumeln. Shakti, mit bürgerlichem Namen Cornelia Mohr, hat sich fürs Frohsein entschieden. An diesem Tag klingt es, als sei nichts einfacher als das. Aber Shakti erinnert sich gut: »Ganz so einfach, wie sich das jetzt liest, war es nicht. Manchmal geht es auch gar nicht«, setzt sie nachdenklich hinzu. Bei Shakti geht es. Immer wieder.

»Das bedeutet nicht, unpolitisch zu sein«, betont die frühere Politaktivistin und Feministin, die vor zehn Jahren »niemals geglaubt hätte«, daß sie heute mit Ehemann und Töchterchen Kaye in der ländlichen Umgebung von Nürnberg leben könnte. Sie kann es. Und zwar gut.

Der inneren und äußeren Zerrissenheit setzt sie einen Blick auf die wohltuend ruhige Landschaft entgegen, die sich hinter ihrem Wohnzimmerfenster erstreckt. Immer wieder schweift Shaktis Blick über die Felder und Wiesen, die erst weit hinten an einen dunkelgrünen Fichtenwald stoßen. Die Frau ist zufrieden mit dem, was sie ist, was sie umgibt. Das kam nicht einfach so.

»Jeden Morgen, wenn ich gerade erwacht bin, halte ich inne und entscheide mich für das Ja. Das Ja zum Leben und zur Lust. Ich sage ganz bewußt ja dazu, daß sich mein Leben mit dem Kind verändert hat. Ich könnte auch jammern, daß ich keine Zeit mehr für mich habe. Oder daß sich das Leben mit meinem Mann so verändert hat.«

Die morgendliche Entscheidung lautet: »Will ich den Tag mit meinem inneren Gemeckere zubringen oder tief annehmen, was das Leben mir heute gibt?« Shakti nennt die Entscheidung für das Ja zum Leben »Hingabe an das, was ist«. Das kann auch bedeuten, in einer Beziehung immer wieder innezuhalten. Und anstatt zu glauben, den kenne ich, mit dem bin ich schon seit Jahren verheiratet, immer wieder »nach dem Diamanten im anderen zu suchen«.

Zehn Jahre hat Shakti im Umfeld von Osho Rajneesh (vormals Bhagwan) verbracht. Da hat sie diese Kraft zu spüren bekommen. »Osho hat mich durch seine Liebe, seine Gegenwart in Zustände geführt, die waren einfach wahnsinnig. Er hat mich in innere Räume geführt, in denen ich die Ruhe und Freude gefunden habe.«

Das, meint sie, ist »der Weg zur inneren Heilung: mich konzentrieren auf das Schöne, Lebenswerte, auch auf das Schöne im Schmerz«.

In diesem Sinn kann jeder heil sein. »Ein Aidskranker, der seine Krankheit als sein Lebensthema angenommen hat, kann ganz und heil sterben. Wer seine chronischen Rücken- oder Kopfschmerzen als sein Thema annimmt, kann dadurch heil werden.« Das bedeutet aber keinesfalls, die Schmerzen klaglos und tatenlos zu erdulden.

Wer es schafft, die inneren und äußeren Dämonen, die inneren und äußeren Schmerzen zu integrieren, rundet seine Persönlichkeit ab. Die Aufgabe, die sich jedem Menschen stellt, ist, mit der Polarität von Krieg und Frieden, von gesund und krank, von alt und jung, Geburt und Tod in Frieden zu kommen. Dann kann es Momente geben, in denen die Dualität aufgehoben wird, Momente des Glücks. Immer nur Momente.

»Nur wenige Erleuchtete sind außerhalb der Polarität«, sagt Shakti. Aber nicht Erleuchtung ist ihr Ziel, sondern ein lust- und liebevolles Leben mit beiden Beinen am Boden. Die Momente des Glücks.

Ursprüngliches Tantra, Lachen, ekstatisches Tanzen, Meditation, Visionen, Sich-leer-Machen – all das übt Shakti Cornelia Mohr, um auf dem Weg zum inneren Ja zu bleiben. Lachen, Tanzen, Innehalten und Ekstase – das sind die Ingredienzien ihrer Magie.

»Die Ekstase ist ein Ideal, aber sie kann die Erwartung jeden Tages sein«, meint auch Gabrielle Roth. Die New Yorker Großstadtschamanin schreibt in ihrem Buch *Das befreite Herz* weiter: »Solche Augenblicke sind unser Geburtsrecht, in denen wir in unserem Körper verankert, in unserem Herzen rein, in unserer Psyche klar, in unserer Seele verwurzelt und mit der Energie, dem Geist des

Lebens, erfüllt sind.« Sie fügt hinzu: »Es ist eigentlich nicht so schwer, innezuhalten und in der Freude und dem Staunen des Seins zu schwelgen« (S. 254).

Innehalten und sich besinnen auf das Schöne im Schmerz, auf das Lichte im Leben. Shakti: »Dann brauche ich nicht zehn Jahre Therapie, um den Zustand zu erfahren, daß ich im Frieden mit mir leben kann. Trotz tiefem Liebeskummer, Müdigkeit oder Verzweiflung.« Innehalten bei einem Vollmondritual und »mich fragen, was will voll werden in mir, was ist voll geworden, und was kann ich nun abgeben, loslassen.« Innegehalten hat Shakti auch, als sie Jahre des Lebens in Wohngemeinschaften aufgab, um den Weg frei zu machen für eine tiefere Beziehung, die sie wirklich berührt. Nach der standesamtlichen Trauung, erzählt sie, haben sie und ihr Mann in einem Ritual den Lebensbund bekräftigt. In Anwesenheit ihrer Freundinnen und Freunde haben die beiden sich gesagt, was sie einander geben wollen und welche Wünsche sie dem anderen entgegenbringen. Sie haben Tänze getanzt im Männer- und im Frauenkreis und einen Baum gepflanzt. »Ein Ritual ist eine Art des bewußten Handelns. Ein Akt des Wach-Seins und Wach-Werdens. Ein bewußtes Spüren der wirkenden Energie. Das ist Magie.«

Meditation. Momente außerhalb der Pole. Zeiten des Glücks, der Offenheit, der inneren Leere. »Ich sehne mich danach, mich immer wieder leer zu machen, nichts denken, planen, erwarten zu müssen. Das sind Momente des Heilseins. Sehr weibliche Zustände, sehr rezeptiv. Wenn ich mich in der Meditation leer mache, werde ich offen für das Größere, was durch mich durchwill. Das sind sehr fruchtbare Momente, da möchte ich mich bedanken. Und immer wieder bitte ich, daß das Größere durch mich durchfließen möge, daß mich verbündete Kräfte unterstützen, damit ich mein Leben in Licht und Liebe führen kann.« Shakti kann sich das vorstellen: ein Leben in Licht und Liebe. Trotz Müll, Brackwasser und Dreckwetter. Sie hat die Magie entdeckt, von der auch ihre geistige Lehrerin Gabrielle Roth überzeugt ist: »Die Imagination«, schreibt sie in ihrem Buch *Das befreite Herz,* »ist die Kraft, die deine körperlichen, emotionalen und geistigen Energien zu einer dynamischen Harmonie vereint und deiner Seele Flügel verleiht« (S. 249). Wünsche, die auf den Flügeln dieser Seele dahergeflogen kommen, haben eine besondere Zauberkraft. »Weil deine Wünsche rein sind, können sie Dinge ins Leben rufen und dich mit dem Weg verbinden, auf dem sich das Universum bewegt.«

Visionen. Eine ekstatische Erfahrung mit Licht. »Ich visualisiere helles Licht. Dadurch komme ich in einen anderen Energiezustand. Ich stelle mir vor, daß ich aus Licht bestehe. Irgendwann fühle ich nur noch Licht. Ich bin Licht. Hellviolettes Licht umgibt mich, umschließt mich.« Sich die wahren Herzenswünsche einzugestehen, die Bilder vor dem inneren Auge verdichten und bunt anmalen – das ist Naturmedizin. Gabrielle Roth erklärt: »Imagination ist kraftvoll. Imagination ist heilend. Du mußt nur«, gibt sie die Richtung vor, »den Mut aufbringen, um das zu visualisieren, was sein soll, und dich dann seiner Gestaltung hingeben« (S. 253).

Lachen. Über die Komik der schrecklichen Dämonen. »Einmal hat ein Klient in der Psychotherapie mir von einem garstigen Dämon berichtet, der ihn hindere, ein Stück Land zu betreten. Ich habe ihn aufgefordert, dieser Dämon zu sein, ihn zu spielen. Da stand der Mann in meinem Raum mit einer total finsteren Miene, so daß ich beinahe Angst vor ihm bekam. Es war aber auch urkomisch, wie er so dastand, so finster und griesgrämig.« Wer der

Dämon wird, Shakti würde sagen, wer ihm sein Ja gibt, kann sich verändern. »Der Körper beatmet sich, richtet sich auf, es entsteht Bewegung.« Der Klient gab sich sein Jawort, und da konnte es geschehen: Sein Gesichtsausdruck änderte sich, seine Haltung, und plötzlich stand er da als strahlender Held, der sich Zutritt verschafft, wo immer er es will.

Immer wenn jemand den Dämonen in sich wirklich all den Raum gibt, den sie beanspruchen, so die Erfahrung der Psychotherapeutin, Diplompädagogin und Heilpraktikerin, »geht der Körper von allein mit der Bewegung wieder zu anderen Zuständen. Der Körper beatmet sich, richtet sich auf.« Der Klient hatte es geschafft – und die anfangs fast bedrohliche Situation entlud sich in einem Lachen. Nicht nur furchterregende Dämonen sind in uns am Werk, es ist eine ganze Hundertschaft verschiedener Personen und Kräfte.

Die Seele ist eine Landkarte, übersät von (ungekannten) Kraftorten. Da hockt die Bettlerin, die um Liebe fleht, der olle Griesgram, der alle anderen in die Flucht schlägt. Aber: »Hinter einer Tür ist die Göttin. Wenn ich die Tür aufmache, verbinde ich mich mit einem weisen Teil in mir.«

Tanzen. Körperbewegung von allein. »Tanz ist sehr magisch: man kann noch so sehr unten sein, mit Schattenseiten konfrontiert sein, Tanz bringt alles in Fluß. Es ist eben nie nur Wut, nie nur Verzweiflung.« Ganz von selbst findet der Körper zu neuen Formen, wird er nur gelassen. Wer von Depression gelähmt in sich zusammenfällt, sich diesem Zustand mit ganzem Herzen hingibt, wird irgendwann die Erfahrung machen, daß sich der eben noch erstarrte Körper beatmet, aufrichtet, verändert. »Indem wir auf körperlicher Ebene beweglicher werden, können auf psychischer und geistiger Ebene Veränderungen stattfinden«, heißt es in der Einladung zu Shaktis Seminar »Tanz und Körperarbeit«.

Veränderung kann zum Beispiel bedeuten, Kopf und Leib wieder zu vereinen. Die im Kopf gespürte Verzweiflung in einen sinnlichen Zustand zu überführen. Und wo Sinnlichkeit erlebt wird, flackert schon bald wieder die Urenergie, die sexuelle Energie auf.

Viel mehr ist das, als körperlich mit einem Partner, einer Partnerin zu verschmelzen. Sexuelle Energie, bei Wilhelm Reich Orgon genannt, bei Freud Eros, ist der Motor, der hinter jeder Lebensäußerung steht. »Wenn der Motor im Keller läuft, kann es überall warm werden«, zitiert Shakti einen ihrer Lehrer, den New Yorker Bewegungstherapeuten und Schamanen Otto Richter. Heilen heißt bei Shakti Mohr also auch, zu lehren, das Feuer in sich anzufachen.

Gerade bei ihren Seminaren für Frauen, die sie teils allein, teils mit ihrer Kollegin Marlene Bornhütter-Lindemann, teils mit ihrem Mann Jörg Stolley-Mohr leitet, ist das mit dem Feuer ein großes Problem. »Die meisten Frauen halten sich nicht für liebenswert. Ich kenne keine, die nicht irgendwas an ihrem Körper zu meckern hat.«

Shakti versucht, diese Frauen wieder in Kontakt mit ihrer Lust zu bringen. Dafür müssen beispielsweise Glaubenssätze herausgearbeitet und hinterfragt werden, die jede einzelne daran hindern, ihren Motor auf vollen Touren laufen zu lassen, da wird mit Gefühlen und dem inneren Kind gearbeitet.

Das ist keine leichte Aufgabe. »Bei uns werden ja schon die Kinder in ihrer Urkraft beschnitten. Die Urkraft ist ja sehr unbequem. Wenn die jeder enthüllen könnte, hätten Kirche und Regierungen wenig zu sagen.« Die Urkraft, die permanente Revolution. »Wenn sie einmal ihre umwälzende Kraft entfaltet hat, ist es, als würde ein riesiger Besen durch den Körper fahren«, beschreibt Shakti den beängstigenden, reinigenden Moment. »Auch alle anderen Energien werden freigelegt. Und das heißt, daß neben Lust und Verrücktheit oft erst mal viele Schichten Schmerz und Ärger, Wut und Trauer gelebt werden müssen.« Das macht nicht nur Kirchen- und Regierungsmännern angst, sondern auch den Frauen selbst. »Viele haben große Angst, ihre Kraft zu leben. Sie äußern die Sorge, dann verrückt zu werden.«

Wer sich dennoch auf die schmerzhaft-umwälzenden Prozesse einläßt, weckt in sich auch die Sehnsucht. »Da geht es dann in höhere Chakren. Es ist die Sehnsucht nach Verbindung, nach Religion in einem alten Sinn. Verbindung mit etwas Größerem, als ich bin.« Eine absurde Situation entsteht. Shakti: »Wenn ich dieser Sehnsucht Raum gebe, ist es ein noch tieferes In-mich-Hineinfallen. Gleichzeitig spüre ich ein umfassendes Zugehörigkeitsgefühl mit der Erde.« Keineswegs angekommen fühlt Shakti sich. Auch in ihren schönsten Glücksmomenten begreift sie sich als »Schülerin von dem, was noch geschehen will«. Mit einem sanften Lächeln für Kaye, die gerade wonnevoll an Mutters Busen saugt, fährt Shakti in ihrer Überlegung fort: »Das sind die Momente, in denen die Sehnsucht gestillt und die Dualität aufgehoben ist. Vielleicht«, sagt sie, »haben wir diese Sehnsucht, um uns immer wieder aus der Dualität herauszuziehen.«

Ina und Martina:
Hebammen in magischer Tradition

»Da stehen sie. Wie Wächterinnen an einem Tor. Durch dieses Tor gehe ich. Und durch dieses Tor geht auch das Kind. Es kommt aus einer anderen Welt durch dieses Tor.« Eine magische Situation. Ein alltägliches Wunder, eine ganz normale Geburt. Vermittlerin zwischen den Welten, der, aus der das Kind kommt, und der, in die das Kind geboren wird, ist die Hebamme. Ina Rieder lebt und arbeitet in Nannhofen nahe München. Auch sie, die Mittlerin, die Magierin, muß durch das Tor, wenn sie gerufen wird, dem Kind einen Empfang zu bereiten.

Ina Rieder kennt beide Welten. Die dunkle drinnen, die halogene draußen. »Früher«, erklärt die junge Frau mit den wachen dunkelbraunen Augen, »habe ich das, was ich bei einer Geburt tue, einfach Intuition genannt.« Dank der Schamaninnenausbildung bei Ute Manan und Sara Schiran auf der Schwäbischen Alb »weiß ich heute, daß ich mich mit Kräften verbünde«.

Personen sind diese Kräfte, aber nicht zu benennen. »Noch nicht«, meint Ina. Mit einem freundlichen Blick zu der getigerten Katze, die vom Schrank aus das Geschehen in dem überbordenden, lichten Wohnzimmer beobachtet: »Keine Katzengöttin, keine konkrete alte Weise. Aber es sind Kräfte, die total viel wissen von Geburt.« Mit diesen Kräften verbündet die Hebamme sich, wenn sie ein Kind auf diese Welt holt.

»Ich spüre die Energie, die ich plötzlich kriege. Es ist, als wäre da noch eine andere, die hilft, die Dinge klarer zu sehen, und die anders handlungsfähig ist als ich.« Eine Energie, die in Ina steckt – und doch: »Es gibt Situationen, in denen du merkst, daß die Energie nicht nur von dir allein stammt.«

»In meinem Bauch sind ganz bestimmte Energien. Ein rotes Dreieck oder ein Ball. Das ist meine Verbindung zum Magma, zum Erdinneren.« Auch bei Inas Lebensfreundin Martina Effinger werden die Kräfte bei jeder Geburt wach.

»Während der Schamaninnenausbildung bei den Schirans«, erklärt Martina, versunken in tiefe Konzentration, »habe ich gelernt, als Dämonin ins Magma zu gehen. Es ist eine rote Kraft, mit der ich mich verbünde, bevor ich Entscheidungen treffe.« Martina spürt tiefer in sich hinein und spricht sanft, mehr zu sich: »Manchmal ist die Kraft auch eine Alte, eine Ahnin, die viel, viel mit Holz zu tun hat und mit dem Wind. Eine Geburtsgöttin, eine Weise.«

Ganz so inspiriert ist Martina allerdings nicht immer. Die Frau mit dem weichen Gesicht und den hennaroten, fransig-kurzen Haaren sagt leise lächelnd: »Ich bin meistens zuerst total sauer, wenn ich zu einer Geburt gerufen werde, besonders nachts. Aber wenn ich die Frau dann sehe, ist die Kraft da.«

Nicht immer hat Ina Zugang zu diesen starken Kräften. Im Privatleben »brauche ich ein bißchen ›Tschingdarassa‹«, ein Ritual, um die Energien heraufzubeschwören in den freien Fluß. »Bei einer Geburt ist das anders. Da sind die Kräfte da.« Da ist sowieso alles anders, alles offensichtlich magisch. Denn: »Bei einer Geburt sind die Grenzen sehr fließend. Das Kind kommt aus einer anderen Welt« und stellt so die Verbindung her. Unterstützt von der Frau, die, seit sie zwölf war, seit ihre Zwillingsgeschwister geboren wurden, wußte, daß sie Hebamme werden muß.

Martina Effinger und Ina Rieder wollen von Krankenhausgeburten als Regelfall nichts wissen. Sie begleiten Frauen nur im Notfall in den Kreißsaal. Für sie sind Hausgeburten das Normale. Für Frauen, die sich nicht trauen, haben Ina und Martina im Frühling 1995 gemeinsam das Geburtshaus Nannhofen eröffnet. Dort wohnen sie auch gemeinsam mit einem riesigen Neufundländerbaby, der Katze und Martinas Töchtern. Verschlafen wirkt der Ort. Nach acht Uhr verirrt sich in der dunklen Jahreszeit kaum mehr jemand auf die Straße.

Gleich gegenüber von Kirche und Friedhof treiben die beiden Hebammen ihr Hexenwesen. Im ersten Stock von Martinas Elternhaus können Frauen, liebevoll umsorgt und begleitet von den beiden Magierinnen, betört von den ätherischen Ölen der Rose und des wehenanregenden Muskatellersalbeis oder Eisenkrauts, ganz nach ihren eigenen Wünschen ihre Kinder ambulant gebären. Am liebsten ohne Väter, denn: »Wenn wir bei einer Geburt sind, ist wirklich starke Energie im Raum. Unser Traum ist, die Frauen allein bei der Geburt zu haben. Die Energie ist dann viel klarer.« Doch das liegt nicht im Trend.

Die Männer kommen mit, egal, welche Dramen sich zwischen den werdenden Eltern während der Zeit der Erwartung abgespielt haben. Einmal, berichten die Hebammen, »haben wir den Vater rausgeschmissen«. Er hatte seine Freundin verlassen, weil er kein Kind wollte. Nur mit aufmerksamer Zuwendung der Hebammen gelang es, die Frühgeburtsbestrebungen der Schwangeren zu überwinden. Kurz vor der Entbindung tauchte dann der werdende Vater wieder auf, erreichte die Versöhnung. Doch bei der Geburt traten Schwierigkeiten auf. »Die unbewußte Arbeit, also die Öffnung des Muttermundes, ging gut. Bei den meisten Frauen geht es dann sehr schnell. Doch diese Frau kämpfte sich fünf Stunden ab. Schließlich flüchtete sie aufs Klo und sperrte sich dort ein. Dann haben wir dem Mann gesagt, daß er verschwinden soll. Als er endlich weg war, kam die Frau heraus. Nach einer Stunde war das Kind geboren.«

Freifließende Energien zwischen Mutter, Kind, Hebamme, Hier- und Anderswelt waren bei einer anderen Geburt am Werk. Ina erzählt: »Es war meine erste Zwillingsgeburt.« Das erste Kind lag in Steißlage – im Krankenhaus ein klarer Fall für einen präventiven Kaiserschnitt – und war noch dazu das kleinere. Es wurde ganz schnell geboren. Doch dann hat es nicht geatmet. »Dem ging es einfach zu schnell. Ich wußte, den kriegen wir her, und bin mit den anderen Kräften in Verbindung gegangen.«

Wie das funktioniert, wie die Verbindung zwischen Inas Gedanken und dem Kind zustande kommt, bleibt wohl ein Geheimnis. Aber: Das Kind lebt.

Wenn es Ina nicht gelingt, sich während einer Geburt mit den Wächterinnen zu verbünden, kann das ein Alarmzeichen sein. »Einmal habe ich mich stundenlang bei einer Geburt gefragt, woran es wohl liegen mag, daß ich keine Verbindung herstellen kann. Plötzlich wußte ich, daß ich mit der Frau ins Krankenhaus muß. Wir fuhren los, und zehn Minuten später gingen die Herztöne des Kindes in den Keller.«

Auch Martina, die Erfahrenere der beiden, zieht nicht jede Geburt unter Eigenregie bis zum Ende durch. Anders als eine befreundete Hebamme, die ein 1600 Gramm leichtes Kindchen nach der 32. Schwangerschaftswoche bei einer Hausgeburt ins Leben holte, das dank des herzlichen, warmen Empfangs durch Eltern und Hebamme mühelos überlebte, würde Martina sich das noch nicht zutrauen.

Als ihren größten Feind hat Martina allerdings nicht die Frühgeburt ausgemacht, sondern die quälend langsame Geburt. »Manchmal, wenn die Frauen total blockiert sind und stundenlang nichts vorangeht, gebe ich sie im Krankenhaus ab. Es ist gut zu wissen, daß die jetzt weitermachen. Ich war dann schon fünfzehn, zwanzig Stunden dabei und habe alles probiert. Wenn die Frauen so mit sich umgehen, kriege ich manchmal richtige Aggressionen gegen sie.«

Blockaden, die die Wehen kleinhalten, Verkrampfungen, die die Frauen kleinkriegen – das sind die ärgsten Widersacher von Hebammen und Gebärenden. Schon bei den Vorbereitungskursen auf die Geburt spüren Martina und Ina immer wieder, daß viele Frauen nicht wissen, was ihnen guttut. Entmündigt von Ärzten, trauen sie sich nicht mehr zu, zu wissen, wie es ihrem Kind und ihnen selber geht.

»Wir fragen oft im ersten Gespräch: ›Wie geht es Ihrem Kind?‹, und die Frauen schauen uns nur groß an. ›Tja, wie soll ich das wissen?‹ lautet die entgeisterte Gegenfrage. Dabei müßten die Mütter am ehesten wissen, wie es ihrem Kind geht.« Die meisten spüren aber nur noch, was ihnen per Ultraschall nachgewiesen wird.

Gewöhnt an Ärzte, die die Gebärende am liebsten auf dem Rücken liegen sehen, die zum Skalpell greifen, wenn eine Frau Zwillinge erwartet, die am liebsten wöchentlich den Kopfumfang des Kindes in Relation zum Becken der Mutter setzen, die Geburt einleiten, wenn sich das Kind auch nach der 42. Woche nicht entschließen mag, das freundliche Klima des Mutterbauches zu verlassen, haben viele Frauen das Vertrauen in sich selbst verloren. Woher sollen sie wissen, was ihnen guttut? Wie sollen sie ihre innere Stimme hören?

»Wir versuchen, die Frauen in Verbindung mit ihrer Lust zu bringen. Wir versuchen, ihnen wieder Lust auf ihre Lust zu machen. Daß sie spüren, was ihnen guttut. Wenn sie Lust haben, ihren Mann bei der Geburt rauszuschicken, daß sie das tun. Wenn sie Lust haben, im Stehen zu gebären, sollen sie das tun.«

Das Fazit der Hebammen: »Frauen, die das schaffen, die wissen und für das eintreten können, was sie wollen, können wunderbar gebären.« Ganz ohne theoretische Atemtechnik. »Wir bringen den Frauen in unseren Vorbereitungskursen nicht bei, wann sie wie und wie lange oder wie heftig und wohin atmen sollen. Die Frauen sollen ihren eigenen Atemrhythmus finden, damit geht es auch bei der Geburt wunderbar.« Entspannung, Bauch- und Fußmassagen – so genüßlich können Vorbereitungskurse auch sein.

Genußvoll kann auch die Geburt erlebt werden. Nix da mit »In Schmerzen sollst du gebären«. Martina, selbst dreifache Mutter: »Eine schmerzhafte Geburt hat was mit Blockaden zu tun, mit Durchlassen. Frauen, die ihre Sexualität frei leben, können meistens gut entbinden.«

Wenn eine Geburt steckenbleibt, raten die Hebammen, sollte das Paar »schmusen, miteinander schlafen. Aber das ist ja leider total tabu.« Und die Atmosphäre, in der die meisten Kinder geboren werden, regt mit ihrem sterilen Geruch und der gekachelten Umgebung nicht gerade zur Ekstase an. Dabei läge sie so nahe.

Als Martina mit achtzehn Jahren ihre erste Tochter zur Welt brachte, war es eine ganz normale Geburt im Krankenhaus. Ohne Herz, ohne Wärme. »Da wußte ich gleich: Ich will Hebamme werden, damit die Kinder, denen ich auf die Welt helfe, einen schönen Empfang bekommen, und ich will noch ein Kind bekommen.«

Martinas zweites Kind kam mit Hilfe einer sehr alten Landhebamme daheim zur Welt. Doch auch so muß Gebären nicht sein, wußte Martina tief in sich, »so total schmerzhaft«. Bevor das dritte Kind geboren wurde, machte sie einen Rebirthingkurs mit. »Ich erlebte die Eröffnungsphase dann völlig schmerzfrei. Als das Kind tiefer kam, wurde es richtig lustvoll. Ich dachte, ich kriege gleich einen Orgasmus. Als ich es meinem Mann gesagt hatte, wußte ich, daß ich ein Tabu gebrochen hatte.« Und futsch war die schöne Ekstase.

Geblieben ist der feste Glaube an die lustvolle Geburt. »Ich glaube, die Gebärenden haben nicht wirklich Schmerzen bei der Geburt. Meine Theorie ist, daß sie dann so total lebendig sind in ihrem Bauch. Doch das ist uns inzwischen so fremd, daß wir Lebendigkeit mit Schmerz verwechseln.«

Den Frauen im Mittelalter war all das nicht so unbekannt. Doch viel Wissen ist mit den weisen Alten auf den Scheiterhaufen verbrannt, anderes wurde für Hokuspokus erklärt und geriet unter der Herrschaft der Schulmediziner allmählich in Vergessenheit. Ina und Martina bemühen sich nun – »Faser für Faser geht das nur« –, diesen kostbaren Schatz wieder auszugraben.

Auch unter den Händen von Ina und Martina, auch im Geburtshaus Nannhofen, eine S-Bahn-Stunde nordwestlich von München, mögen Frauen das pralle Leben schmerzhaft empfinden. Doch eins steht jedenfalls fest: »Bei Hausgeburten oder im Geburtshaus schreien die Frauen viel weniger. Da sind sie viel konzentrierter.«

»Wenn Frauen sehr schreien, geht die Kraft so weg«, bedauert Martina. Und Ina: »Wenn eine schlechte Wehen hat, muß sie nur durch die Nase atmen. Dann werden die Wehen gleich stärker. Das spart Wehenmittel.« Die alten Weisen wußten das, die jungen Magierinnen graben das Wissen Stück für Stück und mühevoll wieder aus. Bei der alten Laienhebamme Marjosa aus dem Alpenraum haben sie etwas von dem gefunden, was sie suchen. »Bei mir im Tal«, so die Alte, »da schreien die Frauen nicht. Eine Frau, die sich bei der Geburt verkrampft oder schreit, hat weder den Glauben an die Gottesmutter noch Vertrauen in ihre Hebamme.«

Gerda: Die Kunst
des Heilens mit Kräutern

An ihrem Rücken wuchert Tollkirsche, Bilsenkraut hält sie in der Hand. Das weiche rötlichbraune Haar schmückt ein Kranz aus Mohnblumen. Am Herzen der großen, schmalen Frau steckt ein Sträußlein Johanniskraut, und auf alle Bonner Abgeordneten hat sie Arnika niederprasseln lassen.

Bekränzt mit und geschützt von den Kräutern, bittet Gerda Buchberger vom Rednerpult im Bundestag die PolitikerInnen um Gnade. All ihre Verzweiflung und ihre Wut und Trauer, all ihren Haß will sie »an den Ort tragen, wo die Ausrottung meiner Freundinnen geplant wird«. Die Hauptverantwortlichen benennt die Zornige mit ruhiger, sanfter Stimme: das Landwirtschaftsministerium, das Verkehrsministerium.

Ein schöner Traum ist das, einmal im Hohen Hause anzuprangern, was inzwischen kaum noch jemanden aufstört, eine kurze Illusion, etwas ausrichten zu können gegen die Vernichtung der Wiesen, der bekannten und unbekannten Kräuter. Herausgerissen und einbetoniert, abgemäht, in Gülle ertränkt, mit Kunstdünger überzogen, so daß statt der vielfältig wimmelnden Wiesen nur noch Gras und Löwenzahn die Attentate überleben.

»Dann ziehen sich die Pflanzenwesenheiten zurück und die Naturgeister. Wo Naturgeister sind«, so die Münchner Psychotherapeutin weiter, »sind auch die Heilkräfte. Wo Natur vernichtet wird, da stirbt auch die Gesundheit, da ist die Welt immer weniger heil.«

Ein gutes Beispiel hat Gerda Buchberger dafür immer vor Augen, wenn sie sich aus ihrem Refugium nach München aufmacht. In einer besonders garstigen Straße im Münchner Westen, hier wächst kein Strauch, kein Unkraut übersteht den Ansturm von Autos, Bussen und Fußgängern, liegt die Praxis der gebürtigen Berchtesgadenerin.

Mit ihrer ländlich-idyllischen Herkunft hat das nichts zu tun. Namen- und gesichtslos verbarrikadieren sich die meisten BewohnerInnen hinter Türen. Fünfter Stock. Zwei riesige Bilder begrüßen BesucherInnen im ansonsten tristen Hausflur. Dann wird es wieder spartanisch. Kein japanophiles Psychologengepränge, kein Design.

Im Behandlungsraum eine an die Wand gelehnte Matratze, drei blaue Sitzkissen am Boden mit Rückenlehnen, ein Tisch, auf dem ein Buch von Gerdas Freundin Luisa Francia liegt, ein Bild von der tibetischen Göttin des Mitgefühls, Tara, ein Sträußlein getrockneter Ringelblumen. Hier räkelt Gerda Buchberger sich katzig in ihrem riesigen Mohairpullover. Zurückhaltend, ohne ängstlich zu wirken, angefüllt mit der Botschaft der Pflänzchen. Es geht nicht um die Frau, die Heilerin, die Hexe, es geht um die Flora. Dennoch: Hier werden keine Kräuter nach geheimen Rezepturen gemischt. Auf dem altehrwürdigen Gasherd im Vorraum wallt kein Sud in einem Kessel vor sich hin. Hier geht es mit rechten Dingen zu. Gerda Buchberger verdient ihren Lebensunterhalt mit feministischer Psychotherapie.

Nur wenn die Patientinnen es wünschen, zieht sie hin und wieder die Unterstützung einer Pflanze hinzu. »Mit Kräutern arbeite ich für Freundinnen und Bekannte.« Nicht nur, um keinen Ärger mit der Krankenkasse zu bekommen: »Um eine Medizin herzustellen, fahre ich oft in die Berge. Ich wandere einen halben Tag, um zu einer Wiese zu kommen, von der ich weiß, daß dort wächst, was ich brauche. Dann der Abstieg, die Rückfahrt, die Herstellung des Mittels. Wie sollte ich das berechnen?«

Manche Kräuter, die die Heilerin benötigt, wachsen aber auch ganz in der Nähe des Münchner Großstadtschmutzes, gar mitten darin. »Im Westpark gibt es die besten und vielfältigsten Kräuterwiesen. Wenn die nämlich mal die Wiesen in Ruhe lassen, zieht ein Kraut das nächste an.« Leicht zu finden ist auch Huflattich. Den braucht Gerda Buchberger gerade selbst.

Von einer anstrengenden Indienreise voller spannender Begegnungen und neuer Eindrücke hat sie eine Erkältung mitgebracht. Huflattich bringt Besserung. »Hilf mir mal, mein Süßer«, hat sie der Pflanze am Morgen zugezwinkert und sich einen kräftigen Tee aus ihren Blättern gebraut. Daß ausgerechnet Huflattich den Husten lösen soll, findet die Kräuterfrau selbstverständlich. »Man muß sich nur mal anschauen, wie und wann er gedeiht: Die Pflanze wächst in trockenem Kies. Gleich nach der Schneeschmelze sprießt sie aus den Steinen und blüht. Erst danach bekommt sie Blätter.«

»Der Huflattich«, erklärt Gerda Buchberger mit ihrer tiefen Stimme, »hat, astrologisch gesprochen, die Kraft des Frühlingspunktes. Er nimmt auf, was die Schneeschmelze gelöst hat.« Also: ein Hustenlöser, logisch, nicht?

Huflattich kann noch mehr: Er kann auch psychische Verhärtungen, Verkrustungen lösen. »Wenn einer sein ganzes Leben lang gejammert hat, daß er ein armes Waisenkind ist, sich nun aber zu einem Neuanfang entschließt, hilft Huflattich auch im seelischen Sinn, schmerzhafte Verhärtungen in der Brust zu lösen.«

Bei akuten körperlichen Krankheiten kann die Pflanze zu einem Tee verarbeitet oder pur gegessen werden, geht es um psychische Belange, kann sie auch als schamanistisches Objekt aufbewahrt oder getrocknet an einer Halskette getragen werden. Je tiefer Mensch und Pflanze sich verbündet haben, um so besser.

»Man kann das Kraut selber einpflanzen, sich vor es hinsetzen, es malen, mit der Lupe anschauen. Jede Pflanze«, davon ist Gerda Buchberger tief überzeugt, »ist von vollkommener Gestalt. Ganz anders als wir Menschen. Wir sind ja wirklich höchst unvollkommen. Stammten die Menschen von Pflanzen ab«, sinniert die Magierin, »verstünden sie etwas von Schönheit und Hingabe.«

Pflanzen sind immer vollkommen schön, egal, wo sie wachsen. Diese Erkenntnis wurde der Heilerin gerade erst wieder bei ihrer Indienreise bestätigt: »Am Ganges, am Rand einer riesigen, widerwärtig stinkenden Kloake, wächst eine Stechapfelart von großer Schönheit.«

Nur wer wirklich hinschaut, kann dieser Schönheit gewahr werden. Ein Dienstmädchen, das im Berchtesgadener Elternhaus von Gerda Buchberger gearbeitet hatte, öffnete dem kleinen Mädchen bei Spaziergängen in den Bergen die Augen für die Kraft der Kräuter. Es waren ganz einfache, herzliche Sätze, die sich in Gerdas Seele festgesetzt hatten. Mitten in der Erinnerung daran verfällt Gerda Buchberger wieder in das heimatliche Bayerisch: »Das Gänseblümchen schaut di o, weil's di mog« oder »Der Himmel ist rosa, da backt's Christkindl die Platzln«, lauteten die Sätze des Dienstmädchens. Jahrelang warteten diese Sätze im verborgenen darauf, erinnert zu werden.

1977, nachdem das Kind vom Alpenland vier Jahre fast ohne alle Natur in Berlin gelebt hatte, träumte Gerda Buchberger dann von Natur, von heiliger Natur. Sie verließ die Politszene und verzog sich ins idyllische Mangfalltal bei München. Mit dicken Kräuterbüchern spazierte sie durchs Unterholz und lernte so ihre neuen NachbarInnen kennen. Sprach mit den Alteingesessenen, lernte, was die über Pflanzen wußten. Das Spirituelle fand sie nicht. Das kam erst zwei Jahre später, als sie Ute Manan Schiran begegnete. Seitdem hat sich Gerda Buchbergers Blick für die Pflanzen verändert.

»Nur wer das Einmalige in jedem Kraut erkennt, wird auch ihrer Heilkraft gewahr werden.« Den Huflattich hat Gerda Buchberger ungefähr ein halbes Jahr intensiv studiert. Sie hat ihn in allen Einzelheiten durch eine starke Lupe wahrgenommen, über seine Kräfte gelesen und sie ausprobiert. Jetzt ist sie mit ihm per du, kann »den Süßen« um Hilfe bitten. Sie hat sich mit ihm verbündet. Die beiden verbindet eine gute Freundschaft.

Über ihre Liebesbeziehung mit dem Huflattich und neunundzwanzig anderen Pflanzen will Gerda Buchberger mit einer Freundin ein Buch schreiben. Da soll dann alles drinstehen über die Kraft der Kräuter. Doch Liebe braucht ihre Zeit: Von den geplanten dreißig Pflanzen besteht eine druckreife Beziehung erst zu zweien. Wenn es so weitergeht, müssen wir noch vierzehn Jahre auf das gelehrte Werk warten.

Darin können wir dann aber vielleicht auch etwas lesen über die schöne, streng geschützte Pulsatilla, die Wiesenküchenschelle. Über Belladonna oder Johanniskraut. Die Pflanzen haben einen festen Platz im Leben der Heilerin. Mit Situationen verbindet Gerda Buchberger oft Pflanzen. Denkt sie an eine ihrer guten Menschen-Freundinnen, träumt sie von einem Farn. Sieht sie die Küchenschelle, denkt Gerda an Gisela Graichen.

Gemeinsam mit der Autorin eines Films und Buches über Kultplätze entdeckte Gerda Buchberger in der Garchinger Heide eine seltene Art wilder – unter Naturschutz stehender – Küchenschellen. »Eine großartige Schutzpflanze. Sie schützt sich selbst mit vielen vielen kleinen Härchen, die die ganze Pflanze, auch die Blüte, überziehen. Pulsatilla ist besonders gut geeignet für schutzbedürftige blonde, zarte Frauen.«

Oder der Mohn. »Die Pflanze hat eine starke Traumkraft.« Bei einem Traumseminar, das die große, geschmeidige Frau in der Schweiz geleitet hatte, tauchte Mohn immer wieder auf. Zwei Teilnehmerinnen hatten homöopathisches Opium bei sich. Beim Nachspielen eines Traums sprach eine Darstellerin intuitiv den Wunsch nach einer Mohnpflanze aus, den die Träumerin tatsächlich erlebt hatte. Eine andere malte wunderschöne Bilder von der zarten Pflanze.

»Pflanzen machen ihre eigene Magie, sie können einem sogar ihre Magie aufdrücken. Nur merken das sehr wenige Menschen. Wir sind ja viel zu laut, viel zu sehr in Hektik«, sagt sie, die verträumte Melancholie und tiefe Ruhe ausstrahlt.

»Belladonna ist die Pflanze der Morgendämmerung, auch eine sehr magische Pflanze.« Sie scheint eine unbegrenzte Lebenskraft zu haben, schießt anderthalb bis zwei Meter in die Höhe, hängt über und über voll der überaus köstlich süßen Früchte und ist sehr giftig. Wer drei, vier

Beeren ißt, ist nicht mehr von dieser Welt. Beim ersten Frost fällt Belladonna in sich zusammen, und es ist vorbei, erzählt die Heilerin.

»Vielleicht«, überlegt sie, »ist sie für Menschen so giftig, weil sie so verschwenderisch in ihrer Natur ist und wir so engherzig.« Die Tollkirsche ist aber nicht nur eine Frucht der verbotenen Lust. Sie hilft, richtig dosiert, die Schwelle von Tages- und Nachtbewußtsein zu senken, Unbewußtes, wie bei der Morgendämmerung, zu erhellen. »Sie hilft uns, verborgene Schätze in uns ans Licht zu bringen und mit ihnen zu arbeiten.« Der Haken daran: »Hinter den Schätzen können auch Dämonen lauern.«

Das glatte Gegenteil der Tollkirsche ist das Johanniskraut. Allein schon, wie es aussieht: »Wie die Sonne, wie der lichte Tag.« Eingesetzt wird es als Mittel gegen alle Arten von Frauenleiden, bei Geburten und Schlechtwetterdepressionen. Es ist das Antidepressivum der Naturmedizin. »Mit seiner fünfstrahligen Blüte ist das Johanniskraut die Sonnenblume schlechthin.«

Bei heiligen Riten zur Ehre der Göttin wurde Johanniskraut auf dem Kopf getragen. Es dient als Zauberpflanze gegen die Dunkelheit und schützt vor Hexen und Teufeln. »Ab Oktober«, rät Gerda Buchberger, »sollten alle Frauen regelmäßig einen Tee aus Johanniskraut trinken. Das hilft, die dunkle Jahreszeit besser zu überstehen.« Vor allem aber: »Johanniskraut führt zum inneren Licht.«

»Magie ist da, oder sie ist nicht da«, meint die Heilerin flapsig zur Frage nach Magie in Heilungsprozessen. Bei ihr ist sie offensichtlich da. Nicht nur, wenn Gerda Buchberger sich in die Pflanzenwelt versenkt oder sich der Musik von Bächen und Getier hingibt, geht sie in Verbindung mit jenen Kräften, die den meisten Menschen unsichtbar bleiben, und ist Magie im Spiel. Auch bei ihren

Therapiesitzungen, bei denen die Kräuter zumeist »die Klappe halten« (müssen). »Wenn das keine Magie ist, sich der Natur hingeben«, ergänzt sie noch und meint: »Man kann Magie natürlich auch veranstalten.« So negativ das klingen mag, so wohltuend kann es sein. »Einmal saßen eine Frau und ich völlig verzweifelt in einer Therapiestunde beieinander. Es ging um sexuellen Mißbrauch. Da haben wir Magie veranstaltet und Mantras der Göttin Tara gesungen. Wir haben eine positive Stimmung erzeugt, Dämonen verjagt.« Auch sanfte Berührungen sind nach Auffassung von Gerda Buchberger »hochkarätige Magie. Eine liebevolle Handlung gegen die im Körper gespeicherte Gewalt zu setzen.«

Wenn das gelingt, mit Mantras oder Berührungen die Teufel der verschiedensten Vergewaltigungen zu verjagen, hört Gerda Buchberger von ihren Patientinnen, die Stunden mit ihr seien wie Perlen. Das sind die Stunden, in denen sich Therapeutin und Patientin andere Kräfte oder Wesen auf geheimnisvolle Weise hinzugesellt haben. Wesen, denen sich die Hilfesuchenden zugehörig fühlen, die sie rufen, weil sie sie mögen, in denen sie sich oder etwas von sich erkennen. Beispielsweise Wassergeister. Die bringen die Dinge in Fluß. Oder die wilde Percht. Einmal war es auch Gottvater, in dessen Licht sich die Patientin entspannt und beschützt fühlte.

Als sich die Beziehung von Gerda Buchberger und ihrer Patientin vertiefte, machte Gottvater mehr und mehr Platz für Tara. Übrig blieb das sonnige Licht. Gelegentlich tauchen die übergeordneten Wesenheiten nicht auf direktem Weg auf. »Eine Frau, die bei mir über sexuellen Mißbrauch arbeitete, erzählte mir einen Traum. Ich nannte ihn den ägyptischen Traum. Da war uns beiden klar, daß es bei dem Trauma der Frau um ein uraltes

Leben ging. Nach zehn Stunden war das Thema sexueller Mißbrauch geheilt. Das ist selten, aber das gibt es.«

Doch was heißt schon heil, geheilt sein? »Total in Harmonie mit sich und der äußeren Welt sein«, meint Gerda Buchberger. »Aber«, schränkt sie ein, »das kann es heute gar nicht geben. Wir können höchstens ein Stückerl heil werden.« Eine Voraussetzung zum Heilwerden und Heilen sei Mitgefühl, Achtsamkeit und tiefes Verständnis. So wie es Tara verkörpert, die tibetische Göttin des Mitgefühls.

Mitgefühl mit der Bedrängnis, Achtsamkeit vor der unaufdringlichen Vollkommenheit der Pflanzen auch. »Die Kräuter wollen an die Öffentlichkeit«, hatte Gerda Buchberger ihre Zusage zu unserem Gespräch begründet. Sie suchen Verbündete, die das Leiden der Kräuter zu ihrem Leiden machen, es bekannt machen, immer wieder daran erinnern. Sie suchen FreundInnen, die ihre Schönheit erkennen und offen sind, anzunehmen, was noch das geringstgeachtete Kraut uns zu bieten hat.

Ob sich der Bundestag der Magie der Pflanzen je öffnen wird?

Die Macht der Hexen heute

Wer sich mit dem Thema Hexen beschäftigt, kommt am Thema Macht nicht vorbei; denn Magie auszuüben hat etwas mit Macht zu tun. Zu heilen und zu verändern sind mächtige, machtvolle Vorgänge. Worin aber liegt die Macht der Hexen, wie unterscheidet sie sich von der Machtdefinition des herrschenden Systems?

Wenn sich westliche Nationen zu Kongressen treffen, sprechen die Medien von Zusammenkünften der Industriemächte. Von den mächtigen Sieben ist da die Rede, die die Macht haben, weltweiten Handel zu beeinflussen. Ihre Politiker sind die Herren (und ganz selten die Herrinnen) über Krieg und Frieden, über Leben und Tod diesseits und jenseits der Grenzen. Wenn sie sich mit den ärmeren Teilen der Welt treffen, den Staaten der sogenannten Dritten Welt, wird klar, wer das Sagen hat. Denn Afrika und Indien sind selten Wirtschaftskräfte. Höchstens könnten sie Seuchenmächte oder Hungersmächte sein. Aber dies impliziert ja keine Macht über ein anderes Volk – höchstens über eines, das vielleicht noch krisengeschüttelter, noch ohn-mächtiger ist. Macht hat, wer etwas zu sagen hat.

Der Mächtige schafft an. Schon unsere Söhne im Kindergarten haben das begriffen: »Wer am stärksten ist, ist der Chef.« Für unsere Söhne sind die Mächtigen in der Kleinkindergruppe diejenigen, die den anderen in Worten und Taten eins auf die Mütze geben können. In der Politik verhält es sich kaum anders. Macht ist nach dieser Definition Herrschaft über andere. Ist Mittel, den Schwachen in die Knie zu zwingen. Diese Machtauffassung herrscht nicht nur in der Politik (und im Kindergarten). Sie herrscht in Familien, in Beziehungen zwischen Männern und Frauen, am Arbeitsplatz. Wohin hat uns dies geführt?

»Ob wir wollen oder nicht, das Schicksal aller Frauen, ihrer Kinder und der Erde liegt in den unzuverlässigen Händen von Männern, die durch ihre lebenslange Begierde nach ›wirklicher‹ Macht korrumpiert sind, was wiederum in so vielfältiger und subtiler Weise Frauen korrumpiert, daß es eines hohen Maßes der Bewußtseinserweiterung bedarf, um diesen Vorgang zu benennen und auch nur teilweise zu vermeiden«, schreibt Barbara G. Walker in ihrem feministischen Kultbuch *Die weise Alte*.

Und in einer solchen Welt wollen ausgerechnet Hexen Macht ausüben? Ihre Instrumente sind, auf den ersten Blick, ziemlich kümmerlich im Vergleich zu denen der augenblicklich Mächtigen. Weshalb die Drohung »Zittert, zittert, die Hexen sind zurück« pragmatische Männer dieser Welt weithin zum Grinsen bringt. Denn was sollen die Steine, die Tinkturen, die Bannsprüche, die Liebe der Frauen zur Natur, zu sich selbst und ihren Kindern schon ausrichten gegen Männermacht: gegen Geld und Waffen, gegen körperliche Gewalt und vermeintliche Souveränität dessen, der weiß, daß er ohnehin stärker ist? Lächerlich, dieser Versuch, zu zaubern, Magie zu wirken. Das Weib gehört doch zum Psychiater! Aber dieses überhebliche Grinsen vergeht Männern rasant, wenn sie es mit einer wirklich eigenmächtigen Frau zu tun haben. Denn Hexen haben Macht. Hexenmacht ist die Macht der weisen Frau. Sie hat zu tun mit Erinnerung an Matriarchate. An Wild- und Freisein und womöglich ohne Mann.

»Unumwunden«, schreibt die feministische Philosophin Heide Göttner-Abendroth, »bezeichne ich die frühesten Religionen der Menschheit als matriarchal. Ich mache keinerlei Umweg über den blassen Terminus ›prä-patriarchal‹, von dem unklar ist, was er eigentlich heißen soll. Ich setze damit die Existenz von Matriarchaten voraus, und ich kritisiere die verkürzende Perspektive der Geschichte, welche diese Gesellschaftsform aus ihrem Bewußtsein verdrängt hat.«

Artemis, Aphrodite, Diana sind die bekanntesten Protagonistinnen weiblicher Macht. In ihrem Buch *Die Göttin und ihr Heros* kommt Heide Göttner-Abendroth auf zahllose weitere zu sprechen: die sanfte Göttin Demeter, die matriarchalische Vegetationsgöttin par excellence. Sie lehrte die Menschheit den Getreideanbau, galt als zartfühlend und liebevoll und war in ihrer Gabenfülle unerschöpflich. Oder die große Zauberin der Ägypter Isis, die ihren Gatten Osiris den Ackerbau lehrte, Weinkultur und Städtebau – und die menschlichen Frauen die Medizin. Die phrygische Göttin Kybele – mit ihr verbunden waren Fruchtbarkeits- und Baumkulte – wird als wild, ungezähmt und androgyn beschrieben. In Indien herrschte die vielnamige Göttin Shakti, die alle Früchte aus der Erde emporbringt und die Frauen empfangen läßt. Aber sie ist nicht nur fruchtbarkeitsspendend, sie ist gleichzeitig auch Kali, die Todesgöttin, die furchtbare Göttin der Schlacht, die alle ihre Feinde gnadenlos vernichtet und sich deren Schädel um den Hals hängt. Kali ist auch mächtig im Kampf gegen das Böse, gegen Dämonen, deren Blut ihr vom Mund trieft.

Eine ganz andere Form der Macht verkörpert die sumerische Göttin Innana: An den sieben Toren der Hölle muß sie Stück für Stück ihren Schmuck abgeben, zuletzt die Kleider, bis sie nackt und bloß dasteht. Sie stirbt, als sie der Blick Ereshkigals, der Göttin des Todes, trifft. Doch Innana wird wieder zum Leben erweckt. Sie verläßt als Wiedergeborene die Unterwelt und zieht von Stadt zu Stadt, um das Land aus seiner Dürre und Trostlosigkeit zu erlösen. Was Innana erlebt, beschreiben auch einige Hexen, im Prinzip ist dies ein klassischer Initiationsweg. An der Schwelle zur anderen Welt mußt du alles abgeben, was du besitzt. Nur wer wirklich frei von allen materiellen Ketten ist, wer alles losläßt, kann wiedergeboren werden, hat wahre Macht.

Macht hat mit Eigen-Macht zu tun, mit Macht über sich selbst. Doch nur wenige von uns verfügen darüber. Wir sind eingebunden in zahllose gesellschaftliche Zwänge, führen uns vor Augen, was man tunlichst zu tun und zu lassen hat, welche Situationen welches Verhalten erfordern. Wir überlegen vielleicht sogar, wie wir mächtig werden können – und meinen, nach außen hin mächtig, nicht nach innen.

Das Schönheitsideal, dem wir uns beugen – damit geben wir ein Stück Macht auf, sagen die Hexen. Schwangere Bäuche schwellen eben, womöglich bleiben nach der Geburt Dehnungsstreifen, und die Figur ist nicht ganz so straff wie bei Jungfrauen. Ein runder Bauch, nicht das Hymen, ist das Insigne der Frauenmacht und -ehre. Anstatt aber stolz auf unsere Fähigkeit zu gebären zu sein, machen wir Hungerkur nach Hungerkur und vergleichen unsere Figuren trostloserweise mit denen cleaner, steriler, beinahe geschlechtslos wirkender Supermodels. Genausogut könnten wir selbstbewußt und froh die erfetteten Hüften schwingen. Oder nicht?

Unserer ursprünglichen Macht und Lebenslust werden wir von frühester Kindheit an beraubt. Wir werden in Muster gezwungen, die Bravheit und Angepaßtheit von uns verlangen. Spätestens beim Einsetzen der Menstruation möchten Männer, daß es flugs aus ist mit unserer Macht. Statt lustvoll die Magie unseres Blutes zu entdecken, uns an unserer Macht, die aus unserer Mitte herrührt, zu beschäftigen, bekommen wir Binden und Tampons verpaßt, die uns rundum sauber und trocken halten, wie einen Säuglingspopo à la Pampers.

Werden wir alt und runzlig, müssen wir ziemlich schnell von der Bildfläche verschwinden. Kein Platz für die weise Alte. »Heute werden Hexen zwar nicht mehr per Gesetzesverordnung ermordet, aber unsere moderne Gesellschaft merzt ältere Frauen in anderer Weise aus. Sie werden unsichtbar gemacht. Selten treten sie in den mythischen Spiegeln unserer Kultur, auf der Filmleinwand oder der Mattscheibe, in Erscheinung. Männer mittleren Alters oder darüber tummeln sich dort in reicher Anzahl, aber kaum mit Partnerinnen gleichen Alters«, lästert Barbara G. Walker.

Deshalb reißen sich schon jüngere Frauen ihre ersten weißen Haare aus, rennen ins Fitneßstudio, kämpfen gegen erschlaffende Muskeln und Zellulitis. Deshalb werden die Spuren eines gelebten Lebens so oft weggeliftet. Praktischer Nebeneffekt dabei: Wer sich nur oft genug das Gesicht von Runzeln bereinigen läßt, trägt am Ende ein dauerhaftes Lächeln im Gesicht. Besser eine blöde Barbiefratze als zu erkennen zu geben: Ich habe viele Erfahrungen gemacht. In mir steckt alles Leben – und auch die Furie. Alles nur Nebenschauplätze? Warum wegen solcher Kinkerlitzchen aufbegehren? Die wichtigen Dinge stimmen doch, oder nicht? Haben Frauen etwa keinen freien Zugang zu Bildung und Beruf, können sie nicht frei wählen zwischen Karrierefrau und Mutter, und wählen dürfen sie schließlich auch?

Nicht ganz, nicht immer. Nicht überall dürfen Frauen hingehen, auch nicht in den aufgeklärten Industrienationen, die immer so herzliches Mitleid übrig haben für verschleierte Frauen in islamischen Gesellschaften. Zwar lassen Universitäten Frauen als Studentinnen zu. Wieviel davon es aber zu höheren akademischen Weihen bringen, ist eine ganz andere Frage: Immer noch machen Professorinnen nämlich nur einen Bruchteil der Lehrstuhlinhaber aus.

»Habt ihr schon mal darüber nachgedacht, warum sie Frauen ausschließen?« fragt Marylin French in ihrem Buch *Frauen*. Die Antwort, voll von bitterem Zorn, liefert sie gleich mit: »Ihr wißt ja, was sie sagen: Die Zulassung der Frauen ... in Harvard oder irgendwo bedeutet eine Senkung des Leistungsniveaus, aber ihr wißt ja so gut wie ich, daß Frauen bessere Highschoolexamen machen als Männer. Das meinen sie also nicht. Und Frauen zerfleddern die Bücher und beschmutzen die Titelkartei nicht mehr als die Männer, stimmt's? Also ist es bloß Höflichkeit, wenn die Männer vom Leistungsniveau reden. Ein Euphemismus. Sie wollen uns in Verlegenheit bringen. Der wahre Grund ist die Hygiene. Laßt die Frauen durch den Haupteingang herein – und was machen sie? ... Platsch. Platsch. Ein großer Klumpen Menstruationsblut, direkt auf der Türschwelle! Wo sie auch hingehen, die Frauen, das machen sie doch überall: platsch, platsch.«

Lächerlich, peinlich? Hier geht es um Tabus. Und wir beugen uns dem Tabu – für das kleine bißchen Gleichberechtigung, das Männer uns zugestehen. Wir verleugnen unsere Natur und unsere Kraft, so gut es eben geht. Ein wahrlich hoher Preis: »Die okzidentale Frau ist ein kastriertes, neutralisiertes Wesen, das zu ganz bestimmten Zeiten seines Werdeganges entweiblicht wird, bis es in seiner Ausstrahlung und seinem Lebensausdruck dermaßen ungefährlich ist, daß Männer und andere Frauen es ertragen«, schreibt Angelika Aliti in ihrer Philippika gegen Männer-Macht.

Woran man eine unweibliche (im ursprünglichen Sinne!) Frau erkenne? »Unweibliche, entweiblichte Frauen sind immer sehr beschäftigt. Nicht etwa mit sich selber, sondern gegen sich selber. Ihr Leben besteht darin, sich selber auszuweichen, sich selber zu entkommen, sich selber zu hassen und alle Spiegel zu zerstören.« Anderenfalls würde die Leere unerträglich, die Verleugnung wäre nicht mehr aufrechtzuerhalten.

Den Spiegel zerstören, statt in ihn zu blicken. Aber in den Spiegel zu sehen erfordert Mut. Denn der Spiegel zeigt nicht nur unser schönes Gesicht. Wer genau hinsieht, sieht auch die anderen Seiten des Selbst. Die Furie. Die Wütende. Die Zerstörende. Auch die wahrhaft Mächtige, die wir uns nicht zu sein trauen. Wer wirklich in den Spiegel sieht, hat Mühe, sich immer wieder kleinzumachen in mittelmäßigen Ehen, in der Ausbildung, am Arbeitsplatz.

Dahin zu gehen ist ein weiter Weg. Doch in jeder Frau schlummern verborgen die Kräfte der alten Göttinnen, sagen die Hexen. Es gilt, sich an sie zu erinnern, sie wieder zu erwecken. Diese Frauen beherrschen ein Wort, das mächtiger sein kann als alles andere: »Nein.« Dies wäre sozusagen Lektion eins der Hexenmacht.

Das Wort klingt ziemlich simpel und hat ja auch nur vier Buchstaben, bereitet aber in der praktischen Ausführung erhebliche Schwierigkeiten. Denn zwar haben wir linguistisch gesehen keine großen Schwierigkeiten, das Wort »Nein« auszusprechen – schließlich verbieten wir uns selbst tagtäglich allerlei –, wohl aber damit, mit den Konsequenzen zu leben. Denn »Nein« bedeutet: »Ich verweigere mich.« Bedeutet: »Ich kenne meine Grenzen und respektiere sie.« – »Nein« meint »die Weigerung, für Männer zu sorgen«, schreibt Barbara G. Walker. »Die Weigerung, ihnen sexuell zu Diensten zu sein. Die Weigerung, ihre Produkte zu kaufen. Die Weigerung, ihren Gott zu verehren. Die Weigerung, sie zu lieben.« Das meint nicht unbedingt einen einzelnen Mann, wohl aber sein politisches und gesellschaftliches System.

Ganz anders dagegen ist die Vorstellung matriarchalischer Kulturen, die Heide Göttner-Abendroth dem entgegenstellt. Die Möglichkeit, nein zu sagen, sich zu verweigern, einem System, das frau dumm und verachtenswert vorkommt. Und ja zu ökologischem Sinn, zu Magie, zu dauerhaften Netzwerken zwischen Menschen, die miteinander verwoben sind.

Aber Vorsicht mit dem Begriff der Macht: »Da Verehrerinnen der Göttin den Begriff Macht weit lockerer verwenden, müssen sie berücksichtigen, daß Macht für Männer die Fähigkeit und Möglichkeit, zu bedrohen und zu zerstören, bedeutet. Frauen lernen ihre inhärente Schwesternschaft anzuerkennen, und sie wissen, daß es viele verschiedene Wege gibt, zum Opfer gemacht zu werden.«

Also zurück zum Thema Eigen-Macht. Das Thema Macht ist nicht nur ein weibliches Thema, es ist auch ein Hexenthema. Hexen waren von jeher mächtige Frauen, verfügten über Kräfte, die anderen Angst einjagten. In Wahrheit jedoch verbündeten sie sich nicht mit dem Satan, also der Macht des Bösen, sondern mit sich selbst und der Natur. Hexen sind zutiefst eigenmächtig.

Damit aber sind sie eine Bedrohung des herrschenden Systems. Eine Gefahr beispielsweise für männliche und vor allem auch kirchliche Logik. Da stellen sich dann Fragen wie: Ist etwa eine jungfräuliche Geburt logisch? Aber dann hat ja die mächtige katholische Kirche den einen oder anderen Widerspruch in ihren Glaubenssätzen?

Ist es logisch, die Welt, in der wir leben, zu zerstören und damit gegen den elementarsten und zutiefst logischen Glaubenssatz zu verstoßen: »Wer sich die Grundlage zum Leben entzieht, zerstört sich am Ende selbst«?

»Zu viele von denen, die die große Macht halten, sind unbekümmert. Sie haben nicht das Gefühl, daß sie Teil von dieser Welt sind«, schreibt Starhawk in ihrem Buch *Wilde Kräfte. Sex und Magie für eine erfüllte Welt.* Männermacht definiert sie als »Macht über« – die Bombe, das Gewehr, die Vernichtung. Dagegen setzt sie die »Kraft, die von innen kommt«. Die Kraft der Göttin und die Kraft »des Niederen, des Dunklen, der Erde; die Kraft, die aus unserem Blut entsteht, aus unserem Leben ... Wenn wir überleben wollen, wird die Frage heißen: »Wie können wir umstürzen, nicht die, die gegenwärtig die Macht haben, sondern das Prinzip der Macht-über?«

Hexen halten den Schlüssel dazu in der Hand. Denn »Magie ist die Kunst, willentlich Bewußtsein zu verändern«, sagt Starhawk. Magie, das ist die Kraft, mit der Frauen zu sich selbst kommen können, zur Voll-Mächtigkeit ihres Leibes, ihrer Seele, ihres Geistes, ihrer fünf Sinne.

In ihrem Buch *Die weise Alte* gibt Barbara G. Walker nicht nur Hinweise, wie Frauen zu ihrer alten, archetypischen Macht zurückfinden können. Sie stellt auch dar, daß matriarchalische Anschauungen, die sie aus Mythen und Legenden filterte, der wahre Ursprung logischen Denkens gewesen seien. Demzufolge entwickelten Frauen Disziplinen wie Mathematik (was ursprünglich Mutter-Weisheit bedeutet), Kalender (ursprünglich in Zusammenhang mit Mond und Menstruation), Methoden des Messens, musikalische und poetische Formen, Bautechniken und viele andere Verfahren im Umgang mit Kunst und Natur.

Die weise Frau, wie sie in Matriarchaten existiert haben muß, kennt keine Schuldgefühle, schreibt die Amerikanerin Susun Weed. Selbst wenn sie sich tatsächlich einmal schuldig gemacht haben sollte, setzt sie noch hinzu. Hexen, weise Frauen, eigen-mächtige Frauen haben ihr eigenes Moralsystem, es gibt kein Gut und kein Böse. Aus Sicht der herrschenden Ordnung sind sie un-moralisch. Und allein-stehend. Sie sind keine Weibchen, für die jemand Verantwortung übernehmen muß. Das tun sie selbst. Sie sind keine Dummchen, die nicht zu handeln verstünden. Sie tun und lassen, was sie wollen – und tragen auch für die Folgen ihrer Entscheidungen, ob sie nun vorausgesehen sind oder überraschend sein mögen, die Verantwortung.

Mächtige Frauen sind unromantisch und unsentimental. Ihre Liebe kennt das Ja so wie das Nein. Und was sie tut und sagt, meint die Hexe auch. Klarheit und Wahrhaftigkeit, schreibt Angelika Aliti in *Die wilde Frau*. »Das bedeutet, daß wir um eine gewisse Radikalität nicht herumkommen. Das ist ein nicht ganz ungefährlicher Gedanke«, gibt sie zu, wenn man allein unter »Normopathen« lebt. Radikalität, das ist für Angelika Aliti, eine Lüge eine Lüge zu nennen. Rücksichtslos, eindeutig. Wenn die wilde Frau in einer erwacht, erfordert das eine Menge Mut. Denn mit dem bräsigen Leben, eingebettet in bequeme Normen, ist es dann vorbei. »Fern von jeglichem Gedanken an Stabilität durch Ausgewogenheit der Kräfte meldet die wilde Frau ihre natürlichen Ansprüche an, und die wiegen im Kräfteverhältnis ungefähr so schwer wie ein schwangerer Leib gegen ein halbes Milligramm Spermatozoen. Hören wir doch endlich auf, Männer vor der Begegnung mit ihrer eigenen Inferiorität zu beschützen.«

Hören wir auf, könnte die Mahnung von Jutta Voss, Autorin des *Schwarzmond-Tabus,* lauten, die Herrschaft der Knaben hinzunehmen. Jener Männer also, die noch lange nicht im Zentrum ihrer Kraft von innen sind. Die Herrschaft mit Hilfe von Regeln durchfechten, die nicht die Regeln des Lebens sind. Solchen Regeln unterwerfen eigen-mächtige Frauen sich nicht. Doch was ist eine eigen-mächtige Frau? Was kann sie, außer nein sagen? Sieben Merkmale weist sie auf, alle gleichzeitig. Angelika Aliti hat sie gesammelt:

Sie ist die wilde Frau, die Furie, in der die alte Kraft schlummert, die Wilde, die über den Tod und das Leben herrscht. Die mordet und tötet, wenn jemand gegen die Logik des Lebens verstößt.

Sie ist die Liebende. Keine Gefängniswärterin, die das Objekt ihrer Begierde zu Tode liebt, kein Kindchen, das dem Angebeteten große Augen macht und nach seinem Munde redet und handelt. Sie kennt keine Harmoniesucht. Die große, vor Energie sprühende, freie Liebende ist sie. Aber nur, wenn sie zugleich die wilde Frau in sich entfesselt hat. Nur, wenn sie nein sagen kann.

Sie ist die Mutter. Sich selbst, ihren Kindern und anderen. Nicht die Glucke, sondern die Rabenmutter, die ihre Kinder auf den Weg zu einem selbständigen und erfüllten Leben schickt, die die Dinge des Lebens lehrt. Die das Dunkel kennt wie das Licht. Die wilde Mutter, die sich nicht aufopfert, sondern ihre Gaben frei fließen läßt.

Sie ist die Priesterin. Die Vermittlerin zwischen dem Himmel und den Welten. Sie lehrt »uns die Sprache der Tiere, Bäume und Pflanzen, der Steine und der Wasser«. Sie stellt die Verbindung zum Göttlichen her. Und dank der entfesselten wilden Frau hat sie Zugang zu Wahnsinn und Ekstase, kennt sie die Durchgänge in die unsichtbare Welt.

Sie ist die Künstlerin. »Sie ist die, die tanzt.« Sie bewahrt uns vor schnöder Mittelmäßigkeit und blöder Vernissagenwichtigkeit. Sie gibt dem Ritual eine Form, sie verkörpert die Fähigkeit des sinnlichen Ausdrucks und kennt den »Unterschied zwischen Zufall und Absichtslosigkeit«.

Sie ist die Kriegerin. »Der kämpferische Aspekt der Kriegerin scheint alle Furcht und Angst des patriarchalen Mannes und seiner kollaborierenden Dienerin schlagartig hervorzurufen.« Die Kriegerin schützt verletzliches Leben und hütet verletzliche Grenzen. Sie kennt immer die geeigneten Mittel und Strategien, um sich selbst und ihre Angehörigen zu verteidigen.

Sie ist die Königin. »Das Reich des Selbst muß gut regiert werden. Die Königin in uns weiß, was sie will, und sie setzt es souverän durch. Sie kennt die Grenzen ihres Reiches gut. Das bedeutet, daß sie sowohl die Rechte anderer Menschen respektiert, wie es ihr niemals einfiele, ihre eigenen Grenzen zurückzunehmen oder Grenzübertritte anderer in ihr Reich zu dulden. Sie ist der Schutz einer Frau vor der Selbstlosigkeit, das heißt der Tendenz zur Selbstauflösung, zu der wir alle neigen, der wir der patriarchalen Gehirnwäsche einst unterzogen wurden.«

Die wahre Hexe hat zu einer Lebenshaltung gefunden, die nichts mit Normen zu tun hat. »Ich habe mich zu einer Grundeinstellung reduziert«, schreibt Luisa Francia in *Die schmutzige Frau,* »die mein Ausgangspunkt ist und die ich all diesen Moralgeschichten entgegensetze: Ich bin verantwortlich für mein Leben, meinen Körper, meine Entscheidungen, meine Träume. Daraus resultiert, daß ich mich gelegentlich falsch entscheide, daß ich gelegentlich krank bin ... daß Konflikte auftauchen. Ich nehme das wahr. Ich habe mich vor allem von der Feststellung ›mir ist es zu gut gegangen‹ gelöst. Ich büße für nichts.«

Epilog:
Unter Hexen

Boh, Mama, bist du mutig.« Endlich ist es uns gelungen, unsere Söhne – vier, fünf und sechs Jahre alt – einmal zu beeindrucken. Daß wir uns getrauen, die Häuser veritabler Hexen zu betreten, halten sie für Husarenstücke sondergleichen. Man weiß ja hinreichend, wie es dem armen Hänsel dabei beinah gegangen wäre. Für uns war es zunächst ein Job wie jeder andere. Nur, daß dieses Projekt auf uns zukam. Der Auftrag hat uns gesucht, nicht, wie sonst, wir den Auftrag. Das hätte uns stutzig machen können.

Wir blieben naiv – lange Zeit. Gespannt waren wir, was uns die Frauen, die sich selber Hexen nennen, wohl zu sagen hätten. Gespannt auch darauf, wie es sich anfühlt, statt der üblichen Artikel für Zeitungen und Zeitschriften nun ein richtiges Buch zu schreiben. Von Ruhm und Ehre haben wir geträumt, von Gold und Edelsteinen.

Die Reaktionen unserer Umwelt fanden wir zunächst ganz amüsant, dann immer ärgerlicher: »Zur Hexenausstellung wollt ihr?« fragten uns Kollegen. »Warum nehmt ihr dann nicht den Besen?« Wenn wir von Gesprächen mit den Frauen erzählten, schlug uns oft Spott entgegen: »Das wird schon so ein Schmarrn sein.« Am Schluß verstanden wir: Hinter dem Hohn stand oftmals die blanke Angst der Spötter, sich mit anderen Realitäten auseinanderzusetzen, als sie ihre eigene enge Weltsicht offenbarte.

Für Hexen haben wir uns interessiert, wie bewegte Frauen das üblicherweise tun: im politisch-historischen Sinn. Von Esoterik haben wir, Historikerin und Politologin, uns kichernd abgewandt. Für Hokuspokus hatten wir nichts übrig. Und es war auch nicht das magische Ambiente, das uns zunächst mit unserem Thema verband.

Als berufstätige, oft angestrengte und erschöpfte Mütter, die immer wieder ihre Grenzen mißachten und zulassen, daß auch andere sie mißachten, faszinierte uns, daß diese Hexenwesen so gelassen und eindeutig nein sagen können, daß sie sich unabhängig machen oder schon gemacht haben von Erwartungen und von sogenannten Sachzwängen. Ein paar Kekse haben wir uns vom Hexenhaus abgebrochen und verstohlen geknuspert. Manchmal, leider, liegt die ungewohnte Kost etwas schwer im Magen. Aber immerhin: nicht nur in unseren Mägen.

Über Kinderkriegen, Haushalt, Beziehung und Karriere haben wir eines vollkommen vergessen: unsere feministischen Neigungen und unser Engagement als Studentinnen. Verschüttet unter Bergen von Säuglingswäsche war es begraben. Unser Lebensgefühl hatte sich reduziert zum Motto: »Wer spricht von siegen, überstehn ist alles.«

Auch das haben wir (wieder) gelernt beim Schreiben dieses Buches: Frau-Sein bedeutet immer noch, unterdrückt zu sein, in vielen Bereichen des Lebens eine schlechtere Stellung zu haben. Wir haben verstanden, daß es nicht genügt, dafür auf die Straße zu gehen und gleiche Rechte wie die Männer einzufordern. Das Leben muß sich im Kopf und im Bauch jeder einzelnen ändern. Wir brauchen ein magisches Weltbild, eines, das auf Offenheit und Toleranz und Friedlichkeit beruht.

Zur Liebe gehört das Ja wie das Nein, haben wir bei Susun Weed gelernt. Das ist nicht nur für uns ungewohnt.

Wir haben ein paar Neins nachzuholen. Sperrig sind wir geworden, manchmal zickig, egoistisch, radikal, wird gemunkelt. Immer seltener handzahm oder gar nett. Dadurch sind wir uns einen Schritt näher gekommen. Der »Quantensprung der Veränderung«, den Sara Schiran als Tagewerk der Hexen beschreibt, hat uns ans Schlafittchen gekriegt. Nicht so elegant wie Elfen, nicht so übermütig wie die Percht sprengen wir durch den Alltag. Aber viel ist durch und in jeder von uns in Bewegung geraten. Manchmal, so scheint es, zuviel. Dann ist es, als lebte jede für sich in einem kubistischen Bild: Alles verschiebt sich gegeneinander. Der Kontakt zur Außenwelt, in der alles beim alten geblieben ist, ist verzerrt, versperrt. Nahe FreundInnen haben Schritt gehalten mit uns, sind dageblieben, wenn wir rotierten. Es gab Situationen, und es wird sie wieder geben, in denen niemand wirklich verstehen konnte, was im Innern einer anderen passiert. Dennoch haben sie ausgehalten, Händchen gehalten. Viele haben das, was sie an uns beobachtet haben, was sie an uns gestört haben mag, was ihnen vielleicht angst gemacht hat, respektiert, ohne zu fragen. Sie haben uns den Raum für unsere Volten gelassen.

Schmerzlich für alle Beteiligten wurde es, wenn unser Weg uns allzuweit von ohnehin ferneren Menschen weggetragen hat. Kein Verstehen mehr. Dann war es, als hätten wir den vereinbarten Code vergessen, der uns an unsere Umwelt angeschlossen hatte. Wir konnten brüllen oder lachen, unser Gegenüber verstand uns nicht mehr. Abschiede wurden unausweichlich. Denn unsere Veränderungen zurückzunehmen oder sie auch nur wie ein bereits fertiges Produkt ohne Ecken und Kanten zu präsentieren wäre uns ebenso unerträglich gewesen wie anderen die Veränderung.

Abschied mußten wir nicht nur von Menschen nehmen, auch – und das tat mindestens so weh – von jahrelang trainierten Verhaltensweisen. Menschen können wir ausweichen, sie wegschicken. Aber was ist mit Angewohnheiten, Ansprüchen, Ansichten, Ängsten? Mit Schimpf und Schande davonjagen?

So etwas passiert allenthalben auf der Welt. Dafür braucht es keine Hexen. Freundschaften entstehen, zerbrechen. Erfahrungen kommen auf uns zu, damit wir an ihnen wachsen. Fallgruben tun sich auf, damit wir hineinstürzen und wenigstens daraus lernen. Nicht nur Hexen verändern sich, sondern alle, die sich noch nicht lebendig begraben haben. Aber das Bewußtsein dafür können wir schärfen.

Und dennoch: Als wir unter die Hexen gefallen sind, passierte etwas ganz Besonderes. Und das hat auch sehr viel mit Lust zu tun. Eine ganz neue Welt tat sich vor uns auf. Eine Welt, die bei aller Wachsamkeit für ökologische und gesellschaftliche Gefahren manchmal vor Lachen auseinanderzustieben droht. Eine Welt, in der mehr ist als das schnöde Zeug, was wir kaum noch sehen, weil es uns tagtäglich umgibt.

Eine Welt, in der feuriger Zorn, ekstatische Tänze, wirksamer Schutz, kreischendes Gelächter, berauschende Ruhe, wundervolle, lebenspralle Frauen, jede Menge Phantasie, ursprüngliche Kreativität und glasklare Gedanken vorkommen. Ein Brutkasten für das, was in uns steckt. Für die Jas und Neins. Und für ein fettes kosmisches Grinsen.

Eine Welt, in der das Wünschen noch hilft. In der Rituale gefeiert werden, eine Kinder-Welt, unromantisch und unsentimental. Eine Welt, in der beim Zwiebelschneiden ein bißchen gezaubert wird – und, Hokuspokus Fidibus, schon haben wir die Wohnung, die wir uns immer gewünscht haben, schon kommt der Auftrag, von dem wir so lange geträumt haben, schon brauchen wir das Geld nicht mehr, das wir sowieso nicht haben. Oder nehmen wir die Dinge einfach nur anders wahr? Jedenfalls macht es mehr Spaß, der Phantasie und den Wünschen Raum zu lassen.

Alles wird klarer: Diffuses Unbehagen zeigt sich in der vollen Blüte des Abscheus. Unerklärliche Melancholie wächst sich aus zu tiefer Traurigkeit. Nervöse Gereiztheit kommt als zielgerichteter Schlag daher. Unkonzentriertheit bekommt Flügel und wird zum Tagtraum. Kraft offenbart sich, statt sich zu verstecken, um nur ja niemanden zu brüskieren. Fragen beantworten sich selbst, Entscheidungen stehen, Mauern fallen, Frühlingserwachen.

Kein Leben mehr auf Sparflamme. Manchmal schnappen wir nach Luft, können wir kaum noch mit uns selbst in Tuchfühlung bleiben. Doch dann und wann kehrt auch mal Ruhe ein. Alles fließt, zu Hause in der eigenen Haut. Rund und schön. Jetzt bewußt atmen, loslassen, was bedrängt, träumen – oder sich einfach dem süßen Nichts überlassen.

Und aus der Stille kommen die Bilder und Stimmen. Das haben die Hexen und Heilerinnen uns gezeigt: diese Bilder und Stimmen wahrzunehmen, ihnen Raum zu geben. Auf sie zu hören. Zu tun, was wir sollen, zu werden, was wir sind.

Aber das kann noch ein paar Tage dauern.

Literaturverzeichnis

Aliti, Angelika: *Die wilde Frau. Rückkehr zu den Quellen weiblicher Macht und Energie.* Hoffmann und Campe, Hamburg 1993

Becker, Bovenschen, Brackert et alii: *Aus der Zeit der Verzweiflung. Zur Genese und Aktualität des Hexenbildes.* Suhrkamp Verlag, Frankfurt am Main 1977

Behringer, Wolfgang (Hrsg.): *Hexen und Hexenprozesse in Deutschland.* dtv Dokumente, Deutscher Taschenbuch Verlag, München 1988

–, *Hexenverfolgung in Bayern. Volksmagie, Glaubenseifer und Staatsräson in der frühen Neuzeit.* R. Oldenbourg Verlag, München 1987

The Boston Women's Health Book Collective: Unser Körper, unser Leben. Ein Handbuch von Frauen für Frauen in drei Bänden. Rowohlt Verlag, Reinbek 1992

Cornwell, John: *Mächte des Lichts und der Finsternis. Christliche Wunder – Wahrheit oder Einbildung?* Paul Zsolnay Verlag, Wien 1992

Daly, Mary: *Gyn / Ökologie. Eine Metaethik des radikalen Feminismus.* Verlag Frauenoffensive, München 1991

Daxelmüller, Christoph: *Zauberpraktiken. Eine Ideengeschichte der Magie.* Artemis und Winkler Verlag, Zürich 1993

van Dülmen, Richard: *Hexenwelten. Magie und Imagination. Buch zur Ausstellung in der Stadtgalerie Saar-*

brücken, 1. Mai bis 30. Juni 1987. Fischer Taschenbuch Verlag, Frankfurt am Main 1987

Duerr, Hans-Peter: *Traumzeit. Über die Grenze zwischen Wildnis und Zivilisation*. Suhrkamp Verlag, Frankfurt am Main 1984

–, *Nacktheit und Scham. Der Mythos vom Zivilisationsprozeß*. Bd. 1. Suhrkamp Verlag, Frankfurt am Main 1994

–, *Intimität. Der Mythos vom Zivilisationsprozeß*, Bd. 2. Suhrkamp Verlag, Frankfurt am Main 1994

Ehrenreich, Barbara, und English, Deirdre: *Hexen, Hebammen und Krankenschwestern. The witches are back!* Verlag Frauenoffensive, München 1992

Francia, Luisa: *Mond, Tanz, Magie*. Verlag Frauenoffensive, München o. J.

–, *Auf der anderen Seite der Haaresbreite*. Verlag Frauenoffensive, München 1994

–, *Die 13. Tür*. Verlag Frauenoffensive, München 1991

–, *Die schmutzige Frau*. Verlag Frauenoffensive, München 1991

–, *Kalypso*. Verlag Frauenoffensive, München 1984

–, *Warten auf blaue Wunder*. Verlag der Grüne Zweig 151, Löhrbach o. J.

–, *Berühre Wega, kehr zur Erde zurück*. Verlag Frauenoffensive, München 1985

French, Marilyn: *Frauen*. Rowohlt Verlag, Reinbek 1993

Friedell, Egon: *Kulturgeschichte der Neuzeit*. Verlag C. H. Beck, München 1989

Göttner-Abendroth, Heide: *Die Göttin und ihr Heros*. Verlag Frauenoffensive, München 1993

Graichen, Gisela: *Das Kultplatzbuch. Ein Führer zu den alten Opferplätzen, Heiligtümern und Kultstätten in Deutschland*. Knaur-Tb. 4054

–, *Die neuen Hexen. Gespräche mit Hexen.* Hoffmann und Campe, Hamburg 1986

Haerkötter, Marlene und Gerd: *Hexenfurz und Teufelsdreck. Liebes-, Heil- und Giftkräuter: Hexereien, Rezepte und Geschichten.* Eichborn Verlag, Frankfurt am Main 1986

Haid, Hans: *Mythos und Kult in den Alpen. Kultstätten und Bergheiligtümer im Alpenraum.* Rosenheimer Verlag, Rosenheim 1990

Hammes, Manfred: *Hexenwahn und Hexenprozesse.* Fischer Taschenbuch Verlag, Frankfurt am Main 1977

Harding, Esther: *Frauenmysterien einst und jetzt.* Verlag Schwarze Katz, Berlin 1982

Heinemann, Evelyn: *Hexen und Hexenangst. Eine psychoanalytische Studie über den Hexenwahn der frühen Neuzeit.* Fischer Taschenbuch Verlag, Frankfurt am Main 1989

Höhne, Anita: *Lexikon des Übersinnlichen. Altes Wissen und neue Phänomene.* Verlag Langen Müller, München 1994

Honegger, Claudia (Hrsg.): *Die Hexen der Neuzeit. Studien zur Sozialgeschichte eines kulturellen Deutungsmusters.* Suhrkamp Verlag, Frankfurt am Main 1978

von Hollander, Edmund und Michaela: *Vatan – der Pfad des Nordens. Die uralte Wissenschaft der Runenmeister, Skalden, Seherinnen und weisen Frauen.* Knaur-Tb. 86029

Jannberg, Judith (Gerlinde Adia Schilcher): *Ich bin eine Hexe. Erfahrungen und Gedanken,* aufgeschrieben von Gisela Meussling. Edition die Maus, Bonn 1986

–, *Leben lieben, Liebe leben.* Fischer Taschenbuch Verlag, Frankfurt am Main 1992

Klaniczay, Gabor: *The uses of supernatural power. The*

transformation of popular religion in medieval and early modern Europe. Polity Press, Cambridge, Mass., 1990

Lorenz, Sönke: *Hexen und Hexenverfolgung im deutschen Südwesten. Aufsatzband und Ausstellungskatalog zur Ausstellung des Badischen Landesmuseums vom 17. September bis 11. Dezember 1994 im Schloß Karlsruhe.* Cantz Verlag, Ostfildern 1994

Merchant, Carolyn: *Der Tod der Natur. Ökologie, Frauen und neuzeitliche Naturwissenschaft.* Verlag C. H. Beck, München 1987

Müller-Mees, Elke: *Die aggressive Frau. Von Mannweibern, Sexbomben und Hausdrachen.* Weitbrecht Verlag, Stuttgart/Wien 1993

Nemec, Helmut: *Zauberzeichen. Magie im volkstümlichen Bereich.* Verlag Anton Schroll, Wien/München 1976

Nowosadtko, Jutta: *Scharfrichter und Abdecker. Der Alltag zweier »unehrlicher Berufe« in der Frühen Neuzeit.* Ferdinand Schöningh Verlag, Paderborn/München/Wien/Zürich 1994

Pleticha, Heinrich: *Höhlen, Wunder, Heiligtümer.* Herder Verlag Freiburg/Basel/Wien 1994

Riezler, Sigmund von: *Geschichte der Hexenprozesse in Bayern.* Magnus Verlag, Stuttgart o. J.

Rodewald, Rosemary: *Magie, Heilen und Menstruation.* Verlag Frauenoffensive, München 1986

Roth, Gabrielle: *Das befreite Herz. Die Lehren einer Großstadt-Schamanin aus New York: Rituale für Körper, Geist und Seele.* Wilhelm Heyne Verlag, München 1994

Scherf, Dagmar: *Der Teufel und das Weib. Eine kulturgeschichtliche Spurensuche.* Fischer Taschenbuch Verlag, Frankfurt am Main 1990

Schiran, Ute Manan: *Die Wege der Wölfin. Roman einer schamanischen Reise.* Knaur-Tb. 4199

–, *Menschenfrauen fliegen wieder. Die Jahreskreisfeste als weiblicher Initiationsweg.* Knaur-Tb. 4171

Shuttle, Penelope, und Redgrove, Peter: *Die weise Wunde Menstruation.* Fischer Taschenbuch Verlag, Frankfurt am Main 1992

Starhawk: *Der Hexenkult als Ur-Religion der Großen Göttin. Magische Übungen, Rituale und Anrufungen.* Goldmann Verlag, München 1992

–, *Wilde Kräfte. Sex und Magie für eine erfüllte Welt.* Edition Phoenix, Freiburg im Breisgau 1987

Szepes, Maria: *Academia Occulta. Die geheimen Lehren des Abendlandes.* Wilhelm Heyne Verlag, München 1994

Voss, Jutta: *Das Schwarzmond-Tabu. Die kulturelle Bedeutung des weiblichen Zyklus.* Kreuz Verlag, Zürich 1988

Walker, Barbara G.: *Die weise Alte. Kulturgeschichte – Symbolik – Archetypus.* Verlag Frauenoffensive, München 1991

Weed, Susun: *HeilWeise.* Verlag Frauenoffensive, München 1993

Wisselinck, Erika: *Hexen. Warum wir so wenig von ihrer Geschichte erfahren und was davon auch noch falsch ist. Analyse einer Verdrängung.* Verlag Frauenoffensive, München 1986

Wolf, Hans-Jürgen: *Hexenwahn. Hexen in Geschichte und Gegenwart.* Gondrom Verlag, Bindlach 1994

Wolf-Graaf, Anke: *Die verborgene Geschichte der Frauenarbeit. Eine Bildchronik.* Wilhelm Heyne Verlag, München 1994